L'ART DU DISTILLATEUR LIQUORISTE;

CONTENANT

LE BRULEUR D'EAUX-DE-VIE,
LE FABRIQUANT DE LIQUEURS,
LE DÉBITANT, OU LE CAFETIER-LIMONNADIER.

Par M. Demachy, de l'Académie des Curieux de la Nature, de celles de Berlin & de Rouen, & Maître Apothicaire de Paris.

M. DCC. LXXV.

A MONSEIGNEUR
LE
GARDE DES SCEAUX
DE FRANCE.

Monseigneur,

De la place éminente qu'occupe Votre Grandeur, Elle daigne jetter un coup-d'œil ſur l'Ouvrage d'un Artiſte, qui toujours ambitionna de ne devoir qu'à ſes travaux Littéraires l'eſtime & la protection des Perſonnes en place. Heureux, ſi la deſcription d'un Art utile peut mériter d'être agréée par un Magiſtrat dont l'éloge eſt dans tous les cœurs! VOTRE GRANDEUR ſeroit offenſée, ſi je me permettois quelques détails; le ſilence de l'admiration ſincere vaut bien quelquefois ſes plus vives exclamations. Les vœux, la gratitude des François ſe répéteront longtemps. Foible écho, ſi pour l'inſtant j'oſe me tirer de la foule, que ce ſoit, MONSEIGNEUR, pour vouer à VOTRE GRANDEUR l'attachement le plus reſpectueux & le mieux ſenti. L'honneur de vous être connu, je le dois aux bons offices d'un Citoyen aimable, que VOTRE GRANDEUR daigne honorer de ſa bienveillance; permettez que je doive à mes travaux aſſidus, celui de conſerver à jamais ce préſent de l'amitié.

Je ſuis avec le plus profond reſpect, de VOTRE GRANDEUR,

MONSEIGNEUR,

Le très-reſpectueux ſerviteur.
DEMACHY.

AVANT-PROPOS.

Il eſt inutile de dire que lorſque je travaillai l'Art du Diſtillateur d'Eaux-fortes, je pris tous les ſoins poſſibles pour décrire exactement les procédés connus, & les rendre de maniere à en donner l'intelligence la plus claire & la plus préciſe à ceux qui en liroient la Deſcription. Ces ſoins ſont, je le penſe, le devoir de quiconque entreprend de travailler pour l'inſtruction publique ; & je le préſume, ils ont toujours été devant les yeux de ceux qui ont ouvert la carriere dans laquelle je me ſuis haſardé de faire quelques pas.

Mais il eſt important que l'on ſache comment je m'y ſuis pris pour ceux des procédés décrits dans mon Ouvrage, que des raiſons de politique, intéreſſée ou non, rendent moins ſuſceptibles d'être dévoilés. Les poſſeſſeurs de ces procédés ont des pratiques ſecrettes, plus ou moins utiles à la perfection de l'objet de leur fabrique, à l'aide deſquels ils peuvent à coup ſûr détourner le Lecteur de l'attention qu'il pouroit apporter au fonds du procédé. *Ce n'eſt point cela : l'Auteur n'y entend rien; il ne connoît pas le premier mot de ma Fabrique* : voilà à-peu-près les propos avec leſquels ils ont fait en un coup de langue la critique de tout un Ouvrage.

J'ai averti des obſtacles que j'avois trouvés auprès de pluſieurs Fabriquants; mais je n'ai pas dit que ſouvent, en décrivant un procédé ſuivant des renſeignements connus, & mes propres expériences, de maniere à être certain qu'en l'exécutant comme il eſt décrit, on réuſſira; je n'ai eu en vue que de piquer l'amour-propre ou le zèle de quelques-uns de ces dépoſitaires de méthodes ſecrettes, qui peuvent bien perfectionner la main-d'œuvre du côté de l'économie dans le travail en grand, mais n'ajoutent rien à la valeur intrinſéque du produit.

Je n'en ai pas moins reçu des critiques verbales, plus ou moins honnêtes ; un Particulier entre autres eſt venu me demander ſi j'étois bien ſûr de mon procédé pour faire la Céruſe; je lui dis que j'en avois fait en ſuivant ce procédé, qui d'ailleurs étoit décrit dans un volume des Tranſactions Philoſophiques, d'où les Auteurs de la Collection Académique l'avoient extrait. Cet honnête critique me répliqua : Eh bien ! Monſieur, ni vous ni les Tranſactions Philoſophiques n'y entendez rien ; vous oubliez trois des cinq opérations néceſſaires pour réuſſir : on va établir une Manufacture de Céruſe près Bordeaux, & vous verrez. J'eus l'honneur de lui répondre : Cela peut être ; mais ſoyez aſſez généreux envers le Public & le progrès des Sciences & des Arts pour me réformer en publiant mes négligences... Attendez ; on va vous dire le ſecret d'une Manufacture. Si vous ne me réformez pas, lui dis-je, ne venez donc pas me contrôler. Et mon homme me quitta.

Le critique de l'Art du Charbonnier, le Fabriquant de Caſtors qui a critiqué celui du Chapelier, ont fait comme mon homme à la Céruſe ; ils ont critiqué ; mais ils ont oublié de dire comment il falloit s'y prendre pour faire mieux.

Voilà en effet où aboutit la cenſure, elle eſt plus ou moins aigre ; un intérêt perſonnel, quelque petit grain de jalouſie, le plaiſir de s'ériger en juge des productions d'autrui, ſont les moteurs de la critique ; le déſir d'être utile eſt rarement de la partie ; je ſais pourtant que ce déſir trop franc a beaucoup nui à quelqu'un de ma connoiſſance : mais revenons à notre objet.

Mon intention d'aiguillonner le zèle de quelques Artiſtes n'a pas été infructueuſe ; j'ai vu deux Artiſtes s'empreſſer à me donner des renſeignements ſur l'Huile de Vitriol. Le premier eſt feu M. Dallemagne, Apothicaire en Chef de l'Hôpital de Lille en Flandre, qui me détailla ſon procédé, bien plus ſimple encore que celui des Anglois : le voici.

Sur une tablette à portée d'un homme debout, montée ſur des taſſeaux le long du mur de ſon Laboratoire étoient rangées douze bouteilles de groſſeur pareille à celles qui ſervent au tranſport de l'Huile de Vitriol ; à l'aide d'un fer chaud il décoloit ces bouteilles & les rangeoit ſur des valets, de maniere que l'orifice fût en devant. Vis-à-vis chaque orifice étoit une planchette quarrée, plus large que cet orifice, garnie de lut gras ſur une de ſes faces & ſuſpendue par une ficelle attachée au plancher, de maniere que, pour la placer ſur cet orifice ou l'en ôter, il ſuffiſoit de la tirer ou de l'appliquer. Dans chaque bouteille étoit placé en forme de ſupport un de ces bocaux de verre qui ſervent à faire fleurir des oignons durant l'hiver ſur les cheminées. Il faiſoit ſon mélange de cinq parties de soufre & une de nitre, & en mettoit au plus quatre onces dans de petites sébilles de terre cuite; il allumoit ce mélange après avoir mis la sébille sur son support, à l'aide d'un fer rouge; il laissoit son ballon ouvert durant deux ou trois minutes pour bien enflammer son soufre; il bouchoit alors avec sa planchette enduite de lut gras, & alloit successivement mettre en train ses douze bouteilles; il avoit soin d'y mettre un peu d'eau, & sur-tout de mouiller tout l'intérieur de ses bouteilles en les agitant avec l'eau avant d'y introduire son appareil; il renouvelloit ses sébilles avec de nouveau mélange toutes les deux heures, ce qui dans les douze heures lui donnoit six fois quarante-huit onces ou dix-huit livres de matiere consumée, & cela suffisoit pour son Hôpital, & étoit entretenu par un valet qui s'occupoit beaucoup d'ailleurs.

On voit assez qu'en multipliant les rangées, & mettant seulement deux hommes pour ce travail, on multipliera les produits & l'épargne dans la fabrication.

Cet Artiste industrieux & zèlé vient d'être enlevé à la fleur de son âge, avant d'avoir été connu autant qu'il le méritoit déja & qu'il devoit espérer de l'être.

Un autre Artiste, nommé M. *Lafolie*, m'a communiqué, avant de le rendre public dans le Journal de Physique, un procédé fort singulier, & dont il avoit suivi le travail avec exactitude. Un Fabriquant nommé *Fleury*, a fait construire une espece de chambre vaste, de forme ronde un peu ovoïde vers le bas, toute en plomb laminé de deux lignes d'épaisseur. Sur le devant & vers ce bas est une trappe ou bonde dont on verra l'usage. Cette chambre soudée exactement reçoit par un trou latéral le bout du tuyau d'un poële placé extérieurement; ce poële quoiqu'en cloche est de terre; on y met sur un trépied une terrine chargée du mélange de cinq parties de soufre sur une de nitre, & d'une capacité telle qu'il peut y avoir huit à dix livres de mélange. On l'allume avec un fer rouge, on recouvre le poële, on établit sous la terrine un feu léger, & toutes les vapeurs sont dirigées par le tuyau dans la vaste chambre de plomb où elles se condensent à l'aise. Dès que la premiere terrine a cessé de brûler, on en replace une autre, & on n'a besoin d'ouvrir la trappe ou bonde du bas de la chambre plombée, que lorsqu'on veut retirer l'acide qui s'est rassemblé vers la base de l'ovoïde. On a eu soin de mettre quelques livres d'eau dans cette base, ce qui rend la condensation des vapeurs plus facile.

A l'aide de cet appareil, on n'est jamais suffoqué par les vapeurs; on n'a aucun besoin d'attendre leur condensation pour remettre d'autre soufre. Dans la premiere construction, on portoit sur deux traverses vers le milieu de la chambre un petit fourneau à roulettes qui contenoit le mélange; & alors il falloit ouvrir souvent la trappe qui servoit à l'introduire & à le retirer; c'est à M. Lafolie, que le possesseur de ce nouvel appareil doit l'idée du poële latéral. Ce même Physicien se propose de placer une pompe dont l'ajûtage sera fait en forme d'arrosoir pour introduire en forme de pluie, de temps à autre, l'eau qu'on est dans l'usage de mettre dans le fond de la chambre de plomb. On a déja retiré plus de dix-huit milliers d'acide vitriolique dans cette chambre, sans que le plomb se soit trouvé endommagé en aucun endroit; & il ne reste plus qu'à le rectifier.

Je saisis avec empressement cette occasion de rendre à l'Huile de vitriol de la Fabrique de M. Holker la justice qu'elle mérite. Lorsque j'écrivois en 1772 mon Art du Distillateur d'Eaux-fortes, tout ce que j'ai dit alors étoit de la plus exacte vérité; mais je dois à mon zèle pour cette même vérité de publier que depuis cette époque, les Artistes dont je parle sont parvenus à donner à leur Huile de vitriol le degré de perfection suffisant pour la mettre en concurrence avec celle des Anglois; je m'en suis convaincu par moi-même & par le bon récit des mêmes personnes que j'avois consultées en 1772. Voilà donc une autre récompense de mon travail, la perfection d'un objet de commerce, perfection qui fait aux recherches de M. Holker, un honneur que je trouve bien du plaisir à publier. Rien n'étant plus satisfaisant pour moi qu'avoir occasion de faire l'éloge des Artistes & du fruit de leurs travaux.

Tout ce que j'ai observé sur les censures qu'on a pu faire des Arts, annonce assez que, pour ma part, je recevrai avec bien de la reconnoissance toutes les observations qui pourront tendre à perfectionner ou réformer les procédés que je décris; cette reconnoissance sera égale à celle que je dois aux Artistes qui ont bien voulu m'éclairer dans la nouvelle Description que je publie aujourd'hui. Elle fait la suite naturelle de mon premier Ouvrage; aussi ai-je souvent

souvent eu besoin de le citer. Le plan de celui-ci est conforme au premier ; j'ai de même renvoyé l'Explication des Planches à la fin du texte. Indépendamment des motifs que j'ai exposés au commencement du précédent cahier, j'y trouve encore l'occasion de réformer au besoin le texte, si de hasard je découvre quelque chose qui en soit susceptible.

Mon intention est toujours la même ; être utile à mes pareils, faire un Ouvrage agréable aux Savants qui l'ont adopté ; je n'en ai & n'en aurai jamais d'autre.

EXTRAIT DES REGISTRES

DE L'ACADÉMIE ROYALE DES SCIENCES.

Du 23 Décembre 1774.

NOUS avons examiné par ordre de l'Académie, l'*Art du Distillateur Liquoriste*, par M. DEMACHY, M^e. Apothicaire de Paris, de l'Académie Impériale des Curieux de la Nature & de celle de Berlin.

La premiere Partie qui nous a été mise sous les yeux, traite *de l'Art du Brûleur ou Bouilleur d'Eau-de-vie* : on y indique les différents moyens de séparer, par la distillation, la partie spiritueuse du Vin ou l'Eau-de-vie.

M. Demachy y fait aussi mention des Eaux-de-vie qu'on obtient de différentes substances amenées au degré de fermentation spiritueuse ; savoir, le sucre ou la mélasse, de certains fruits, de diverses graines, &c.

La premiere Partie de cet Art a été enrichie par M. Duhamel, d'Observations intéressantes, de Desseins & de Planches.

M. Demachy entre dans les plus grands détails sur la construction des Fourneaux, des Ustensiles, des Vaisseaux distillatoires, des Réfrigérants & des différentes matieres combustibles qu'on emploie en différents Pays à chauffer les Vaisseaux. Cette premiere Partie nous a paru faite avec beaucoup de soin.

M. Demachy traite dans la seconde Partie *de la Fabrication des Liqueurs*, & de la maniere d'y employer le Sucre, & de ses différentes clarifications, soit par le feu, soit par dépôt, ou par la simple dissolution & filtration ; opérations d'où dépendent la bonté, le coup d'œil, le brillant, & la transparence des Liqueurs.

M. Demachy passe ensuite aux précautions qu'il y a à prendre dans les Distillations, pour avoir des Esprits qui ne sentent ni le feu, ni l'empyreume.

L'Auteur donne aussi les moyens de procéder avec l'Eau-de-vie ou l'Esprit-de-vin à la distillation des Ecorces, des Fruits & Graines aromatiques, pour obtenir, par exemple, l'Esprit de Canelle, celui de Badiane, &c. il y indique en même-temps la maniere d'employer les Esprits pour en faire les Liqueurs.

L'Auteur passe ensuite aux Ratafiats faits par infusion, tels que celui d'Œillet, de Fleur d'Orange, &c. & à ceux qu'on prépare avec les zestes ou les fruits entiers, tels que les Citrons, Oranges, &c.

Après cette classe de Liqueurs, M. Demachy traite de celles qui sont faites par la fermentation, telles que le Ratafiat des quatre fruits rouges, &c.

Il indique aussi les différentes manieres de colorer les Liqueurs, soit par la Cochenille, soit par le Bois de Fernambouc, &c.

Dans le Chapitre cinquieme, il donne la maniere de préparer les Fruits confits à l'Eau-de-vie, & explique les soins qu'exigent les Liqueurs, soit pour leur perfection, soit pour leur conservation.

Dans la troisieme Partie, on voit ce qui concerne les Débitants de Liqueurs, connus à Paris sous la dénomination de *Cafetiers* & de *Limonadiers*; on y traite de la maniere de brûler le Café & de sa préparation, ainsi que de celle du Chocolat de Santé, & de celui qui est fait à la Vanille; des Liqueurs fraîches, des Glaces, des Bavaroises, &c.

Cet Ouvrage est terminé par la Description des Glacieres. Les détails & observations qui accompagnent les différentes parties de cet Art, ont été traitées avec le plus grand soin : on y reconnoît en même-temps un Chimiste habile, & nous croyons cette Description intéressante & digne de l'Approbation de l'Académie. *Signé*, MACQUER & CADET.

Je certifie l'Extrait ci-dessus conforme à son original & au Jugement de l'Académie. A Paris, le 11 *Février* 1775.

GRANDJEAN DE FOUCHY,
Secrétaire de l'Académie Royale des Sciences.

ERRATA.

PAGE 2, *ligne* 21, avant d'exposer à la; *lisez* : avant d'exposer la.
4, *ligne* 29, pour terminer cette seconde partie; *lisez* : pour terminer l'Ouvrage.
7, *ligne* 18, que n'a le four; *lisez* : que n'a le tour.
9, *ligne* 33, vec; *lisez* : avec.
10, *ligne* 22, pieces; *lisez* : pierres.
25, *ligne* 1, du premier inconvénient; *lisez* : du premier inventeur.
30, *ligne* 12, ce premier fût; *lisez* : ce premier feu.
32, *ligne* 13, avide; *lisez* : intéressé.
35, *ligne* 22, de petite E; *lisez* : de petite Eau.
PAGE 47, *ligne* 30, dis-je, âcre; *lisez* : dis-je, est âcre.
Ibid. *ligne* 35, elle n'a; *lisez* : il n'a.
53, *ligne derniere*, frîache; *lisez* : fraîche.
89, *ligne* 40, *Pineaut*; lisez : *Pineau.*
93, *ligne* 4, délayé; *lisez* : délavé.
Ibid. *lignes* 14, 24, 25, 28 & 31, Curcuma; *lisez* : Carthame.
95, *ligne* 13, connues; *lisez* : communes.
116, en titre; *lisez* : Chapitre troisieme, *& de suite aux quatre pages suivantes.*
122, *ligne derniere*, Bavareise; *lisez* : Bavaroise.
131, *ligne* 25, inférieurement; *lisez* : intérieurement.

L'ART

L'ART DU DISTILLATEUR LIQUORISTE.

INTRODUCTION.

Avant de traiter des différentes méthodes que le luxe plus ou moins rafiné, & jamais le beſoin, a fait imaginer aux hommes pour employer comme boiſſon le produit chimique le plus difficile en apparence à découvrir, & qui pour cela même paroîtroit devoir être le moins univerſellement connu, nous nous permettrons quelques réflexions dictées par le déſir de faire naître dans l'eſprit de nos Lecteurs des idées préciſes ſur le degré d'eſtime qu'ils doivent à ces boiſſons artificielles.

Par quel prodige l'Eau-de-vie, à peine connue en 1333 par les Chimiſtes & les Alchimiſtes qui la retiroient avec des précautions infinies & des appareils multipliés, a-t-elle pu devenir en Europe, en moins de trois ſiecles, la Liqueur la plus généralement conſommée de toutes celles qu'on diſtille, & preſque de celles qui, après l'eau, ſervent de boiſſon ? Quel a été le Fabriquant ou le Négociant aſſez induſtrieux pour réduire cette opération, pour ainſi dire, à ſes moindres termes, la faire adopter de ſes Contemporains, & l'ériger en un objet de Commerce auſſi univerſel ? Mais une obſervation plus importante, eſt celle-ci : S'il faut en croire les Voyageurs, ou ceux qui nous ont donné le récit de leurs découvertes dans les pays inconnus, comment le Sauvage de tous les climats accoutumé par la nature, par l'habitude, & peut-être par la privation, à ſoulager ſon premier beſoin, la ſoif, par le liquide le moins ſavoureux : comment, dis-je, ce Sauvage a-t-il ſaiſi avec tant d'avidité les Liqueurs ſpiritueuſes qu'on lui préſentoit ? Comment le plaiſir qu'il a trouvé à les boire a-t-il assez fortement influé sur son esprit ou sur son instinct, pour lui faire dans le premier enthousiasme abandonner ce qu'il avoit de plus cher, sa liberté, & suivre en forcené des gens qui lui promettoient toujours une pareille boisson ? Est-ce instinct ? est-ce besoin ? La Nature n'en reconnoît pas d'artificiels ; & cependant depuis le Lapon jusqu'à l'Africain, non-seulement le goût pour l'Eau-de-vie paroît universel ; mais on trouve dans ces différents pays des méthodes plus ou moins industrieuses de se procurer cette boisson. Peut-être pourroit-on donner pour cause de ce goût si universel l'expérience qu'avoient plusieurs peuples, que les fruits de certains de leurs arbres, tels que le Dattier, le Cocotier, fournissoient en les conservant, au lieu d'un suc doux & sucré, une liqueur piquante, une espece de vin ; & qu'ayant trouvé dans cette derniere une sorte de sensualité, leur plaisir a dû être bien autre lorsqu'ils ont pu boire à longs traits une liqueur qui possédoit éminemment la même saveur piquante, & dont ils voyoient une certaine abondance.

L'énumération de ces différentes Liqueurs spiritueuses seroit déplacée ici. Il nous suffit d'observer que la fabrication de l'Eau-de-vie, est, après la fabrique des Liqueurs vineuses, la plus universellement connue & pratiquée : c'est même ce qui m'a déterminé à traiter dans cet Ouvrage de la distillation de l'Eau-de-vie, dont les Fabriquants sont plus généralement connus en France sous le nom de *Bouilleurs* ou *Brûleurs* d'Eau-de-vie, avant d'exposer à la composition particuliere des Liqueurs dont cette Eau-de-vie fait la base, ce qui constitue le *Distillateur-Liquoriste* proprement dit, pour passer ensuite aux détails qui appartiennent à ceux dont le principal Commerce est de débiter ces Liqueurs une fois composées.

Il existe un Corps particulier d'Artistes qui se qualifient dans leurs Statuts & Réglements de *premiers Distillateurs d'Eaux-de-vie* ; ce sont les Vinaigriers. Mais comme l'objet principal de leur travail actuel est la fabrique du Vinaigre, sa distillation, & ses autres préparations artificielles, tels que fruits au Vinaigre, Vinaigres odorants, Vinaigres colorants, &c ; & même le Vinaigre radical, qui, pour le dire en passant, est le voile qui cache de véritables teintures à l'Esprit-de-vin, auxquelles le Fabriquant donne l'apparence de Vinaigre par quelques gouttes de ce Vinaigre radical ; toutes ces considérations exigent bien que le travail du Vinaigrier soit traité à part ; & si de hazard je ne suis prévenu par personne, je me ferai un devoir de le publier.

Comme les Débitants de Liqueurs vendent aussi beaucoup d'autres objets qu'ils fabriquent, & qui ne méritent pas les honneurs d'un Ouvrage particulier, j'ai cru entrer dans les vues de l'Académie en réunissant dans la troisieme Partie de cet Ouvrage tous les objets qui sont du ressort du *Limonadier*, espece d'Artiste amphibie dont l'existence en Corps de Communauté est des plus modernes en France, & qui se qualifie de *Distillateur-Liquoriste*.

Je traiterai donc dans la premiere Partie de cet Ouvrage, de l'appareil le plus usité pour brûler ou bouillir les Eaux-de-vie de vin en France, & des différents instruments propres à ce travail; j'exposerai ensuite quelle qualité doit avoir le vin pour être bouilli avec plus de profit, & la maniere de conduire une chaudiere à dessein d'en tirer les différentes sortes d'Eaux-de-vie convenables.

Dans le troisieme Chapitre, il sera question des manipulations particulieres à différentes contrées de la France, des Bouilleurs ambulants, de l'Eau-de-vie tirée des lies, & de celle que l'on tire des marcs. Dans le quatrieme Chapitre, je traiterai du choix des Eaux-de-vie, des méthodes pour les distinguer, des moyens usités dans le Commerce pour les reconnoître; j'y joindrai un précis de l'esprit des Ordonnances & Réglements que le Gouvernement, d'une part, & le Fermier de l'autre, ont cru nécessaires, l'un pour conserver un même degré de bonté aux Eaux-de-vie, l'autre sous le même prétexte, pour affermir ou augmenter ses droits. Le cinquieme Chapitre sera destiné à donner les détails de la maniere dont on cuit le Cidre pour en tirer l'Eau-de-vie dans la Normandie & autres pays à Cidre. La distillation des grains, ou l'Eau-de-vie de grains, suivant la méthode du Nord, ainsi que les caracteres distinctifs de cette espece d'Eau-de-vie, seront la matiere du sixieme Chapitre. Dans le suivant, j'indiquerai, d'après les Historiens & les Voyageurs, les différentes substances que les peuples des différents pays ont imaginé de convertir en Eau-de-vie, leurs appareils variés, & la nature de leurs résultats, autant toutefois que me l'indiqueront les renseignements que je me suis procurés. Enfin dans le huitieme & dernier Chapitre, je proposerai, comme Chimiste, les inconvénients qui résultent des manipulations les plus connues, & des moyens d'y remédier. Si j'ai dû consulter les Praticiens les plus instruits, je n'en ai pas moins fait usage & un ample usage des Mémoires savants que la Société d'Agriculture de Limoges a publiés, & dont les Auteurs, celui sur-tout qui mérita le prix, sont si avantageusement connus de l'Académie & du Public.

Je dois encore avertir que M. Duhamel ayant bien voulu me confier ce qu'il avoit de préparé sur cette matiere, je ne fais que partager avec lui l'honneur de présenter au Public notre travail commun: il est trop avantageux à la vigne de s'appareiller à l'orme, pour que je néglige cette occasion de donner du relief à mes chétifs talents.

La seconde Partie, où l'Art du Liquoriste, sera divisée en sept Chapitres. Les Instruments nécessaires à cet Art, tant ceux qui lui sont essentiels & particuliers, que ceux qu'on a imaginés en différents temps; les matieres de premiere nécessité, c'est-à-dire, les Liqueurs spiritueuses, l'eau & le sucre; ainsi que leur choix seront exposés dans le premier Chapitre. Dans le second, il s'agira des opérations indispensables ou au moins les plus connues dans l'Art du Liquoriste; distillations, infusions, clarifications, & sur-tout filtrations; des regles générales qui appartiennent à chacune d'elles, des inconvénients qui résultent de ne les pas suivre, & des moyens d'y remédier. A ces préliminaires succédera la division des préparations des Liqueurs en trois classes; celles résultantes d'un simple mélange, telles que l'Eau-divine, soit que l'Esprit-de-vin soit pur ou chargé par la distillation de parties aromatiques; celles qui résultent de l'infusion, & qu'un Chimiste rangeroit au nombre des teintures; celles enfin que l'on fabrique avec des sucs, des fruits ou des infusions faites à l'eau. Pour ne rien laisser à désirer sur ces trois especes de Liqueurs, je traiterai ensuite & dans le même Chapitre, en autant de paragraphes, des Liqueurs qui paroissent devoir leur existence à la fermentation, & des manieres artificielles de colorer ces mêmes Liqueurs. Dans le quatrieme Chapitre, il s'agira des Liqueurs auxquelles on a donné le nom de *Liqueurs fines*, d'*Essences* ou d'*Huiles*, parce qu'elles exigent quelques manipulations particulieres. Aux regles générales qui seront données sur toutes ces sortes de Liqueurs, je joindrai des exemples dont je décrirai les procédés particuliers sans m'engager à publier le nombre infini des recettes de ce genre, dont la plûpart ne varient que pour être passées dans différentes mains. Les méthodes connues pour concilier aux Liqueurs une fois faites leur dernier degré de bonté, pour en sauver ou l'âcreté ou le goût de feu, pour les conserver le plus long-temps possible, pour leur donner enfin à l'instant d'en user une derniere perfection, ces méthodes nous occuperont, dans le Chapitre cinquieme. Je me propose de traiter dans le Chapitre sixieme, des fruits conservés dans l'Eau-de-vie, parce que l'Eau-de-vie qui en résulte est une espece de Ratafiat. Comme sur tous ces points je me fais un devoir de profiter de ce qui a pu être dit & imprimé sur cet Art, je dois cependant avertir que mon Ouvrage n'a rien de commun avec celui qui vient de paroître chez *Pissot*, sous le titre de *Chimie du goût & de l'odorat*. Je ne serai ni son plagiaire ni son détracteur. Enfin dans un dernier Chapitre, qui sera le septieme, je recueillerai des recettes de Liqueurs des pays étrangers, tout ce qui pourra être venu à ma connoissance; & je donnerai par forme alphabétique, pour terminer cette seconde Partie, les recettes des Liqueurs dont les préparations auront été détaillées dans le cours des Chapitres, dont je viens d'indiquer la marche.

Quoiqu'il y ait des Artistes qui s'occupant uniquement de la fabrication des Liqueurs, prennent le titre de *Distillateurs-Liquoristes*, j'ai déja prévenu que le Cafetier Limonadier prenoit le même titre & le même droit: il s'agira donc moins ici de l'Art qu'ils exécutent en tant que Liquoristes, que des différentes substances qu'ils fabriquent & débitent à cette occasion. Le débit de l'Eau-de-vie étant le plus commun pour le plus grand nombre d'entr'eux, débit qu'ils ont concurremment avec l'Epicier détailleur, je ne puis me dispenser de commencer cette troisieme Partie par exposer les abus qui se commettent dans le débit de l'Eau-de-vie, en y ajoutant comme de justice les moyens de les reconnoître, & proposant ceux d'y remédier. La Liqueur chaude que nos Limonadiers

Limonadiers débitent le plus, eſt enſuite le Café. Le choix de cette ſemence, ſon grillage, ſa mouture, ſa bonne préparation, nous occuperont d'abord; nous examinerons enſuite combien de ſubſtances on a eſſayé d'y ſubſtituer, & les manipulations ſecretes de quelques Fabriquants. Nous ſuivrons le même ordre pour le Chocolat, dont la fabrication nous occupera d'autant plus volontiers, que c'eſt une eſpece d'Art perdu pour être en trop de mains; car qui n'eſt pas Fabriquant de Chocolat? Sa deſcription ſe trouvera conſervée par ce moyen. Ce que l'on appelle *Bavaroiſe*; cette Liqueur Angloiſe nommée *Punch*, ſeront expoſés; & nous terminerons par dire ce qu'il eſt eſſentiel de ſavoir pour les préparations des Liqueurs fraîches & des Glaces.

Ainſi ſuivant la même marche que je me loue d'avoir priſe en traitant l'Art du Diſtillateur d'Eaux-fortes, on peut voir qu'en traitant principalement de l'Art du Liquoriſte, j'y aurai réuni bon nombre de petites Fabriques particulieres dépendantes de celui-ci, ou qui lui ſont tellement analogues que leur aſſociation n'aura rien d'étranger pour mes Lecteurs de tous les genres. Comme il pouroit arriver que l'Art du Vinaigrier fût entrepris par une main plus intelligente, je ne hazarde pas ici l'expoſé des Chapitres qui diviſeront cette Partie de mon travail, puiſqu'il eſt poſſible que je ne l'exécute pas; on la trouvera dans le cas contraire, en tête de la deſcription de cet Art.

PREMIERE PARTIE.

De l'Art du Brûleur ou Bouilleur d'Eau-de-vie.

CHAPITRE PREMIER.

Des Ateliers, Chaudieres & Inſtruments néceſſaires aux Brûleurs d'Eau-de-vie.

S'IL falloit décrire ici les différentes formes d'Ateliers ou de Laboratoires dans leſquels chaque Fabriquant établit ſon travail, & qui doivent tous varier, ſoit à raiſon des commodités du local, ſoit pour le nombre ou la grandeur des chaudieres que le Bouilleur eſt en état de faire *marcher* ; on ſent que cette deſcription, en même-temps qu'elle ſeroit trop multipliée, ne ſeroit pas aſſez préciſe. On diſtingue dans nos Provinces deux ſortes de Bouilleurs : ceux qui ont un Laboratoire fixe, & ceux qui pour la commodité des gens de village vont brûler chez eux : ces derniers ſont très-fréquents dans l'Anjou & dans le Poitou. Quant à ceux qui font bouillir dans un attelier à demeure, un hangar eſt ſouvent ſuffiſant pour tenir lieu de laboratoire. Mais les riches Entrepreneurs ont ſoin d'établir leur laboratoire d'une maniere ſolide dans le voiſinage des celliers, & de ſorte que le tranſport du vin dans les chaudieres, ſoit le plus facile poſſible, & que celui de l'Eau-de-vie fabriquée, juſque dans les magaſins, ſe faſſe ſans beaucoup de peines. La ſituation la plus avantageuſe eſt au bas d'une côte, ou au moins à mi-côte ; les celliers étant ſouvent taillés dans la roche au-deſſus de l'atelier, une rigole ſuffit pour conduire le vin juſque dans la chaudiere. Dans le cas où les celliers ſont au-deſſous du local du laboratoire, on ménage près de la chaudiere un paſſage à un corps de pompe, dont la baſe plonge dans une cuve où l'on verſe le vin dans le cellier même, & on le fait monter dans les chaudieres à l'aide du piſton ; on voit que ces préliminaires ne ſont abſolument pas ſuſceptibles de deſcription, & qu'il ſuffit de les indiquer, puiſqu'ils dépendent abſolument & de l'emplacement & des facultés & de l'induſtrie que poſſede l'Entrepreneur.

Dans les pays du Nord, où d'ailleurs on a très-peu de précautions ſur l'état des vaiſſeaux de cuivre qui ſont ſouvent comme les médailles antiques garnies d'un enduit luiſant & épais de verdet, on a la précaution de diviſer le laboratoire en deux pieces ; dans l'une eſt la chaudiere, & dans l'autre, dont le Directeur a la clef, eſt le baſſiot ou vaſe qui reçoit l'Eau-de-vie diſtillante.

Aux environs du laboratoire doit être le hangar pour le bois ; il eſt eſſentiel auſſi qu'il y ait dans le voiſinage une eau courante ou un réſervoir artificiel, tel qu'une marre, un étang, ou enfin des futailles arrangées pour être toujours pleines d'eau. Indépendamment de la propreté qui eſt un point capital dans la fabrication des Eaux-de-vie , cette précaution eſt eſſentielle contre les incendies. On trouvera dans les Planches le deſſein & l'explication d'un laboratoire de ce genre le plus commode poſſible ; il eſt plus urgent que nous nous occupions des pieces eſſentielles, qui ſont les fourneaux, la chaudiere, le ſerpentin & le vaſe deſtiné à recevoir.

Des Fourneaux.

La grandeur de la chaudiere qui doit être placée dans ce Fourneau, en détermine la dimenſion : on commence par creuſer un trou rond & profond d'à-peu-près quatre pieds ; ce trou reçoit une premiere aſſiſe de moëllon bien cimenté, qui peut avoir deux pieds & demi d'épaiſſeur ; on en garnit le tour de maniere à former un mur d'à-peu-près un pied de diametre ; le milieu de cette premiere aſſiſe eſt garni en briques debout, bien jointes l'une contre l'autre, & a pour diametre un pied de plus que n'a le four de la chaudiere. On a coutume d'élever le mur du Fourneau avec de bonnes briques bien cuites juſqu'à la hauteur de deux pieds à deux pieds & demi. Sur le devant de cette conſtruction, on laiſſe une ouverture quarrée dans laquelle ſe poſe un cadre de fer, précisément des mêmes dimenſions pour la hauteur & pour la largeur, garni de ſa porte en tôle forte ; & à la partie oppoſée, on ménage le commencement d'un tuyau de cheminée qui peut avoir ſix à huit pouces de diametre. Ceux qui déſirent que leur Fourneau ſoit garni d'un cendrier, ne tiennent cette premiere hauteur que d'un pied, poſent à cette hauteur quelques barreaux d'un pouce d'équarriſſage, placés ſur l'angle & non à plat , & continuent d'élever leur mur de deux pieds à deux pieds & demi pour établir le foyer, & ſuivre d'ailleurs toutes les dimenſions que nous venons de donner.

Par cette conſtruction, le haut de la porte du foyer eſt de niveau au ſol de l'atelier, & l'Ouvrier, aſſis ſur la troiſieme marche de l'eſpece d'eſcalier qu'on ménage ſur le devant du Fourneau en face de ces portes, a la commodité de veiller à ſon feu, ſans être continuellement courbé ; c'eſt enfin la même conſtruction que celle que l'on voit ſur les devants des Fourneaux de Fayanciers & autres qui exigent la préſence preſque continuelle d'un Ouvrier pour garnir le foyer.

C'eſt à cette hauteur de deux pieds à deux pieds & demi, que nos Conſtructeurs placent tranſverſalement deux fortes barres de fer de deux bons pouces d'équarriſſage , ſur leſquelles doit poſer la chaudiere ; d'autres ſuppriment le commencement du tuyau de cheminée dont je viens de parler, & font à cette même hauteur quatre petites vouſſures diſtantes l'une de l'autre de quatre à cinq pouces, & ſaillantes dans l'intérieur de huit bons pouces : ſur ces vouſſures, doit poſer le fond de la chaudiere qui, dit-on, eſt par ce moyen plus long-temps conſervé. D'autres enfin qui font conſtruire les chaudieres avec de forts crampons ou oreilles vers le tiers de leur hauteur, leſquels crampons doivent être ſcellés dans le reſte de la bâtiſſe; enſorte que la chaudiere ſe trouve par ce moyen ſoutenue ſur ces crampons : ceux-là, dis-je, continuent d'élever leurs Fourneaux juſqu'à ce que la chaudiere poſée, il n'en ſorte que la calote ſupérieure & le collet; alors on place cette chaudiere, ſoit en la poſant ſur les barres ou ſur les vouſſures, ſoit en la faiſant porter ſur le mur du Fourneau par ſes trois crampons ou oreilles. Pour plus de ſolidité dans ce dernier cas, on s'eſt muni d'un cercle de fer forgé ſuivant les meſures convenables; & ce cercle poſé lui-même ſur les murs du Fourneau, devient pour les oreilles de la chaudiere un point d'appui ſolide. Comme la chaudiere elle-même, ou le Fourneau, peuvent avoir beſoin de quelques réparations; on peut ménager, en bâtiſſant, deux tranchées de chaque côté du Fourneau, leſquelles ſe ferment avec des briques, & peuvent ſe démolir ſans endommager le reſte de la bâtiſſe : cette méthode porte avec elle ſon économie, ſur-tout ſi l'on a ſoin, comme je l'ai vu dans l'Hôtel-Dieu de Paris, de ſouder à la chaudiere trois forts anneaux de cuivre, à l'aide deſquels on peut la déplacer & replacer en l'enlevant perpendiculairement, ou la faiſant tomber d'à-plomb dans l'intérieur du Fourneau qui lui eſt deſtiné.

Si l'on a commencé la cheminée dès le bas, on a eu le ſoin de la continuer juſqu'au ſommet du Fourneau; ſi au contraire cette précaution a été inutile, on ſe contente au-deſſous de la poſe du cercle, ou environ, de ménager cette petite cheminée; enſorte qu'elle aboutiſſe hors du Fourneau immédiatement au-deſſous de ſa partie ſupérieure : on acheve de la conſtruire en l'adoſſant contre un mur pour la faire dévoyer ſuivant la commodité du local. Il eſt inutile d'avertir des proportions que doit avoir ce tuyau; c'eſt l'affaire du Conſtructeur : pour ceux qui l'ignoreroient, le diametre de la porte de l'âtre indique celui de la cheminée; ils doivent être pareils.

Les Bouilleurs ſont dans l'uſage d'accoupler deux Fourneaux de maniere que les deux tuyaux de cheminée ſe trouvent entre les deux chaudieres, parce qu'il eſt d'uſage qu'à la hauteur de la main ces deux tuyaux reçoivent deux planchettes, qui peuvent en gliſſant ſur leurs couliſſes, fermer ou tenir ouverts à volonté ces tuyaux. On nomme ces deux planchettes la *Tirette*; c'eſt à l'aide de cette tirette, que l'Ouvrier dirige ſon feu, en la tirant entiérement, ou ne la pouſſant qu'à moitié, &c; c'eſt enfin ce que d'autres Artiſtes, & notamment les anciens Chimiſtes, nomment les *Regiſtres du Fourneau.*

Il exiſte dans la Flandre des Fourneaux que l'on croit plus économiques, en ce que la chaudiere placée par ſon fond ſur la bâtiſſe du Fourneau eſt en outre entiérement & immédiatement entourée par cette bâtiſſe, à cela près du tuyau de la cheminée, que l'on fait circuler en ſpirale autour de cette chaudiere; ce qui emploie en chaleur efficace toute la fumée, & donne une épargne dans le combuſtible.

Les Bouilleurs d'Eau-de-vie de grains ont de plus la précaution de placer la cheminée de leur Fourneau, & même un des côtés, contre la cloiſon qui ſépare l'atelier des chaudieres, du lieu où l'on fait fermenter le grain; ce qui entretient dans cette derniere piece un degré de chaleur néceſſaire pour aider cette fermentation.

On acheve le Fourneau en le fermant exactement à la hauteur que nous avons indiquée, & couvrant ſa ſurface avec des carreaux, de maniere qu'il y ait une pente douce depuis la chaudiere juſqu'aux bords extérieurs du Fourneau; par ce moyen, s'il arrive quelqu'accident, la Liqueur bouillante eſt portée hors du Fourneau, & le tout eſt entretenu plus propre.

Pour ramener cette deſcription aux termes généralement connus des Chimiſtes, le Fourneau des Bouilleurs peut n'avoir pas de cendrier; il a un foyer ou âtre bas, & ſon laboratoire eſt auſſi vaſte que la capacité de la chaudiere; ſon deſſus forme le dôme, du milieu duquel ſort la ſeule partie viſible de cette chaudiere.

Par le détail qui précede, le foyer ſe trouve toujours plus bas que le niveau du ſol du hangar ou du laboratoire, ce qui oblige de ménager vis-à-vis la porte de ce foyer un trou quarré plus profond de quelques pieds, aſſez large pour que l'Ouvrier puiſſe y faire le ſervice en deſcendant quelques marches, dont les dernieres lui ſervent de banquette pendant ſon travail. La raiſon de cette conſtruction eſt ſenſible: il y a telles chaudieres qui ont plus de cinq pieds de haut dans la partie ſeule de la bâtiſſe; il faut lever le chapiteau, *chappe*, ou *tête de more* de la chaudiere, ſoit pour la nétoyer, ſoit pour la remplir: la précaution de tenir le Fourneau le plus bas poſſible rend la manœuvre plus commode. Il eſt vrai que lorſque les anciennes chaudieres avoient la forme de cylindres très-courts, on pouvoit conſtruire le Fourneau ſur le ſol de l'atelier ſans l'y faire profonder; mais cette forme ancienne portant avec elle des défauts dont il va être queſtion, nous croyons inutile d'inſiſter ſur les Fourneaux qui lui conviendroient.

Comme il n'y a pas d'autres moyens de vider ces chaudieres ſi vaſtes, que par un robinet, ou *dégor*, ou *décharge*, que l'on ménage vers leur baſe, il n'eſt pas inutile de prévenir que dans la bâtiſſe du Fourneau, il faut ménager le paſſage de ce robinet; auſſi ce Fourneau ne ſe conſtruit-il que ſur la chaudiere en place, c'eſt-à-dire, que de l'inſtant où la hauteur du foyer ou âtre eſt achevée, on place la chaudiere, on bâtit autour d'elle avec les précautions que nous venons de détailler, & ceux qui ménagent une ou deux tranchées pour la commodité des réparations, ont soin d'en placer une à l'endroit où ce dégor saille du Fourneau.

On n'a pas perdu de vue sans doute que le mur doit avoir au moins un pied & demi d'épaisseur ; nous ajouterons qu'il doit être construit solidement & en bonnes briques. Nous observerons encore qu'il y a tels Constructeurs qui ne ménagent entre la chaudiere & les murs aucun espace ; ensorte que cette chaudiere n'est absolument chauffée que par son fond, & tout au plus latéralement par le tuyau de la cheminée.

J'ai été obligé de réunir ici les différentes sortes de constructions de Fourneaux, parce que n'y ayant aucune pratique suivie d'une Province à l'autre, & cette construction n'étant pas toujours dirigée par l'économie éclairée, il m'eût été impossible de donner rien de certain sur cet objet. Quelle que soit la construction du Fourneau à bouillir, il faut non-seulement qu'il soit capable de contenir la chaudiere, mais encore que son foyer soit proportionné de maniere à chauffer le plus énergiquement & le plus promptement possible, avec le moins de dépense que faire se peut, la Liqueur que doit contenir la chaudiere ; car en deux mots, voilà tout l'Art du Brûleur ou Bouilleur d'Eau-de-vie : *Etablir une chaleur assez vive pour faire bouillir dans le moins de temps possible la Liqueur qu'on veut distiller, & entretenir ce bouillon par une chaleur égale, & jamais ralentie, tant que durera l'opération.*

En voilà sans doute beaucoup sur cet objet, dira le Bouilleur ambulant : mon Fourneau est bien plutôt construit. Un trépied, quelques pieces agencées autour avec du gâchis, voilà son Fourneau construit. Quelques-uns même ne prennent d'autres précautions que de s'adosser contre quelques murailles pour se mettre à l'abri du vent.

De la Chaudiere.

C'est ici la piece la plus essentielle pour le Bouilleur. Je n'ennuirai pas le Lecteur par l'énumération des noms plus ou moins singuliers que porte cette piece chez les Bouilleurs des différents pays; je ne prescrirai même rien par rapport à l'Art du Chaudronnier, auquel appartient la construction de ces ustensiles; je dirai seulement que toute Chaudiere à bouillir est un vase de cuivre représentant assez bien une poire arrondie & applatie vers sa pointe, & qu'elle est composée d'un fond, d'une calotte, d'un collet, & surmontée de sa chappe ou tête de more. Pour fixer les idées sur ces Chaudieres, supposons-en une de la capacité de 500 pintes à-peu-près ; elle ne peut pas avoir moins de quatre pieds & demi de diametre dans son fond; ce fond étant la partie la plus exposée à l'action du feu, doit être d'une bonne épaisseur, d'une seule piece, s'il est possible, & attachée aux autres pieces qui composeront la Chaudiere à clous rivés & à soudure forte. Dans la proportion que nous lui donnons, la Chaudiere peut avoir cinq pieds de hauteur jusqu'à sa calotte : cette piece un peu arrondie en forme de voûte, peut former une hauteur d'un pied au plus, & avoir trois pieds de diametre ; elle est ouverte dans son milieu par un trou rond de deux pieds, deux pieds & demi, sur lequel est ajustée une colonne formant le collet qui peut avoir un pied à un pied & demi de haut ; sur ce collet, s'ajuste la chappe dont la forme est quelquefois sphérique, d'autres fois conique, mais toujours bien arrondie dans sa base, où elle doit faire gouttiere : cette chappe doit avoir au moins trois pieds de diametre dans sa plus grande largeur ; elle est ouverte à sa base, & garnie d'une piece de cuivre qui s'ajuste sur le collet dont nous venons de parler, & qui en a par conséquent les dimensions. Cette chappe est ordinairement faite de deux calottes jointes ensemble : dans la partie la plus déclive de la sphéricité de la chappe, est ouvert un trou qui peut avoir de trois à quatre pouces de diametre ; à ce trou est soudé un tuyau ou bec plus ou moins long pour saillir au-delà du fourneau, & ajusté de maniere à faire un plan incliné lorsque la chappe est en place ; ce tuyau peut avoir un pouce au plus de diametre vers son extrémité. Dans les pieces d'une proportion beaucoup plus grande encore que celle que nous avons choisie, on est obligé, pour les soulever, d'établir une espece de levier dont le point d'appui est fixé au-dessus de l'appareil ; sa branche la plus longue est à la portée des Ouvriers ; la plus courte est terminée par trois chaînes qui se réunissent dans un anneau commun au collet de la chappe qui les embrasse. Il est aisé de sentir que par ce moyen les pieces les plus lourdes sont facilement déplacées & remises en place par un seul Ouvrier.

En décrivant l'espece de tête de more qui précede, il s'en faut de beaucoup que nous ayons parlé de toutes les formes qu'on lui a données ; les unes sont une petite calotte arrondie, vers le bas de laquelle est un tuyau de décharge qui conduit & dirige les vapeurs vers le serpentin ; les autres ont la même forme, & le tuyau vers le haut ; d'autres ont plutôt l'air d'une boîte applatie. Toutes ont le défaut d'être démesurément trop étroites d'orifice pour le diametre de la Chaudiere. Celle-ci a d'autre part, chez les anciens Bouilleurs, la forme d'une boîte cylindrique dont un des fonds seroit ouvert au centre pour recevoir l'autre petite boîte défoncée faisant office de tête de more. On a senti les vices de ces constructions, vices qui font perdre du temps & du produit, en obligeant la plus grande partie des vapeurs de se refouler dans la Chaudiere. On a construit les Chaudieres en dôme vers le haut, & leurs chappes plus vastes & plus larges d'orifice ; mais cette réforme n'a pas encore gagné dans beaucoup d'endroits ; presque tout le Nord, la province de Normandie, beaucoup de Bouilleurs des autres provinces, soit paresse, soit parcimonie, soit habitude, soit enfin défaut de docilité pour les choses nouvelles qu'on leur montre, ont conservé la vieille routine ; & rien n'est plus commun que de trouver nos anciennes Chaudieres, sur-tout chez les personnes qui ne bouillent que leurs vins ou leurs cidres. Car il est bon d'observer que l'Art du Bouilleur est un Art libre, que chacun peut exercer en se faisant en regiftrer chez le Commis qui doit percevoir les droits de l'Eau-de-vie que fera le particulier. Mais il existe des personnes industrieuses, instruites & capables de perfectionner leur Art, qui n'ont d'autre occupation que la bouillure; & ce sont de pareils Artistes qui ont senti les défauts, & peut-être même imaginé la construction réformée de leur Chaudiere & de leur chappe, telle que nous l'avons décrite d'abord.

Nous avons parlé du dégor par lequel on vidoit les Chaudieres : ce tuyau doit être ajusté à cette Chaudiere, & être assez long pour dépasser la bâtisse du fourneau; ensorte que tout ce qui appartient à ce dégor proprement dit, soit hors de cette bâtisse : ce tuyau de décharge doit être pareillement un plan incliné, & avoir son diametre capable du plus grand débit. On le tient bouché avec un tampon entré de force tant que dure le travail; ce tampon garni de filasse est toujours assez long pour être saisi, ébranlé & tiré lorsqu'on veut vider la Chaudiere.

Comme, encore un coup, la construction de ces machines appartient aux Chaudronniers, il suffira de dire que celui qui fait fabriquer de pareilles pieces, doit bien veiller à ce que les rivures soient solides & bien bouchées, à ce que les parties soudées, & sur-tout le tuyau de décharge, le soient avec la plus grande exactitude, & enfin s'assurer que la piece ne fuit d'aucun endroit, en la tenant pleine d'eau ainsi que sa chappe pendant plusieurs jours, & la visitant de toutes parts avec le plus grand scrupule.

Du Serpentin.

Cette piece ainsi nommée parce que c'est un tuyau contourné, n'a pas toujours eu cette forme; ç'a été le plus souvent, & dans les anciennes Fabriques, un tuyau droit, fait de plomb ou de cuivre étamé, qui traversoit diagonalement une piece remplie d'eau; on l'appelloit alors *rafraîchissoir*, *refrigérant*. Nous observerons ici que nous ne nous sommes pas arrêtés à décrire les appareils en usage avant ceux des Bouilleurs. Raymond Lulle, Arnaud de Villeneuve, Libavius, Biringuccio, satisferont sur cela les curieux, peut-être au-delà de leurs désirs. Il nous suffit que les appareils actuels, sont la réforme plus simplifiée de ceux que des préventions mal conçues, des désirs plus mal fondés, peut-être un enthousiasme qui tient à la charlatanerie, avoient fait imaginer à nos premiers Chimistes.

Le Serpentin du Bouilleur differe de celui que l'on trouve décrit dans l'Art du Distillateur d'Eaux-fortes que j'ai publié l'an dernier, parce que destiné à être appliqué à des vaisseaux beaucoup plus considérables, il seroit impossible, du du moins dispendieux, de le faire en étain, & que d'autre part on le construit rarement à double tige rampante. Ce sont les Chaudronniers qui font les Serpentins du Bouilleur, autrement appellés *Serpente* & *Serpentine*; ils sont formés d'un cylindre en spirale, qui lui-même est composé de plusieurs tuyaux de cuivre étamés intérieurement, soudés à soudure forte, représentant chacun une espece d'S. Chacun de ces tuyaux est soudé pareillement à un autre, & de cet ensemble résulte la spirale entiere qui doit avoir deux pieds & demi à-peu-près de diametre, sur quatre à cinq pieds de hauteur: l'intérieur de la spirale n'est que d'un pouce & demi à deux pouces : cette hauteur de cinq pieds est formée par huit rangs au moins de spire ou pas de vis; le tout est assujetti par trois tiges de cuivre, sur lesquelles sont soudées ces mêmes spires à des distances égales. Quelques-uns ne donnent que deux pieds & demi de hauteur, & plus de quatre & cinq pieds de diametre, ce qui produit en largeur la même longueur de tuyau que les autres ont dans la hauteur de cinq pieds & demi. Le Serpentin du Bouilleur une fois construit, il faut s'assurer qu'il ne fuit par aucune des soudures, qu'il est d'un calibre uniforme dans toute sa longueur; ce dont on s'assure, 1°. en l'emplissant d'eau après avoir bouché l'orifice inférieur, & y laissant séjourner cette eau pendant plusieurs jours; 2°. en vidant cette eau, rebouchant l'orifice inférieur, & soufflant fortement dans la capacité du Serpentin, ce qui donne occasion à l'humidité restante de s'échapper par la plus légere soufflure ou par le plus petit défaut de soudure; 3°. enfin en laissant tomber dedans une balle de plomb à-peu-près du calibre, & s'assurant par le son qu'elle rend en tombant, si elle ne s'arrête en aucun endroit.

La barrique ou espece de tonne dans laquelle se place le Serpentin, doit être faite par le Tonnelier, en bonnes douves de chêne & cerclée au moins de quatre cercles de fer; elle ne doit avoir qu'un fond sur lequel posent les trois branches de cuivre qui soutiennent le Serpentin; vers ce fond est percé un trou auquel on ajuste un robinet de cuivre ou un tampon de bois : ce trou est destiné à vider l'eau contenue dans la barrique. Un autre trou reçoit l'orifice inférieur du Serpentin qui doit dépasser au-dehors d'un bon demi-pied au moins. Cette futaille se place ou sur un support de bois haut d'un pied & demi à deux pieds, ou immédiatement sur le sol de l'atelier; mais dans ce second cas, on est obligé de ménager une fosse un peu profonde pour placer le vaisseau de bois appellé *Bassiot*, qui sert de récipient. Avant de quitter l'article des Serpentins, nous observerons que quelques Modernes ont cru donner à leur Serpentin un degré de perfection de plus, en établissant dans le centre de la spirale ou extérieurement sur le côté de la barrique dans laquelle est le Serpentin, un vaste tuyau dont l'orifice supérieur est en forme d'entonnoir, & dont l'inférieur va jusqu'au fond de la tonne de bois : ce tuyau leur sert à rafraîchir le Serpentin, & ils disent que l'eau chaude étant plus légere que la froide, cette maniere de changer l'eau du Serpentin procure à la baſe une fraîcheur certaine. Il y a pour ceux qui conſtruiſent ainſi leur Serpentin un dégor latéral placé au haut de la barrique. Sans prétendre blâmer ceux qui font cette eſpece de dépenſe, je la crois au moins inutile dans bien des cas, ayant obſervé par moi-même qu'un Serpentin qui n'avoit que trois pieds de haut, & qui avoit ſervi à recevoir pendant 24 heures la Liqueur qu'on diſtilloit à grand feu de bois dans un vaſte alambic, n'étoit échauffé qu'aux deux tiers de ſa hauteur; mais c'eſt ici le cas de dire que ce qui abonde ne nuit pas.

Du Baſſiot ou Vaiſſeau recevant les Eſprits qui diſtillent.

QUOIQUE le mot *Velte* ſoit aſſez généralement celui ſous lequel on déſigne la quantité des Liqueurs ſpiritueuſes qu'on obtient dans une diſtillation, & que dans certains pays ce ſoit auſſi le nom du *vaiſſeau* qui reçoit la diſtillation; cependant ce vaiſſeau eſt plus généralement connu ſous le nom de *Baſſiot*; mais les Baſſiots n'ont pas tous une même forme & une même capacité; c'eſt toujours l'ouvrage du Tonnelier, & il doit être fait avec de bonnes douves de chêne, bien ſolidement aſſemblées, & cerclé avec ſoin; les uns lui donnent la forme d'une olive, & ce ſont ceux qui ayant beſoin de placer leurs Baſſiots dans un trou au-deſſous du ſerpentin, croient ſe rendre par cette forme le tranſport de ce Baſſiot plus commode; d'autres leur donnent la forme d'un baquet, dont le premier fond eſt en forme de couvercle, percé de deux trous, un au centre; c'eſt celui par lequel tombe la Liqueur diſtillante; un autre ſur le côté, plus grand & bouché d'une broche par où l'on puiſe la Liqueur lorſqu'il s'agit de l'éprouver: d'autres enfin prennent tout ſimplement une barrique ordinaire dont la capacité leur eſt connue; quant à cette capacité, elle eſt depuis une velte juſqu'à vingt, ce qui fait depuis huit pintes juſqu'à cent-ſoixante: la *Velte* étant eſtimée huit pintes.

Il eſt inutile de parler ici du beſoin que les Bouilleurs ont d'un petit râble court pour attiſer leur feu, & d'entonnoirs de différentes grandeurs pour tranſvaſer; mais il eſt eſſentiel d'obſerver qu'indépendamment de la commodité d'une pompe à main, pour tranſporter, nétoyer, éteindre commodément, il y a quelques Brûleurs qui établiſſent une autre pompe, dont le dégor donnant ſur l'orifice de la chaudiere, rend dans les ſouterrains ou caves dans leſquels il dépoſe les Liqueurs à brûler; par ce moyen lorſqu'il s'agit de *charger* une chaudiere, on s'épargne la peine de monter les pieces ou futailles, en les approchant ſous la pompe, de maniere que celle-ci plonge dans la Liqueur; & l'Ouvrier chargé de la chaudiere, faiſant mouvoir le piſton de cette pompe, la remplit avec facilité. Il eſt un autre petit uſtenſile fort ſimple dont ſe ſervent les Bouilleurs pour puiſer commodément la Liqueur lorſqu'ils veulent l'éprouver. Par le trou latéral du Baſſiot, ils enfoncent un cylindre de fer-blanc, long d'un pied tout au plus, d'un pouce de diametre, finissant en une pointe de deux à trois lignes au plus ; l'autre extrémité de ce cylindre est bouchée par une plaque de fer-blanc qui a pareillement à son centre un trou de deux lignes de diametre, & sur le côté il y a un petit anneau qui permet à celui qui s'en sert de passer le premier doigt dedans ; lorsque ce cylindre est plongé dans le Bassiot, l'esprit s'y introduit en chassant devant lui par le petit trou supérieur l'air contenu dans le cylindre ; l'Ouvrier met alors le pouce sur la plaque, & par ce léger artifice enleve la Liqueur contenue dans le cylindre, sans qu'il s'en répande ; en levant son pouce, il la fait couler dans le vase ou éprouvette dans lequel il veut l'essayer, espece d'instrument pour lequel je renvoie à ce que j'en ai dit dans la seconde Partie de l'Art du Distillateur d'Eaux-fortes.

Des Matieres combustibles employées par les Bouilleurs, pour chauffer leur chaudiere.

CES matieres varient suivant les pays : le bois, le charbon de terre, la tourbe, & les marcs de raisins ou de pommes étant les plus d'usage, sont les combustibles sur lesquels il est juste d'insister. Le bois ne doit être ni du chêne ni du charme, d'ailleurs bien sec, fendu même par petits morceaux, & scié de longueur suffisante pour entrer en entier dans le foyer du fourneau, dont j'ai décrit les dimensions, comme devant être chauffé avec du bois. C'est aux Constructeurs à sentir eux-mêmes les différences qu'il faut y apporter, suivant l'espece de chauffage qu'ils doivent y consumer. Le charbon de terre exige qu'il y ait au moins une grille serrée qui éleve de trois ou quatre pouces ce charbon au-dessus du foyer dans lequel on l'emploie, ce qui a lieu pour les deux autres combustibles dont nous allons parler. Le choix du charbon de terre n'est pas indifférent ; il est démontré que pour peu qu'il contienne du soufre, le fond de la chaudiere seroit bien-tôt endommagé. Si la méthode de donner au charbon de terre l'état charbonné de nos charbons de bois, méthode indiquée dans l'Art du Charbon de terre dont M. Morand est l'Auteur ; par feu M. Jars dans les Mémoires de l'Académie, & dans le Traité particulier de M. de Genssane, & enfin proposée par les Etats de Languedoc ; si ce moyen se généralisoit une fois, l'usage de ce charbon seroit peut-être plus commode, du moins seroit-il plus certain. J'observerai cependant qu'il me paroît essentiel à l'Art du Bouilleur que la chaudiere soit échauffée par la flamme dont l'action est toujours beaucoup plus vive ; le charbon de terre ne donne de flamme qu'en brûlant, pour ainsi dire, la matiere bitumineuse qu'il contient, & a besoin même de l'activité du soufflet pour produire cet effet ; une fois réduit en charbon, il ressemble au charbon de bois qui, comme je l'ai observé dans l'Art du Distillateur d'Eaux-fortes, chauffe par sa masse & non par sa flamme ; ensorte qu'il faut qu'un Bouilleur ait une grande disette d'autres combustibles, pour se servir de charbon de terre : nous observerons cependant que le charbon de terre est le seul combustible qu'on puisse employer dans la distillation des Eaux-de-vie de grain, dans la Flandre & dans le pays de Liége.

La tourbe étant moins sujette à être remplie de substances sulphureuses, est un très-bon aliment du feu pour la bouillure des Eaux-de-vie ; enfin les marcs de raisins ou de pommes coupées en briques & bien séchées, forment pareillement un assez bon aliment du feu : celui de raisin sur-tout, à cause de la grande quantité de pepins & de l'huile qu'ils contiennent ; car la Normandie, où le marc de pommes pouroit être employé à ce chauffage, n'en fait aucun cas, & les Bouilleurs de cette Province s'accordent à le rejetter, sans cependant en donner de raison.

Je ne parlerai pas ici du combustible assez commun dans les pays où se brûle le plus d'Eau-de-vie, ce sont les excréments des animaux mêlés à la paille & séchés au soleil ; parce que quoique ce soient les pauvres gens du pays d'Aunis, du Poitou & des Landes qui l'emploient, je n'ai aucune connoissance que ces mêmes pauvres gens fassent bouillir des Eaux-de-vie ; ils ont recours aux Bouilleurs établis dans les villes, ou tout au moins aux ambulants.

CHAPITRE

CHAPITRE SECOND.

Du choix du Vin à bouillir, & de la conduite d'une Chaudiere.

L'EXPÉRIENCE démontre que les pays où s'eſt établi l'uſage de brûler ou bouillir les Vins, ſont ceux dont les vignobles produiſent le Vin le moins agréable à boire ; & lorſqu'on examine de près la cauſe de ce défaut, on apperçoit qu'elle dépend uniquement de la quantité de ſubſtances ſalines contenue dans ces Vins. En effet, s'il eſt permis dans une matiere auſſi ſujette à variations, d'établir quelques idées générales, on peut dire que, à maturité égale, à préparation uniforme, & à abondance près, les différents terreins produiſent trois eſpeces de Liqueurs vineuſes ; celles dans leſquelles la partie muco-extractive eſt plus abondante ; celles où c'eſt la partie tartreuſe ou ſaline ; & celles enfin dans leſquelles ces deux ſubſtances étant dans une juſte proportion, ſe trouvent délayées dans une quantité de phlegme plus abondant.

Pour apprécier cette eſpece de propoſition par une expérience frappante ; ſoient du Vin de la haute Bourgogne, du Vin du Poitou ou de la Saintonge, & du gros Vin de teinte du Languedoc ; je les ſuppoſe tous trois recueillis dans une année moyenne entre la trop grande humidité & l'exceſſive chaleur, comme a pu être l'année 1772, façonnés avec tout le ſoin & l'intelligence poſſible : le premier eſt potable, le ſecond eſt auſtere, & le troiſieme ne peut pas ſe boire tant il eſt épais : ſoumettez à la diſtillation, dirigez de la même maniere un échantillon de chacun de ces trois Vins ; le Vin de Bourgogne fournira beaucoup moins que le tiers de ſon poids de Liqueur ſpiritueuſe, aſſez foible ; le Vin du Poitou donnera moitié & plus d'Eau-de-vie plus forte, toutes choſes égales, que la premiere ; enfin le gros Vin de teinte donnera à-peu-près ſon tiers d'Eau-de-vie, qui, malgré toutes les précautions poſſibles, aura le goût de brûlé.

Si d'autre part on conſulte ceux qui ſont dans l'uſage de bouillir annuellement, ils vous diront que le produit de leur travail n'eſt jamais plus abondant ni de meilleure qualité, que dans les années où leurs Vins ont plus d'auſtérité ſans être verts. Il n'eſt pas étonnant maintenant que ce ſoit dans l'Orléanois, la Saintonge, le Poitou, le Limoſin, le pays d'Aunis, le Bourdelois, que ce ſoit établi la plus grande Fabrication de l'Eau-de-vie ; tous les Vins de ces contrées étant plus ou moins dans le cas d'auſtérité dont nous parlons.

Une autre expérience des Bouilleurs d'Eau-de-vie, & de tous ceux qui gouvernent les Vins, leur a appris que chaque année procuroit un changement considérable au Vin ; enforte que tel Vin qui à sa premiere année ou *feuille*, ainsi que s'expriment les gens du métier, n'est pas potable, le devient à la seconde, troisieme & quatrieme feuille. Il est encore reconnu que le Vin ayant acquis son degré de perfection, se détériore plus ou moins promptement les années suivantes ; ensorte qu'il n'a que peu d'années à être ce qu'ils appellent en pleine *boitte*. De ces observations généralement reconnues par toutes les personnes dont la principale occupation est la fabrique ou le gouvernement des Vins, dérivent naturellement les axiomes suivants, propres aux Bouilleurs : *tel Vin sera propre à mettre dans la chaudiere dans les six premiers mois de sa fermentation* ; *tel autre aura besoin d'attendre l'année : en général il est un terme moyen entre la premiere fermentation & l'instant où le Vin est en pleine boitte* : terme que les Bouilleurs connoissent & ne définissent pas ; mais sur lequel je crois pouvoir donner la regle suivante.

Toutes les fois qu'un Vin versé de haut forme des jets & fait naître des bulles d'air comme s'il étoit en fermentation, il est bon à bouillir ; & plus le temps où on le met dans la chaudiere est voisin de celui de sa fabrication, moins on court de risques en le faisant bouillir. Nous verrons par la suite que cet axiôme ne s'étend pas à toutes les Liqueurs ; par exemple, & pour n'y pas revenir, lorsqu'on distille la mélasse suivant le procédé que j'ai décrit dans l'Art du Distillateur d'Eaux-fortes, les Ouvriers reconnoissent l'instant où elle est bonne à distiller, par un moyen que je n'ai su que depuis la publication de mon Ouvrage, & le voici : ils prennent dans une tasse un peu de la Liqueur fermentante, ils la jettent avec une sorte de violence contre le pavé ; si en tombant elle mousse & forme une écume un peu épaisse, c'est un signe qu'il est temps de distiller.

Comme les différentes Liqueurs à brûler sont toutes susceptibles d'une fermentation plus ou moins rapide, il demeure pour constant, comme je l'ai annoncé dans ce même Ouvrage, qu'il faut les prendre dans le temps où la seconde fermentation n'est pas encore achevée.

Malgré ces prescriptions générales, il faut convenir que la routine & l'habitude des Bouilleurs les servent mieux que ne feroient les régles les plus claires & les mieux établies ; aussi n'ai-je eu dessein en m'étendant sur cette partie de leur travail, que d'éclairer le Lecteur, & non de lui dévoiler le prétendu secret des Artistes, qui eux-mêmes seroient bien embarrassés d'en donner une description fidele. Il suffit que l'on sache d'une part, que les Vins les plus tartreux sont ceux qui fournissent le plus d'Eau-de-vie, & de l'autre, qu'il faut que la fermentation ait atténué les parties tartreuses, mais n'ait pas achevé de les combiner au point que leur premiere décomposition s'en suive.

Je suppose le Vin envoyé à temps chez le Bouilleur : on emplit la chaudiere dès le matin, de maniere à ce qu'un quart à-peu-près en reste vide ;

on pose la chappe par-dessus, ce qu'on appelle *coëffer la chaudiere*; on les lute, les uns avec la terre grasse, les autres avec de la cendre détrempée, d'autres avec du papier collé. On fait passer le bec de la chappe dans l'orifice du serpentin, & on emplit d'eau le réfrigérant dans lequel ce serpentin est placé. Dans quelques contrées, on pose sur le haut de la chappe une perche debout, dont une extrémité est retenue par une des solives du plancher, & l'autre en appuyant sur cette chappe, l'empêche de se soulever à l'instant où naîtront les premieres vapeurs. L'Ouvrier met dans le foyer du fourneau une pellée de braise, & quelques morceaux de bois sec, ce qui s'appelle *mettre la chaudiere en train*; si-tôt que la flamme est bien établie, il l'entretient sans la laisser diminuer, ce qui est essentiel, en l'augmentant insensiblement par l'addition nouvelle de bois fendu. On s'apperçoit que la Liqueur est prête à bouillir, 1°. par un frémissement sourd qui s'établit dans la chaudiere; 2°. par la chaleur qui gagne insensiblement le bec du chapiteau. Pendant ce temps qui est plus ou moins long suivant l'habileté & l'expérience de celui qui conduit le feu, il distille, lentement à la vérité, une quantité assez considérable de phlegme, que quelques Chimistes ont voulu attribuer à l'eau dont l'Ouvrier a dû se servir pour rincer le chapiteau & le serpentin, ce qui n'est pas vraisemblable, attendu la quantité, qui va quelquefois à plus de deux pintes pour une chaudiere qui tiendroit deux cents pintes.

On entend insensiblement le frémissement devenir plus fort, puis diminuer presque tout-à-coup pour faire place au bouillonnement qui doit s'établir dans le centre du fluide; alors la chaleur du chapiteau n'est pas supportable, non plus que celle de son bec & celle de la partie du serpentin, qui ne plonge pas dans l'eau; la Liqueur coule dans le récipient en formant un filet qui grossit insensiblement; & lorsque ce filet est à-peu-près de la grosseur d'une moyenne plume à écrire, on juge la distillation bien établie; l'Ouvrier pousse la tirette & ferme la porte du foyer qui doit avoir contracté assez de chaleur pour entretenir un bouillon toujours égal: si l'on ne prenoit pas cette précaution, la chaleur pouvant augmenter par le courant d'air qui s'introduiroit par la porte du foyer, le bouillon monteroit assez fort pour faire passer par le bec du chapiteau une portion de Liqueur non distillée qui altéreroit la pureté du produit spiritueux; cet accident arrive plus souvent au cidre & au grain fermenté qui sont des Liqueurs plus visqueuses, & par conséquent plus sujettes à monter lors du premier bouillon; car c'est une observation de fait que ce premier bouillon une fois établi, il est rare que la Liqueur soit sujette à monter, à moins que d'une part on n'augmente le feu, & que de l'autre la viscosité du liquide ne soit considérable.

L'Ouvrier ne néglige pas pour cela de veiller à son feu, qu'il faut toujours entretenir assez fort pour que le bouillon ne se rallentisse pas.

Dans la premiere passe ou chauffe, c'est-à-dire, lorsque la chaudiere n'est chargée que de Vin, on n'a d'autre soin que celui de vider le récipient ou bassiot à mesure qu'il s'emplit. Quelques Bouilleurs sont cependant dans l'usage de mettre de côté les deux premiers tiers du produit de cette distillation; & pour ne pas s'y méprendre l'Ouvrier a soin de temps en temps d'en faire la preuve en puisant avec le tuyau de fer-blanc, & laissant tomber la Liqueur dans une tasse. Tant qu'elle ne fait pas de mousse, mais qu'elle donne des perles plus ou moins arrondies, il juge la Liqueur de bonne qualité, & la met de côté pour ne la point repasser. Si cependant le Vin qu'il distille est de nature à fournir dès la premiere passe une Eau-de-vie foible; après la premiere épreuve on se dispense de la fractionner, & l'on continue de la distiller jusqu'à la fin: dès qu'on s'apperçoit que le filet qui coule diminue de grosseur & qu'il a quelques intermittences, on juge que la Liqueur n'est pas loin de cesser d'être spiritueuse; on en reçoit une petite portion dans une tasse, on allume d'autre part un papier, on renverse la tasse sur la tête ou chappe, & on y présente sur le champ le papier allumé: si la vapeur qui s'exhale alors s'enflamme, on continue la distillation; si au contraire, on se dépêche de retirer le feu de dessous la chaudiere, on enleve le chapiteau, on ouvre le robinet inférieur de la chaudiere pour laisser écouler le résidu de la distillation, on fait tomber de l'eau froide dans la chaudiere, on la rince ainsi que le chapiteau, & on se prépare à une nouvelle chauffe. Cette premiere opération dure plus ou moins long-temps suivant la qualité du Vin qui a bouilli, & la quantité d'esprit qu'il fournit; il est rare, que pour une chaudiere chargée comme nous l'avons dit, elle dure plus de douze heures; & de deux choses l'une, ou l'on a tiré tout le produit jusqu'à l'Eau-de-vie foible, connue généralement sous le nom de *seconde Eau*, ou bien on a ce produit distingué en deux classes; savoir l'*esprit* ou *premiere*, & la *seconde*. Il est essentiel de ne point perdre de vue cette distinction, parce que le Gouvernement ayant pris la peine de donner aux Bouilleurs des loix pour la charge de leur chaudiere, cette distinction en *esprit* & *seconde*, est importante pour saisir ce qui nous reste à dire du travail des Bouilleurs. Nous supposons 1°. que, pour se conformer à l'Ordonnance de 1687, le Bouilleur est dans l'intention de faire de l'Eau-de-vie qui contienne le quart de seconde, y compris la garniture, ce qui dans l'interprétation du Bouilleur signifie le cinquieme au total; puisque pour exécuter l'Ordonnance il faut seize mesures d'esprit & quatre mesures de seconde. Dans cette supposition, le Bouilleur mesure la capacité de son bassiot avec une régle de bois sur laquelle il y a des hoches, dont chacune désigne une velte; or la velte contient quatre pots ou huit pintes mesure de Paris, & le bassiot peut être de capacité à tenir jusqu'à quarante veltes. Le Bouilleur mesure son bassiot à l'instant où le filet de la distillation vient à faillir, & il compte pour esprit ou *premiere*, tout ce qui est dans le bassiot, quelle qu'en soit la quantité; il laisse couler en *seconde* la proportion du quart de cette quantité, qu'il qu'il a grand ſoin de meſurer, & ſi-tôt qu'elle eſt paſſée, il ſubſtitue un petit baſſiot pour recevoir ce qui pourroit encore paſſer de ſeconde, juſqu'à ce qu'enfin la diſtillation ne fourniſſe plus rien d'inflammable, ce dont il s'apperçoit par le moyen que nous avons décrit il n'y a qu'un inſtant: à l'aide de cette manipulation, le Bouilleur fait de ſuite & d'une ſeule venue ſon Eau-de-vie conforme à l'Ordonnance; mais la trop grande différence qui ſe trouve entre les Vins qu'on fait bouillir, ſoit pour la quantité, ſoit pour la proportion reſpective de ce qu'on appelle *eſprit* ou *premiere*, & de ce qui porte le nom de *ſeconde*, eſt cauſe que peu de Bouilleurs ſuivent ce procédé.

Nous ſuppoſons en ſecond lieu, que le Bouilleur ait intention de mettre de côté, comme étant de la meilleure qualité, le premier tiers d'eſprit-de-vin qui paſſe, ce qu'il appelle *lever à toutes les chauffes*, il enleve le baſſiot du trou dans lequel il eſt placé, & qu'on appelle *le faux-baſſiot*, il tranſvaſe ce premier produit dont la force & la qualité varient, mais ſont toujours ſupérieures à toute autre eſpece d'Eaux-de-vie, pour la fineſſe & pour être exemptes de toute âcreté & de toute odeur de feu. Cette opération s'appelle encore *couper à la ſerpentine*; on replace enſuite le baſſiot, & on continue la diſtillation juſqu'à ce qu'il ne paſſe plus de ſeconde; ce ſecond produit doit être diſtillé avec de nouveau Vin; & d'abord on vide la chaudiere en ôtant le tampon de la décharge; on la nétoye bien, on y verſe tout ce ſecond produit, & on acheve de remplir la chaudiere avec du Vin. A cette occaſion, il eſt bon d'indiquer de quelle maniere s'y prend l'Ouvrier pour ſavoir ſi ſa chaudiere eſt ſuffiſamment remplie; car on ſent aiſément que ſi elle étoit trop pleine, lorſque le bouillon s'établit, une partie de la liqueur pourroit paſſer toute par le bec du chapiteau, & altérer d'autant la pureté de l'Eau-de-vie, ce que les Bouilleurs Normands appellent *Goſiller*: l'Ouvrier donc retrouſſant ſon bras juſqu'au coude, ſaiſit ce coude de la main gauche pour le maintenir au niveau de la chaudiere; puis allongeant le bras & la main, il juge ſa chaudiere aſſez *garnie*, ſi le bout de ſes doigts effleure la ſurface du Vin, ce qui, meſure commune, donne un pied & demi dans cette chaudiere: il ſeroit ſans doute plus commode d'avoir une jauge dont la meſure ne varieroit pas, comme doit le faire la longueur du bras étendu comme nous venons de le dire, relativement aux dimenſions proportionnelles du Bouilleur actuel. La chaudiere garnie & recouverte de ſon chapiteau, on procede préciſément comme nous avons dit pour la premiere chauffe ou bouillerie; on conduit le feu avec les mêmes précautions. Quand une fois, à l'aide de fagot ou d'autres matieres très-combuſtibles, on a fait naître le bouillon dans la chaudiere, & le filet dans le baſſiot, on place dans le foyer du fourneau quatre forts morceaux de bois, on ferme la porte, & un inſtant après on pouſſe la ſoupape ou tirette de la cheminée: c'eſt de cette tirette que dépend le gouvernement du feu. On ſuit préciſément les mêmes précautions pour ne laiſſer tomber dans le baſſiot qu'un quart de feconde, c'eft-à-dire, quatre veltes, je fuppofe, fur feize veltes, garnitures comprifes; mais on obfervera que le produit de cette manipulation donne, 1°. néceffairement un véritable Efprit-de-vin réfultant de la rédiftillation de l'Eau-de-vie de la premiere chauffe; 2°. l'Eau-de-vie ou premier produit fpiritueux fourni par le Vin, qui a fervi à achever la garniture de la chaudiere, & toute la feconde réfultante tant de cette premiere Eau-de-vie que du Vin. Or comme la force de cette premiere Eau-de-vie eft toujours une donnée incertaine, ainfi que la proportion du Vin néceffaire pour achever de garnir la chaudiere, on voit qu'en aftraignant le Bouilleur à fournir de l'Eau-de-vie conftamment de même force, on lui impofe la loi de faire des tripotages ultérieurs. C'étoit pour remédier à cet inconvénient que quelques Bouilleurs avoient imaginé de faire autant de premiere chauffe avec du Vin feul, qu'il en falloit pour produire une quantité fuffifante d'efprit de toutes les qualités, & de faire une feconde chauffe du total.

Le plus communément trois bouilleries ou chauffes en Vin fourniffant chacune leur tiers en produit fpiritueux donnoient fuffifamment pour faire cette feconde chauffe; enforte que de quatre fois qu'on faifoit travailler une chaudiere, la quatrieme étoit pour diftiller le produit des trois autres; & le produit de ce quatrieme travail fourniffant près de moitié de la Liqueur qu'on avoit diftillée, donnoit de l'Eau-de-vie à-peu-près au titre de l'Ordonnance: & dans le temps où il étoit permis de faire des Eaux-de-vie, plus ou moins fortes, on fent que le Bouilleur n'avoit que la peine de fractionner le produit de ce quatrieme travail, en ayant foin de l'éprouver de temps à autre, pour avoir fes différentes efpeces d'Eaux-de-vie. Je ne dirai qu'un mot du travail de quelques Bouilleurs qui achetent des Payfans leurs Eaux-de-vie fecondes ou bouillies, & qui les diftillent chez eux: on fait que cette diftillation rentre dans notre troifieme procédé, & n'en differe qu'en ce qu'il s'agit ici de retirer feulement d'une très-grande quantité d'Eau-de-vie foible, une très-petite quantité d'Efprit de bonne qualité, par l'attention qu'ont ces Bouilleurs de noyer d'eau les Eaux-de-vie âcres, & de diftiller en tenant leur rafraîchiffoir le plus froid poffible.

Des trois procédés que je viens d'expofer, le premier eft le plus commun, le fecond eft abfolument effentiel pour fe conformer à l'Ordonnance, & le troifieme procure des Eaux-de-vie de la plus grande force & de la meilleure qualité. Nous traiterons dans le Chapitre quatrieme des caufes qui peuvent altérer la bonté d'une Eau-de-vie, des moyens de les diftinguer, foit du côté de la faveur, foit du côté de la force: paffons à la defcription des autres méthodes de diftiller les Eaux-de-vie de Vin.

CHAPITRE TROISIEME.

De quelques procédés particuliers de distiller les Eaux-de-vie.

J'AI dit en traitant des fourneaux, qu'il y avoit des Brûleurs qui alloient de village en village, traînant avec eux tout l'appareil nécessaire pour brûler sur les lieux le Vin de ceux qui n'ont le moyen ni de le transporter ni de le brûler eux-mêmes. Ces mêmes ambulants achetent de préférence les lies & les marcs de raisin, qu'ils brûlent ordinairement pour leur compte. Ce sont leurs manipulations particulieres que je me propose de traiter dans ce Chapitre; car ayant décrit la méthode la plus usitée dans l'Orléanois, dans le Limosin, dans le Poitou, dans l'Anjou, dans la Saintonge, dans l'Angoumois, le pays d'Aunis & lieux circonvoisins, même aux environs de Toulouse & de Bordeaux, pour convertir les Vins de ces contrées en Eau-de-vie ; on me permettra, j'espere, de négliger quelques petites manipulations particulieres propres plutôt à certains Bouilleurs qu'à des Provinces entieres, & qui dépendent plutôt d'une routine peu lumineuse que d'une pratique éclairée, comme l'est celle de la plûpart des Bouilleurs des Provinces que j'ai citées. Ainsi je ne parlerai pas de la mauvaise routine de certains Bouilleurs, qui ne coëffent la chaudiere que lorsque la Liqueur commence de bouillir; ils ne sentent pas combien ils courent risque de perdre les premiers esprits, si, par malheur l'action de coëffer, de luter, d'ajuster le bec au serpentin, n'est pas assez prompte pour prévenir le premier produit spiritueux qui naît de ce premier bouillon.

Les grandes bouilleries sont tenues pour la plûpart par des Négociants, des Gentilshommes & autres dont les lumieres sont au moins aussi abondantes que la fortune; & si les Maîtres Vinaigriers de Paris, se qualifient dans leurs Statuts de *premiers Distillateurs des Eaux-de-vie*, ce qui peut bien être, après les Chimistes s'entend, il faut convenir que ces premiers Maîtres ressemblent beaucoup aux Chinois, qui sont, dit-on, nos anciens pour l'invention de l'Imprimerie; mais chez qui cet Art n'est pas plus perfectionné après des milliers d'années de pratique : tandis que nos Bouilleurs modernes travaillent journellement à perfectionner leur Art, & y parviendroient plus sûrement & plus promptement si un espionnage continuel, malheureusement autorisé, ne mettoit obstacle au succès de leurs expériences, en menaçant continuellement leur industrie d'être mise à contribution.

Les Bouilleurs forains ont, comme je l'ai déja insinué, leur chaudiere avec son chapeau, & un grand trépied sur lequel elle puisse poser, une pipe à Eau-de-vie, dans laquelle est placé leur serpentin, le bassiot & autres petits ustensiles.

Arrivés qu'ils sont dans un village, ils s'informent de la quantité de Vin qu'ils peuvent faire bouillir pour en faire leur déclaration ; ils établissent leur chaudiere dans une basse-cour, aux environs d'une marre ou d'un puits pour avoir de l'eau à volonté ; avec de la terre délayée & quelques morceaux de moëllons, ou l'équivalent, ils construisent autour de la chaudiere & du trépied un fourneau à la hâte, auquel ils donnent tout au plus huit pouces d'épaisseur ; & pour le reste ils suivent assez exactement la méthode des Bouilleurs décrite au précédent Chapitre, à l'exception que la plûpart de ces Ambulants ne sont pas aussi surveillés que les Ouvriers des grandes bouilleries, & qu'ayant souvent affaire à des gens qui n'y entendent rien, ils coupent à la serpentine une premiere partie du produit qui n'est pas perdue pour tout le monde. Ils en sont quittes pour laisser couler une plus grande quantité de seconde : d'autres font accroire au propriétaire que ce qui passe n'est plus spiritueux, & ils gardent pour eux presque toute la seconde qui passe : quelques-uns étant dans l'usage de se payer de leurs frais en retenant une partie de leur produit, on sent bien que ce n'est pas le plus mauvais qu'ils choisissent. En un mot, soit ignorance, soit cupidité, il est rare que les Bouilleurs ambulants fournissent de bonne marchandise, même en brûlant des Vins de bonne qualité ; car ceux d'entr'eux qui ne trouvent à brûler que des lies ou des Vins passés, ne doivent plus être garants de la bonté de leurs produits : or c'est ce qui arrive assez souvent.

La lie est, comme chacun le sait, une matiere visqueuse, louche, singuliérement acide, qui se dépose des vins, lorsqu'après leur premiere fermentation on a bondonné les vaisseaux ; c'est ordinairement au bout de trois mois que l'on fait le premier soutirage des Vins, & que par conséquent on recueille cette lie. Dans cet état visqueux, elle est sujette à deux inconvénients entre les mains du Bouilleur ; le premier, c'est de passer par-dessus les bords de la chaudiere à l'instant du premier bouillon ; le second, c'est de déposer une quantité de matiere qui brûle tandis que la Liqueur bout. Cet inconvénient qui a été remarqué par la plûpart des Chimistes, par Stahl lui-même, parce qu'en Allemagne on ne fait guere d'Eau-de-vie de Vin qu'avec les lies, la Liqueur même étant employée à un usage plus du goût des Allemands, & n'étant ni aussi abondante ni aussi parfaite que dans nos Provinces Françoises, cet inconvénient peut bien ne pas échapper aux Bouilleurs ; mais ils n'ont encore aucun moyen d'y remédier : celui que Stahl avoit imaginé, consistoit à placer une espece de tige en moulinet fixée sur un pivot dans le fond de la chaudiere, & sortant par le haut de la chappe pour recevoir une manivelle. Ce moulinet étoit garni d'aîles, qui, mises en mouvement, remuoient continuellement la lie pendant la distillation ; il se passoit à-peu-près ce que nous voyons faire par certaines tiges de fer passées à travers des boîtes à cuir dans les récipients de machine pneumatique. Quoique cet expédient ait été proposé de nouveau à la Société de Limoges,

sans

ſans qu'on ait fait mention du premier inconvénient ; il ne paroît pas facile à exécuter pour les Bouilleurs, de la part deſquels il exige une aſſiduité toute entiere. On a propoſé en Ruſſie, & c'eſt M. Model qui l'a fait, de placer au fond de la chaudiere une grille ou treillage ſerré qui, poſant ſur des pieds élevés d'environ huit pouces, ſervît à empêcher la lie en ſe précipitant de gagner le fond de cette chaudiere & de s'y brûler : je fais ici l'application de cet expédient qui par le fait n'eſt propoſé par notre reſpectable Chimiſte, que pour la diſtillation des Eaux-de-vie de grains.

On a cru remédier à l'inconvénient de monter hors la chaudiere, en jettant ſur la ſurface de la lie une boule de cire ; d'autres en frottant les parois intérieures de la chaudiere avec du ſavon à la hauteur de la Liqueur ; ce qui ne ſauve que la moitié des inconvénients. D'autres encore délayent la lie dans de la vinaſſe, & aiment mieux hazarder quelques riſques du côté de la quantité du produit ; car pour ceux qui la délayent avec de l'eau, c'eſt en vérité le comble de l'ignorance. Cette Liqueur ainſi délayée n'en dépoſe pas moins ſes parties groſſieres qui ſont ſujettes à ſe brûler. Enfin, & ce ſont les Vinaigriers qui paroiſſent être les premiers auteurs de cette manipulation, on fait chauffer la lie au point d'être preſque bouillante ; dans cet état, on la jette ſur des tamis ou ſur des toiles peu ſerrées ; le liquide qui étoit arrêté dans la lie s'en écoule facilement, parce que la chaleur a détruit ſon état viſqueux ; on met à la preſſe l'eſpece de marc qui reſte, qui bien exprimé eſt vendu au Chapelier, ou brûlé pour faire l'alkali fixe, appellé *Cendres gravelées*, & porte lui-même le nom de *Clavelle* ou *Lie ſèche.* Le fluide ſéparé de cette lie eſt mis dans la chaudiere, & on le traite préciſément comme ſi c'étoit du vin. Tout ce qui précede démontre aſſez que l'eſpece d'Eau-de-vie fournie par les lies doit être beaucoup plus âcre, toujours empyreumatique ; mais on obſerve qu'elle eſt en proportion plus abondante que celle du vin, ce qui confirme ce que j'avançois au commencement du Chapitre précédent, en diſant que les vins les plus tartreux ſont les meilleurs pour la bouillerie.

Reſtent les marcs de raiſins. Ces mêmes Bouilleurs ambulants ou quelques Bouilleurs de campagne recueillant les marcs des raiſins auſſi-tôt qu'on ceſſe de preſſer, les uns, les mettent dans une cuve, & les y entaſſent le plus fortement poſſible ; les autres font un trou en terre dans lequel ils les entaſſent pareillement, après avoir garni de paille le fond de la foſſe. Le point eſſentiel de leur conſervation conſiſte à ce qu'il ne s'établiſſe point de fermentation intérieure : on les recouvre avec de la terre & de la paille, & on les laiſſe en cet état plus ou moins long-temps ; mais, ſi-tôt qu'on a déterminé de diſtiller les marcs, il ne faut point ceſſer de le faire que la cuve ou la foſſe ne ſoient vides, ce qui reſteroit éventé ne tardant pas à ſe gâter. On prend donc de ces marcs ce qu'il en faut pour faire une charge de chaudiere ; on les éparpille le plus exactement poſſible ; on les mouille de maniere à en faire une pâte un peu liquide ; on les tient dans un endroit chaud ; la fermentation ne tarde pas à s'y établir, & si-tôt qu'elle paroît on charge la chaudiere & on distille.

On prend pour cette distillation les mêmes précautions que pour la lie, c'est-à-dire, que le premier soin du Bouilleur étant de faire naître une chaleur prompte pour établir le bouillon dans sa chaudiere, il doit cependant conduire le commencement de son feu plus lentement pour la lie & pour les marcs, sans quoi sa matiere seroit plutôt brûlée qu'elle ne commenceroit à bouillir.

Si une chaudiere garnie en bon vin fournit un tiers de ce vin en produit spiritueux, elle fournira quelquefois moitié lorsqu'elle sera chargée en lie; mais à peine fournira-t-elle le quart si elle est chargée en marc de raisin. On croit, & la chose paroît assez vraisemblable, que le peu d'Eau-de-vie que fournit cette substance est dû à la très-petite portion de substance du raisin qui demeure attachée à la grappe, après que le raisin a été foulé & égrainé. Si cette Eau-de-vie n'avoit pas le même inconvénient que celle de lie, elle se trouveroit avoir une supériorité marquée même sur l'Eau-de-vie du vin, parce qu'encore un coup l'Eau-de-vie extraite d'une Liqueur qui est à la fin de sa fermentation, est toujours plus généreuse que celle qu'on obtiendroit de la même Liqueur après avoir long-temps reposé.

Il est aisé de concevoir combien le travail des Bouilleurs ambulants doit être inférieur; la direction du feu n'est jamais à leur disposition, comme elle le seroit dans un fourneau solidement construit & bien proportionné; les matieres que ces Bouilleurs emploient sont rarement de bon vin, plus souvent des vins poussés, des lies tournant à l'aigre, des marcs de raisin dont la qualité n'est pas toujours exquise; car, j'ai oublié de le dire, malgré les précautions pour conserver ces marcs, on en trouve rarement le premier lit en bon état, & l'Ouvrier qui a la routine d'enlever la premiere croûte, n'a pas toujours l'intelligence d'examiner si la moisissure ou le chanci n'a pas pénétré plus avant.

CHAPITRE QUATRIEME.

SECTION PREMIERE.

Du choix des Eaux-de-vie, des moyens usités dans le commerce pour les distinguer & les reconnoître.

POUR ne point tomber dans des redites au sujet du choix des Eaux-de-vie, je prie le Lecteur de se rappeller ce qui en est dit dans la seconde Partie de l'Art du Distillateur d'Eaux-fortes; j'y suis entré dans un assez grand détail & sur le choix & sur l'espece d'Eau-de-vie adoptée maintenant dans le commerce, & sur les moyens imaginés pour s'assurer de ce que l'on appelle son titre. Ce que j'y dis de l'Eau-de-vie de mélasse seroit encore très-bien placé dans le présent Ouvrage; mais comme je le regarde comme suite presque nécessaire du premier, je renvoie le Lecteur à la fin de la seconde Partie de l'Art du Distillateur d'Eaux-fortes. Je prends la liberté encore d'inviter à lire la derniere Dissertation du Recueil intitulé, *Dissertations Physico-Chimiques*, qui paroît de cette année (en 1774,) chez Monory, Libraire; j'y développe ce que je pense sur les Pese-liqueurs.

Il s'agit donc seulement ici du choix des Eaux-de-vie, relativement à l'emploi qu'on en doit faire, & l'on doit sentir aisément que si les degrés de force ou de spirituosité peuvent concourir dans ce choix, ils ne sont cependant pas suffisants pour déterminer l'Artiste lorsqu'il s'agira de composer des Liqueurs. Il fut un temps où ce choix étoit d'autant plus difficile à faire, pour les Liquoristes de Paris, que par un préjugé ridicule, les Marchands de Paris ne tiroient que l'Eau-de-vie la plus foible; ensorte que de même que l'on dit dans les Bouilleries, que l'Eau-de-vie fait *preuve de Hollande*, parce qu'elle est de la meilleure qualité, on disoit par dérision de l'Eau-de-vie la plus foible qu'elle faisoit *preuve de Paris.* Cette expression *preuve de Hollande*, usitée dans tous les pays où l'on fait commerce d'Eau-de-vie, suffit pour prouver ce que je dis en commençant ce Chapitre. En effet les Négociants sont d'accord que l'on peut faire de l'Eau-de-vie, *preuve de Hollande*, dans toutes les Provinces où l'on brûle des Vins; mais les Liquoristes savent très-bien que l'Eau-de-vie de Montpellier ou de Bordeaux, *preuve de Hollande*, laissera aux Liqueurs une âcreté que ne leur conciliera pas l'Eau-de-vie de Cognac, *preuve de Hollande.* Ils savent aussi que l'Eau-de-vie, *preuve de Hollande*, coupée à la serpente est toujours supérieure à toute autre Eau-de-vie, *même preuve*, qui seroit faite par une seconde chauffe : il faut donc ici distinguer les différents Artistes ou Commerçants qui ont besoin d'Eau-de-vie. Ce que nous difons de la preuve de Hollande eft confirmé par l'application du Pefe-liqueur, quel qu'il puiffe être ; cet inftrument plongé indiquera bien peut-être une égalité de fpirituofité dans les Eaux-de-vie, mais ne déterminera jamais pour le choix de ces Eaux-de-vie de même force. Nous verrons dans la troifieme Partie quelle efpece d'Eau-de-vie le Débitant peut choifir pour diftribuer une boiffon agréable. Nous verrons dans la feconde celle que doit préférer le Liquorifte. Celui qui fe propofe de rediftiller cette Eau-de-vie pour la convertir en Efprit-de-vin, ne court prefqu'aucun rifque de s'en tenir au choix de l'Eau-de-vie la plus forte, fans avoir égard à la faveur ; celui au contraire qui défire en faire le commerce en nature, doit éviter avec foin de prendre des Eaux-de vie âcres ou fentant le feu ; cette âcreté eft prefque toujours le réfultat de l'action trop vive de la chaleur fur les parties conftituantes du vin ; action qui en atténuant une trop grande quantité d'acide, donne occafion à une réaction plus grande de cet acide fur les parties réfineufes ou difpofées à l'être : d'où s'en fuit qu'une portion de ces fubftances rendues ameres (car c'eft le propre de prefque toutes les réfines artificielles) donne à l'Efprit ou l'Eau-de-vie cette faveur étrangere & défagréable. Les Vins épais des Provinces méridionales, & les lies font fingulièrement fujettes à donner de l'Eau-de-vie auftere, parce que, nous l'avons dit, ce n'eft pas affez de la part des Vins que de contenir une plus grande quantité de fubftances falines, il faut encore que la maturation d'une part, la parfaite fermentation de l'autre, & enfin la bonne conduite dans la diftillation ayent donné à cette fubftance acide le degré de combinaifon fuffifant pour augmenter par leur concours le produit fpiritueux.

L'odeur empyreumatique ou de feu, peut être un inconvénient propre à toute Eau-de-vie nouvelle, & dans ce cas, il eft fupportable ; ou bien il eft le réfultat d'une chaleur exceffive, qui non-feulement a développé l'acide & la faveur acerbe, mais encore a brûlé une partie de la fubftance muqueufe extractive ou réfineufe, qui dans cet état répand, pour ainfi dire, fon infection d'une maniere indélébile dans le produit de la diftillation. Ces deux accidents reconnoiffables, l'un à la faveur auftere & amere, l'autre à un goût de brûlé qu'on fent mieux qu'on ne le définit, doivent faire rejetter toute Eau-de-vie qui en eft atteinte, excepté dans les circonftances où cette Liqueur feroit deftinée à ne jamais entrer dans le corps humain. Un autre accident auquel font fujettes les Eaux-de-vie, c'eft *le goût de fût* ; c'eft ainfi qu'on défigne la faveur réfineufe que contracte l'Eau-de-vie en féjournant dans des vaiffeaux de bois qui ne feroient pas d'un bon choix : on peut voir dans l'Art du Tonnelier, comment cette efpece d'Ouvrier met en œuvre certains bois pour en former les *Pipes*, *demi-Pipes* & *Barils* ; ce font les noms que portent le plus communément les vaiffeaux de bois qui fervent à contenir & tranfporter l'Eau-de-vie. Quand le bois a été bien choifi, il eft rare que le

goût

goût du fût soit perceptible au point d'altérer la bonté de l'Eau-de-vie : il y a même des circonstances où l'influence des bois ne fait que foncer la couleur de l'Eau-de-vie, sans lui donner le goût en question ; c'est qu'il paroît ne devoir prendre son développement que lorsque l'Eau-de-vie séjourne dans du bois trop jeune qui tient encore une partie de sa séve qui n'est pas suffisamment élaborée. Mais supposons que l'Eau-de-vie qui se trouve dans un magasin soit distillée avec tout le soin possible, n'ait ni âcreté, ni empyreume, ni goût de fût ; il y a encore beaucoup à choisir entre les trois especes d'Eau-de-vie de vin dont il a été question, soit par rapport à l'espece de vin qui l'a fournie, soit par rapport à sa vétusté. Il est aisé de sentir que malgré toutes précautions, même en chargeant le fond de la chaudiere, comme le pratiquent quelques Distillareurs de la Franche-Comté, l'Eau-de-vie de lie la mieux distillée & la plus parfaite sera reconnoissable par cette premiere odeur, ce premier parfum, qu'on pourroit appeller *la Fleur*, comme dans les vins, qui portera toujours à cause de la lie cette pointe d'acide qui la caractérise.

Si les Eaux-de-vie tirées des marcs de raisins ont un degré de force très-sensible, il n'est pas possible de n'y pas distinguer à travers cette force le goût acerbe propre à la rafle de raisin ; goût qui ne devient d'aucun obstacle quand on se propose de convertir l'Eau-de-vie en Esprit-de-vin ; mais qui l'empêchera d'être prise de préférence dans toute autre circonstance. Les différents Vins eux-mêmes portant, outre leurs bonnes qualités pour être bouillis, cette fleur dont nous parlions il n'y a qu'un instant, concilient pareillement à l'Eau-de-vie un premier montant que les connoisseurs ne laissent pas échapper, & qui leur fait juger à l'odeur seule de quel canton est l'Eau-de-vie qu'ils examinent. Ainsi les Eaux-de-vie de Toulon, Marseille & autres, ont cette premiere fleur beaucoup plus agréable que les Eaux-de-vie des autres Provinces ; & cette odeur seroit un appât trompeur dans bien des circonstances, parce qu'elle est suivie d'une austérité dont nous avons rendu compte. Les Eaux-de-vie connues sous le nom d'*Eaux-de-vie de Cognac*, ont généralement parlant ce premier flaire autant agréable qu'il le faut, sans être suivi d'aucun arriere-goût disgracieux ; ensorte que qui voudroit établir une échelle de comparaison entre nos Eaux-de-vie, pourroit dire que, relativement à l'agréable, l'Eau-de-vie de Cognac tient le premier rang, & ensuite les Eaux-de-vie du Poitou, de la Comté, de l'Orléanois, de l'Angoumois, de la Gascogne & du Languedoc, dans l'ordre où nous les exposons ; relativement à la force, les Eaux-de-vie de marc, du Languedoc, de la Gascogne, de l'Angoumois, de la Comté, du Poitou & de l'Orléanois. Mais cette échelle seroit encore insuffisante, puisque chaque canton d'une contrée produit un Vin différent, puisque chaque année apporte quelque différence dans le Vin du même canton, puisque chaque chauffe peut produire une altération remarquable dans le produit spiritueux du même Vin, puisque la nécessité de mettre l'Eau-de-vie au taux de l'Ordonnance doit y apporter des variations, puiſqu'enfin la même Eau-de-vie de la même chauffe du même Vin, peut & doit différer à raiſon de ſa vétuſté.

En effet entre de l'Eau-de-vie nouvelle & de l'Eau-de-vie d'un an, il y a une différence, telle que pour certaines leur garde ſoit une occaſion de ſe détériorer, tandis que pour d'autres c'en eſt une de s'améliorer, & ces deux changements méritent que nous les conſidérions. Le goût de fût que nous avons obſervé précédemment être le réſultat néceſſaire de toute Liqueur diſtillée, ſe perd à la longue toutes les fois qu'il n'eſt pas le réſultat d'un accident; mais dans cette derniere circonſtance, loin de ſe perdre, il augmente encore par la conſervation des Eaux-de-vie qui en ſont tachées; il en eſt de même de la ſaveur amere. Mais ce premier fût, cette ſpirituoſité violente que portent avec elles les Eaux-de-vie nouvelles ſe perd à la longue ſi cette déperdition a lieu, parce que les vaſes de bois ſe laiſſent pénétrer par la liqueur qu'ils contiennent: cette eſpece d'amélioration eſt une perte réelle & un mal, parce qu'elle n'eſt dûe qu'à la diſſipation inſenſible des parties les plus volatiles.

Suppoſons maintenant que cette diſſipation a le moins lieu poſſible, il eſt démontré que plus une Eau-de-vie vieillit, plus elle perd de cette premiere violence qui en rendoit la boiſſon inſupportable aux perſonnes délicates; j'ai eu moi-même deux fois occaſion de vérifier le fait. Dans un coin d'une des caves de l'Hôtel-Dieu, le Sommelier en dérangeant des chantiers, trouva un monceau de ſable qu'il voulut faire enlever; il ſe trouva dans le fond de ce ſable onze à douze bouteilles de verre bien ficelées & exactement pleines; on en goûta, & elles ſe trouvèrent être de cette eſpece de Liqueur qu'on nomme *Eau-de-vie d'Andaye*. Le Sommelier qui demeuroit depuis huit ans à l'Hôtel-Dieu, s'informa de ſon prédéceſſeur qui y avoit demeuré 20 années avant lui, s'il avoit connoiſſance de ce dépôt ſingulier; & comme il aſſûra que jamais il n'avoit fait un pareil dépôt, il reſte pour conſtant que cette Eau-de-vie avoit au moins 28 ans: elle étoit d'une ſaveur agréable, n'ayant point de goût trop piquant, & reſſembloit à une Liqueur compoſée dans laquelle ſe diſtinguoit à peine un peu d'odeur de fenouil: j'eus la curioſité d'en brûler un peu dans une cuiller; elle laiſſa un tiers à-peu-près d'humidité.

L'autre obſervation eſt plus préciſe; c'eſt de véritable Eau-de-vie de Cognac, enfermée à ma connoiſſance dans une bouteille de verre quarrée, depuis dix ans au moins: on peut voir dans la Table de comparaiſon des Peſe-liqueurs inſérée dans l'Art du Diſtillateur d'Eaux-fortes, quelle eſt ſa peſanteur ſpécifique relative à celle de Cognac nouvelle. J'ai diſtillé par comparaiſon meſure égale de l'Eau-de-vie vieille & de la nouvelle à laquelle je la comparois, & elles m'ont donné la même quantité de produit ſpiritueux; il s'en falloit cependant de beaucoup que leur ſaveur fût égale; l'Eau-de-vie nouvelle brûle la langue; l'autre se laisse palper sans y causer de sensation douloureuse : d'où vient cette différence ? certainement ce n'est pas de la déperdition des parties spiritueuses, & ce n'est certainement pas non plus d'une fermentation lente de la nature de celle qui améliore les Vins à mesure qu'ils vieillissent ; mais on conviendra que quelles que soient les parties constituantes de l'Eau-de-vie, elles ne sont ni semblables entr'elles ni d'une tenuité égale. L'état de fluidité dans lequel sont ces parties constituantes ne leur permet pas de rester l'une à côté de l'autre sans se combiner insensiblement d'une maniere plus intime, & sans faire un tout, qui sans être jamais d'une parfaite homogénéïté, acquiert cependant une maniere d'être plus uniforme, d'où résulte & la cessation de la saveur brûlante, & la production d'une saveur plus égale, & par conséquent plus gracieuse. Si les parties qui constituent l'Eau-de-vie étoient d'une ténuité à-peu-près égale, comme celle de l'Esprit-de-vin, il en résulteroit ce qu'on remarque dans cette derniere Liqueur ; elle conserve sa même saveur, parce qu'il ne s'y trouve point de substances plus grossieres dans lesquelles se puissent cacher, pour ainsi dire, les parties trop subtiles. Nous verrons en traitant des Liqueurs composées, comment le sucre sert à l'Esprit-de-vin pour en adoucir l'excessive saveur.

De tout ce qui précede, il s'en suit que les Eaux-de-vie vieilles doivent avoir dans bien des circonstances la préférence sur les Eaux-de-vie nouvelles ; & je me suis proposé moins d'établir des regles sur cette matiere qui n'en paroît point susceptible, que des réflexions sur les causes immédiates des variétés que le goût peut appercevoir dans les différentes Eaux-de-vie.

SECTION SECONDE.

Idée des Ordonnances fondamentales concernant la fabrication & le débit des Eaux-de-vie.

AVANT le cinquieme siecle, on ne se doutoit pas en Europe que cette Liqueur ardente décorée par les Alchimistes du titre emphatique qui lui est resté du nom d'*Eau-de-vie*, pût devenir si rapidement un objet de commerce important ; il arriva même à cette Liqueur un accident pareil à celui que produisent presque toutes les nouveautés. L'antimoine fut proscrit, & sa préparation devoit devenir la ressource presque unique de la Médecine ; les pains préparés avec le ferment de bierre mériterent la persécution de ceux-mêmes qui n'attendoient qu'un jugement pour se hâter d'en préparer de la même maniere : je ne serois pas étonné quand ce seroit un amateur d'Eau-de-vie qui l'auroit appellé *Eau-de-mort* ; ce préjugé étoit tel, qu'on n'auroit jamais imaginé que dans le même temps où les Médecins en proscrivoient l'usage, les gens du commun s'accoutumassent à en faire leur boisson favorite. Soit habitude, soit besoin réel, cette Eau-de-vie est devenue d'un usage si universel, l'Eau-de-vie de France a tellement mérité la préférence ſur celle de l'Etranger, que le Gouvernement, d'une part, crut devoir prendre des précautions pour conſerver à cette Liqueur la bonne réputation dont elle jouiſſoit : le Fermier, de l'autre, ne manqua point de prétendre que la converſion des Vins en Eaux-de-vie étoit une perte réelle ſur ſes droits, qu'il ne percevoit plus ſur les Vins que l'on bouilloit ; il obtint aiſément que cette nouvelle eſpece de boiſſon lui payât des droits proportionnels à la perte qu'il diſoit faire. Comme l'induſtrie va toujours ſe perfectionnant tant qu'elle n'eſt pas arrêtée par des entraves pécuniaires, le Fermier laiſſa perfectionner la fabrique des Eaux-de-vie, pour s'autoriſer enſuite à demander une augmentation exorbitante de droits, en fondant ſa demande préciſément ſur les moyens qui auroient dû la faire proſcrire : de là des Réglements, des Arrêts en interprétation, des conteſtations dans leſquelles on voit le tableau toujours déſolant de l'homme avide, qui veut faire tourner à ſon profit l'induſtrie même de ſon voiſin.

Enfin les Villes, & notamment celle de Paris, ayant obtenu des octrois ſur les boiſſons que conſomment ſes habitans, ayant ſous ſa protection des Meſureurs, des Jaugeurs, &c. de ces boiſſons, les Officiers municipaux crurent devoir prendre part aux conteſtations du Fermier, & ne pas laiſſer échapper l'occaſion d'augmenter les revenus de la Ville. De là trois eſpeces de Pieces juridiques deſquelles il nous convient faire mention ici. Celles émanées de la ſageſſe du Gouvernement concernant la bonne fabrication & le débit loyal des Eaux-de-vie ; elles réglent la maniere de tenir les Eaux-de-vie de bonne qualité ; elles défendent la fabrication des Eaux-de-vie de lies, de marcs, comme étant contraires à la ſanté ; elles ordonnent les précautions néceſſaires pour que le Gouvernement ſoit éclairé ſur la quantité de Vins convertis en Eau-de-vie, ſur celle du produit de cette derniere, ſur la conſommation qui s'en fait dans l'intérieur du Royaume, & ſur celle qui s'exporte, ſoit dans les Iſles de la domination Françoiſe, ſoit pour le compte de l'Etranger ; elles fixent la maniere dont un Bouilleur doit & peut faire travailler ſes chaudieres, dont le Fermier doit percevoir ſes droits ; elles donnent des réglements ſur la maniere de juger les différends qui peuvent s'élever de Brûleur à Brûleur, entre ceux-ci & les Facteurs, ou Courtiers, entre les Courtiers & les Acquereurs & les Voituriers, &c, &c ; pluſieurs ſont uniquement deſtinées pour une Province ; telles ſont les loix pour la fabrication de l'Eau-de-vie de cidre qui n'ont lieu que pour la Normandie, & qui en défendent l'exportation même de province à province, excepté les chargements pour nos Iſles ; celles arrachées au Gouvernement par la cupidité du Fermier, qui a toujours trouvé l'art de faire intervenir le bien de l'Etat dans ſes vexations particulieres, & de laſſer le Citoyen par des procès ſur leſquels ſont intervenus des Arrêts toujours avantageux au Fermier, même lorſqu'il perdoit.

Le nombre de Pieces de ce genre eſt immenſe ; aucun recueil ne les contient toutes.

toutes. Les Arrêts du Conſeil ſeuls obtenus ſur cet objet dans tous les cas poſſibles, formeroient plus d'un gros volume *in*-4°. On en trouve très-peu dans le Recueil des Ordonnances concernant les Aydes & Gabelles ; & qui voudroit concilier la Juriſprudence réſultante de ces Arrêts, comparés entr'eux, ſeroit ſans doute un Légiſte bien habile. Enſorte que pour le plus grand bien du peuple, & pour éclairer plus ſûrement le Gouvernement, que les Fermiers ont trouvé le moyen de mettre en défaut, en ayant toujours des Arrêts à oppoſer en leur faveur quelle que ſoit leur prétention ; le plus ſûr moyen ſeroit de faire une nouvelle Loi bien préciſe, & d'en défendre toute eſpece d'interprétation. Qu'on ſe rappelle bien que ce ſont dans tous les cas les interprétations qui ont nui aux choſes poſitives : doctrine, phyſique, littérature, juriſprudence, &c ; les interprétes ont plus obſcurci qu'éclairé.

Ajoutons à cela les ſurpriſes faites, les ſaiſies, les chicanes ſans nombre qui ont donné lieu à une foule de Sentences d'Elections, d'Arrêts de la Cour des Aydes, & d'Arrêts du Conſeil, caſſant ou confirmant les premiers ; & on aura l'idée du cahos qui doit régner dans cette ſeconde Partie de la Juriſprudence des Eaux-de-vie.

La troiſieme eſpece de Pieces juridiques ſont celles obtenues par les Officiers municipaux, ſoit pour établir, ſoit pour conſerver les droits de leurs octrois ou de leurs Juriſdictions, & les Sentences émanées de leurs Tribunaux pour le fait de ces mêmes octrois. Comme je ne ſuis pas Juriſconſulte, & que d'ailleurs ce ſeroit fatiguer le Lecteur que de lui préſenter la compilation volumineuſe de tous les Arrêts, Lettres-Patentes, Edits, Déclarations, &c. rendus ſur cette matiere ; on trouvera bon que nous nous bornions pour chacun des trois plans que je viens d'établir, à la notice hiſtorique que je viens d'en donner, renvoyant le Lecteur aux Receuils des Réglements publiés *in*-4°. ſur le fait des Aydes & Gabelles.

CHAPITRE CINQUIEME.

De l'Eau-de-vie tirée du Poiré & du Cidre.

PERSONNE n'ignore que la Normandie privée de la Liqueur appellée *Vin*, en est dédommagée par la Liqueur vineuse qu'on y prépare abondamment à l'aide des pommes & des poires, Liqueur qu'on appelle *Cidre* & *Poiré*. Depuis que l'usage des Eaux-de-vie est, pour ainsi dire, devenu d'une nécessité presqu'indispensable, la Normandie a fait avec ses boissons une pareille liqueur, dont la consommation est cependant bornée pour l'intérieur de la Province, & tout au plus pour l'usage de quelques-unes de nos Colonies. Le Cidre étant la boisson la plus considérée des deux, il faut que son abondance soit extrême pour qu'on se permette d'en faire bouillir; c'est le plus universellement le Poiré que les Bouilleurs d'Eau-de-vie de la Normandie emploient. Une autre considération leur fait préférer le Poiré; il est constamment plus austere que le Cidre, & fournit par conséquent plus d'Eau-de-vie. Le Poiré a donc pour cette double raison la préférence chez les Bouilleurs Normands.

Comme il n'en est pas de la fermentation du Cidre & du Poiré comme de celle des Vins, il est rare que ces liqueurs soient en état d'être soumises à la distillation avant l'année révolue depuis leur premiere existance. Soit trop grande abondance de phlegme, soit surabondance de matiere visqueuse dans sa proportion avec les parties salines, la fermentation du Cidre & du Poiré est beaucoup plus lente, & dure par conséquent plus long-temps. On observe même que cette fermentation se rétablit lorsque l'on coupe du Cidre & du Poiré avec moitié eau, d'où résulte ce qu'on appelle dans le pays *petit Cidre* ou *Boisson*: il s'établit après ce mélange d'eau une nouvelle fermentation qui combine assez cette nouvelle dose de fluide pour empêcher que le total ne se gâte, comme il arriveroit à du vin coupé avec de l'eau. Soit le peu de soin que les domestiques prennent des futailles où ils conservent le petit Cidre, soit que la fermentation qui s'y établit se conserve trop long-temps, il est rare que la Liqueur qu'on tire en dernier lieu ne soit tournée en vinaigre.

Ce que je dis ici est seulement pour prouver la lenteur de la fermentation en question; mais on auroit tort d'en conclure que le Cidre ou Poiré ainsi coupé, fût à cause de cela plus abondant en esprit, lorsqu'on le brûlera; ce sera toujours le plus fort Poiré qui, lorsqu'on le verse de haut, fournit encore une légere écume, qui se trouvera le plus propre & à brûler & à donner beaucoup d'Eau-de-vie.

La construction du fourneau, celle des chaudieres, des têtes de more ou chapes, des serpentins ou serpente, ne paroissent différer en rien de celle qui sert à bouillir des Eaux-de-vie de vin, sinon qu'on y a conservé la plus ancienne construction, une tête ronde, trop petite pour le diametre de la cuve; il paroît seulement qu'en place de bassiot, l'usage le plus commun est de placer pour récipient une cruche ou bouteille de grès d'une capacité connue, & l'on mesure la capacité de la chaudiere par pots qui tiennent deux pintes de Paris, au lieu de la mesurer par veltes ou mesures de huit pintes usitées par les Bouilleurs d'Eaux-de-vie de vin.

La conduite du feu, les précautions pour remplir, rafraîchir, estimer la spirituosité du produit, sont aussi précisément les mêmes; mais on n'est pas dans l'usage en Normandie de *couper à la serpente*; il paroît seulement que le produit d'une premiere chauffe, qu'ils appellent *petite Eau*, est à-peu-près équivalent au produit appellé *seconde* dans l'Eau-de-vie de vin; ensorte qu'on est obligé de redistiller, ce qu'ils appellent *faire la repasse*; & pour cette repasse, on charge la chaudiere uniquement avec les premiers produits. Quoiqu'on ne puisse rien dire de certain sur la proportion du produit, cette proportion dépendant & de la bonne qualité du Poiré qu'on fait bouillir, & de la bonne administration du feu, on remarque assez communément que cent quarante-quatre pots de Poiré produisent de quarante à quarante-huit pots de *petite Eau* ou de premier produit de la premiere chauffe, & que ces quarante à quarante-huit pots de petite E rendent de treize à seize pots d Eau-de-vie; ce qui fait relativement au Poiré entre son tiers & moitié de *petite Eau*, & pour la petite Eau son tiers au plus de bonne Eau-de-vie. Quant à la maniere d'éprouver si cette Eau-de-vie est négociable, on l'éprouve en la faisant tomber de haut dans un verre, & on la juge bonne lorsque l'Eau-de-vie prend & garde quelque temps sa mousse. On remarque en général que le Cidre donne une Eau-de-vie plus agréable que le Poiré; mais aussi il en fournit beaucoup moins, ce qui confirme de plus en plus ce que j'ai dit sur la nature des Liqueurs vineuses que l'on destine à bouillir dans les différentes Provinces.

La durée d'une *bouillaison* ou chauffe est au moins de sept heures pour une chaudiere qui contiendroit quatre-vingt-dix pots de liqueur, & on est dans l'usage de faire quatre bouillaisons de suite pour tirer la *petite Eau*, & la cinquieme bouillaison se fait en chargeant la chaudiere du produit des quatre premieres, à moins que le Poiré ne soit d'une assez bonne qualité pour que trois bouillaisons suffisent pour fournir assez de petite Eau pour le chargement entier de la chaudiere.

Plusieurs Bouilleurs sont dans l'usage non-seulement de luter le chapiteau ou tête de more avec de la terre ou de la cendre délayée, mais encore d'assujétir ce chapiteau sur la chaudiere à l'aide d'un bâton debout, dont une extrémité souvent fourchue posant sur le faîte du chapiteau, l'autre extrémité est retenue fortement contre le plancher supérieur de la bouillerie. On est dans le préjugé en Normandie, que les marcs de Poiré & de Cidre ne sont bons tout au plus qu'à servir de fumier ou d'engrais dans les terres, mais qu'ils ne vaudroient absolument rien pour chauffer leur chaudiere : ce seroit à quelques-uns d'entr'eux à vérifier si en effet cette matiere bien séche est incapable de fournir une chaleur suffisante dans les bouilleries. Il n'en est pas de même de l'essai que quelques-uns d'entr'eux seroient tentés de faire sur ces mêmes marcs pour voir si on ne pourroit pas en tirer une seconde espece d'Eau-de-vie ; des Réglements de différentes époques, depuis 1723, leur défendent absolument de bouillir des marcs, des lies de Cidre & de Poiré, à peine d'une amende pécuniaire très-considérable & de confiscation tant de l'appareil que de la liqueur distillée : il paroît que l'esprit de ces Réglements est fondé sur les préjugés que des Eaux-de-vie de cette espece sont nuisibles à la santé, & il est encore temps d'en vérifier la certitude : quant à moi, je ne crains pas d'assurer que ce préjugé ressemble bien fort à celui qui défendoit la levure de bierre pour faire le pain mollet.

Les Bouilleurs d'Eau-de-vie de Poiré sont tenus de déclarer combien ils veulent faire bouillir de liqueur, & ensuite quelle est la quantité du produit de cette liqueur ; il leur est expressément défendu de transporter cette liqueur hors de la Province, & lorsqu'ils veulent en charger quelques vaisseaux pour les Colonies, ils sont obligés d'en faire la déclaration, & d'en obtenir la permission ; ce n'est que depuis qu'on s'est apperçu que leurs Eaux-de-vie étoient prises par l'Etranger, concurremment à celles de vin, que le Gouvernement a jugé à propos de prendre ces précautions.

Nous avons parlé à l'article des Eaux-de-vie de vin d'une premiere fleur qui annonçoit la délicatesse de ce produit, & la bonté du vin dont il avoit été tiré ; il en est de même de l'Eau-de-vie de Poiré : si pour avoir été trop long-temps gardées dans les celliers, les poires ont contracté quelque goût de pourri ; si les futailles dans lesquelles on met le suc à fermenter, ne sont pas exemptes de toute odeur étrangere ; si même la paille dont on se sert pour établir sur le pressoir les couches de poires écrasées que l'on doit exprimer, n'est pas fraîche, propre & nette, on peut être certain, non-seulement que le Poiré qui en résultera, mais encore que l'Eau-de-vie qu'on en obtiendra, se ressentiront à l'odorat de ces mauvaises qualités ; au lieu que l'Eau-de-vie de Poiré aura une odeur fraîche, mais très-facile à distinguer de celle de l'Eau-de-vie de vin, lorsqu'on aura évité les divers accidents dont je viens de parler. Il en est un autre auquel les Eaux-de-vie de Poiré sont sujettes : c'est lorsque par la négligence des Bouilleurs la chaudiere *gosille*, c'est-à-dire, qu'une partie de la liqueur bouillante & non distillée passe par le bec du chapiteau ; cet accident conserve à l'Eau-de-vie un goût austere que la seconde bouillaison ou chauffe ne lui enleve jamais entiérement.

CHAPITRE

CHAPITRE SIXIEME.

De l'Eau-de-vie de Grain.

LE goût pour les liqueurs ſpiritueuſes ne ſe fut pas plutôt répandu, que les différentes contrées de l'Europe s'empreſſerent de s'en procurer. J'ai obſervé dans l'Introduction, qu'il étoit fort ſingulier que ce produit, très-difficile à imaginer, fût non-ſeulement un objet de Commerce auſſi immenſe, mais encore ſe trouvât d'un goût ſi univerſel pour avoir flatté celui de tous les Sauvages qu'on a découverts dans quelque partie de l'Amérique que ce ſoit : j'obſerve ici, & dans le Chapitre ſuivant, les efforts ſinguliers qu'ont faits les différents Peuples de l'Europe pour ſe procurer cette *Liqueur de vie*, ainſi que l'avoient qualifiée les premiers Chimiſtes.

Dans toute la partie ſeptentrionale de l'Europe, juſqu'à la Flandre incluſivement, les Iſles Britanniques, & toute l'Allemagne, l'uſage eſt de ſe procurer de l'Eau-de-vie en faiſant fermenter des grains que l'on diſtille ; mais la maniere de faire fermenter ces grains differe ſuivant les pays : quelques-uns s'en tiennent à la manipulation généralement connue par les Braſſeurs, qui conſiſte à faire germer l'orge, à le deſſécher lorſqu'il eſt ſuffiſamment germé, pour le convertir en *malt*, puis à le réduire en *ſcholt* ou gruau, pour le détremper enſuite dans une quantité ſuffiſante d'eau, & le diſtiller lorſqu'il a acquis la fermentation vineuſe ; cette manipulation paroît même avoir été le plus généralement adoptée dans toutes les Bouilleries d'Eau-de-vie de grain qui ſont en pied, ou établies pour faire négoce de l'Eau-de-vie qu'on y travaille, puiſqu'aucune autre manipulation n'a lieu s'il n'entre une quantité donnée de ce malt : mais depuis que le beſoin ou l'habitude a transformé dans preſque toute l'Allemagne, & dans tous les pays du Nord, chaque Payſan en Bouilleur d'Eau-de-vie ; tellement que, notamment dans la Suéde, le Gouvernement a été obligé de prendre les précautions les plus ſéveres pour empêcher la conſommation immenſe de grain qui ſe faiſoit par ce moyen, en défendant ſous les peines les plus graves aux Payſans de diſtiller l'eau-de-vie de grain : depuis ce temps les bonnes manipulations ſe ſont plus ou moins perdues ou altérées, pour faire place à des tripotages que la raiſon déſavoueroit, ſi la raiſon en aucun pays pouvoit quelque choſe ſur la routine de ce qu'on nomme *le Payſan*.

Les Anglois ont eſſayé auſſi de mettre quelquefois des entraves à la liberté qu'avoit chaque citoyen de ſe préparer de l'Eau-de-vie de grain ; car c'eſt une obſervation aſſez importante à faire, relativement à l'Angleterre, que la liberté dont chaque Anglois paroît entouſiaſte juſqu'à la fureur, eſt peut-être chez eux la chimere la mieux enchaînée par le Gouvernement.

Comme l'action de faire germer le grain, de le deſſécher, & de le moudre, paroît appartenir entiérement à l'Art du Braſſeur, Art trop important pour n'eſpérer pas que quelque Artiſte zèlé & intelligent n'en communique la deſcription à l'Académie ; je dois me contenter d'en eſquiſſer ce qui eſt néceſſaire pour l'intelligence du travail que je décris.

Le grain que l'on prépare pour en tirer l'Eau-de-vie, eſt ou le bled ou l'orge, ou le ſeigle ou l'avoine ; & l'on remarque que le produit en Eau-de-vie eſt plus conſidérable quand on ſe ſert du bled, puis du ſeigle, puis de l'orge, & qu'enfin l'avoine eſt la plus pauvre en produit ſpiritueux. Dans un endroit qui ne ſoit pas humide, & qui cependant ait naturellement ou artificiellement une chaleur douce, telle que celle que procureroient les fourneaux des chaudieres, qu'on a ſoin d'adoſſer contre le mur de l'endroit en queſtion : dans cet endroit, que nos Braſſeurs appellent *le Germoir*, qu'ils tiennent bien fermé, ſans être cependant privé du concours de l'air, on fait un tas de bled ou d'orge, qu'on a mouillé avec de l'eau tiede ; deux hommes, armés de pelles légeres remuent ce tas pour mouiller exactement tous les grains, & ſans doute auſſi pour donner à l'humidité un commencement d'état vaporeux : on diſtribue le tas ainſi mouillé ſur le ſol du germoir en planches plus ou moins longues, mais qui ayent tout au plus deux pieds de large & quatre pouces de hauteur : cette opération ſe fait à l'aide d'un râteau ; & l'on remarque que la germination ſe fait plus promptement lorſqu'on a laiſſé le grain mouillé en tas juſqu'à ce qu'il commence à s'échauffer avant de l'étendre en planches : toutes les douze heures, & même plus ſouvent ſi la chaleur eſt forte, un Ouvrier vient viſiter les tas, & dès l'inſtant où il voit que le grain, après s'être renflé, commence à pointer ſon *germe* & ſa *radicule* : il le remue ſans le changer de place, en faiſant ſeulement en ſorte, que le grain qui occupoit la ſurface de la planche en occupe ou le milieu ou le fond, & que par conſéquent le grain du fond & celui du milieu ſe trouvent moins expoſés à pourrir ou à trop s'échauffer. Quand le germe a acquis une ligne ou deux, & le chevelu quatre à ſix lignes, il eſt temps de tirer le grain du germoir : on le rafraîchit promptement en l'agitant, & on le porte dans une eſpece d'étuve, dont la deſcription tient entiérement à l'Art du Braſſeur, & qui y eſt connue ſous le nom de *Touraille* ; on l'y remue de temps en temps, juſqu'à ce que les radicules s'en ſéparent aiſément, en un mot juſqu'à ce que le grain ſoit exactement ſec ; ce qui n'a lieu qu'après une ſorte de grillage de l'écorce. Si l'on examine le grain avant ſa germination, & qu'on le compare à celui qui a paſſé par les deux opérations que je viens de décrire ſuccinctement ; on verra que dans le premier état il eſt blanc, farineux, opaque, inſipide, & que dans le ſecond, il eſt à demi-tranſparent, & a acquis un certain degré de ſaveur, parce que la germination eſt une vraie fermentation, qui, à l'aide de l'humidité, a combiné, d'une maniere particuliere, les parties conſtituantes naturelles de la farine. Dans cet état, le grain tiré de la touraille ſe nomme *Malt* : il eſt mis au moulin, & on le réduit en une eſpece de farine groſſiere, que les Allemands connoiſſent ſous le nom de *Schlot*, & qui, dans nos Braſſeries Françoiſes, ſe nomme la *Drêche*.

Ici commence la différence entre le Braſſeur pour bierre & celui qui travaille pour brûler l'Eau-de-vie. La quantité d'eau qu'emploient les premiers, ſeroit beaucoup trop conſidérable pour les ſeconds; ceux-ci n'ont pas beſoin pour leur travail de la décoction amere que les Braſſeurs ſont obligés de mettre dans leur Braſſerie: les Braſſeurs font cuire long-temps leur gruau pour le délayer uniformément dans toute l'eau qu'ils emploient, & de cette bonne coction s'enſuivent l'exactitude de la fermentation qui doit naître, & la durée de la bierre qui en réſultera. Les Bouilleurs n'ayant beſoin d'aucune de ces dernieres conſidérations, ſe contentent de délayer, à force de bras, leur malt dans le double de ſon poids d'eau tiede, en remuant juſqu'à ce qu'elle ſoit bien blanche, en dépoſant lentement, & qu'en la goûtant ils y découvrent une certaine ſaveur. De cette manipulation exacte & longue, dépend la bonne & prompte fermentation qui s'opere dans des tonneaux défoncés ou de grandes cuves, qu'ils empliſſent à un cinquieme près, & qu'ils recouvrent avec un fond volant : ces tonneaux ſont placés dans un endroit, dont la chaleur ſoit aſſez conſidérable pour que la fermentation s'établiſſe en plein dans l'eſpace de deux ou trois jours. Dès l'inſtant où l'on voit tomber l'écume qui s'eſt formée ſur la liqueur, & que cette liqueur elle-même commence à prendre une ſorte de tranſparence, on la puiſe, liqueur & dépôt, pour charger ſur le champ la chaudiere deſtinée à bouillir : on pourroit verſer les effondrilles ou baiſſieres ſur des tamis de crin poſés ſur une grande cuve, afin de les égouter, ou bien poſer au fond de la chaudiere un treillage, tel que celui dont j'ai parlé en traitant des Eaux-de-vie de lie; car, certainement, dans l'une & l'autre circonſtance, les matieres qui ſe précipitent dans la chaudiere, même bouillante, & à plus forte raiſon ſi le bouillon eſt ralenti, font contracter en ſe brûlant un mauvais goût à l'Eau-de-vie qui en réſulte.

C'eſt de cette liqueur, ainſi fermentée preſtement, & dont la quantité eſt beaucoup inférieure à celle de la bierre par proportion au gruau qu'on y emploie, qui n'eſt jamais aſſez éclaircie pour ne pas contenir encore beaucoup de ce gruau ſuſpendu; c'eſt, dis-je, de cette liqueur que l'on retire l'Eau-de-vie de grain. L'appareil des vaiſſeaux eſt en tout point le même que celui de nos Bouilleurs d'Eau-de-vie de vin; la forme du foyer change ſeulement pour les pays, dans leſquels, à défaut de bois, on ne peut brûler que de la tourbe ou du charbon de terre bien déſoufré.

La conduite du feu, & les précautions durant l'opération, ſont auſſi les mêmes, à l'exception qu'on n'a pas encore entendu dire que l'on coupât à la ſerpente ni qu'on fît encore aucune diſtinction entre premiere & ſeconde eau-de-vie de grain; c'eſt qu'en effet, les parties conſtituantes du raiſin, quelle qu'en ſoit la maturité, ne ſont jamais d'une ténuité uniforme; en ſorte que les produits, ſoit dans l'état de vin, ſoit dans l'état d'Eau de-vie, & même au-delà, doivent ſe reſſentir de ce défaut d'homogénéité; au lieu que les molécules qui compoſent chaque grain, ayant été formées preſque toutes à la fois dans le grain avant d'y acquérir leur derniere maturité, la ténuité de ces molécules eſt, ſinon homogene, au moins beaucoup plus uniforme; d'où il réſulte que les produits fermentés ou diſtillés de ces grains ont une telle homogénéité, que les derniers ſont preſque auſſi forts que les premiers: auſſi remarque-t-on en général, que l'Eau-de-vie de grain eſt beaucoup plus forte que ne l'eſt l'Eau-de-vie de vin; en ſorte que ſi ce n'étoit cette fleur agréable dont nous avons parlé, cette douceur ſans âcreté, qu'ont nos Eaux-de-vie, celle de grain mériteroit la préférence. Mais, ſi l'on ſe rappelle les obſervations faites au ſujet de l'Eau-de-vie tirée de lie, & que l'on compare la nature de ce ſédiment vineux avec celle que doit avoir la liqueur fermentée de grain, on ſentira qu'il eſt de toute impoſſibilité que l'Eau-de-vie de grain n'ait encore davantage l'odeur empyreumatique qu'on a en vain eſſayé de lui enlever; car perſonne n'ignore que les Eaux-de-vie de France ont conſervé, & conſerveront long-temps la ſupériorité ſur l'Eau-de-vie de grain.

Cette premiere méthode de préparer la liqueur propre à diſtiller l'Eau-de-vie de grains, pour être la meilleure, n'eſt pas la plus généralement ſuivie; pour dire la vérité, elle ne l'eſt même plus chez aucun Bouilleur; tous, & entre autres les Payſans qui ne font de l'Eau-de-vie de grain que pour leur uſage, prennent beaucoup moins de précautions dans leurs travaux; ils prennent tout ſimplement de la farine d'orge & de ſeigle ou d'avoine, qu'ils mêlent avec un tiers ou un quart de malt, ou grain germé, pour les délayer dans un grand baquet ou cuve, qui eſt ordinairement placé dans le voiſinage du poële ou du fourneau à diſtiller; ils mettent la même proportion d'eau pure: après avoir bien agité le mélange, & y avoir mis une doſe de levure de bierre, ils recouvrent le baquet, & attendent tranquillement que la fermentation ſoit établie; ils ont outre cela chacun un petit ſecret, auquel ils ont une grande confiance, & qui conſiſte dans le choix de graines ou de plantes aromatiques qu'ils croyent propres à donner plus de force à l'Eau-de-vie qu'ils diſtilleront; pour les uns c'eſt l'orvale, pour d'autres c'eſt le cumin; ceux-ci jettent quelques poignées de genievre concaſſé, ceux-là de l'aneth, d'autres de la graine de carotte & de l'anis: ils ſont auſſi fortement perſuadés que les eaux d'une contrée ſont beaucoup meilleures que celles d'une autre pour produire de la forte Eau-de-vie: ils auroient raiſon s'ils étoient tous perſuadés que l'eau la plus pure, celle des grandes rivieres, eſt préférable; ou ſi du moins, lorſque la néceſſité les contraint de ſe ſervir d'eaux de lacs, d'étangs, de puits, même de ſources, ils ne ſe préoccupoient pas en faveur de ces eaux, & s'informoient des moyens de les amener à un point de pureté, qui, ſauf leurs préjugés, leur donneroit toujours un meilleur réſultat.

Quand

Quand ils jugent leur matiere suffisamment fermentée, ils la distillent dans leurs chaudieres ; & comme l'on ne doit pas s'attendre que des gens aussi peu soigneux dans leurs préliminaires, le soient beaucoup pour leur distillation, il résulte que leur Eau-de-vie est un mélange assez désagréable d'odeur empyreumatique, & de celle des substances odorantes qu'ils y ont jointes, auxquelles la force de l'Eau-de-vie donne un relief plus repoussant. Ce n'est pas qu'il n'y ait parmi eux de bons Préparateurs d'Eau-de-vie ; mais ce que je dis ici est pour le plus grand nombre qui travaille sans soins & par routine & négligeant même les soins les plus ordinaires pour la quantité de produit, & pour la propreté & la clôture de leurs vaisseaux. Il y a tel atelier où il se perd en vapeurs par les jointures de la chape & de la chaudiere, du bec, & de la serpente, assez d'Eau-de-vie pour enivrer les Travailleurs, qui peut-être aussi ne négligent pas de goûter souvent si l'Eau-de-vie est d'une bonne force ; espece d'épreuve qu'ils sont si fort tentés de répéter à l'excès, qu'il y a tel atelier dans le Nord, où la serpente & le bassiot sont dans une piece séparée de celle où est la chaudiete, piece fermée à clef & où l'Ouvrier n'entre jamais. Les incendies sont très-fréquents dans ces ateliers. Quant à la propreté, M. Guettard, Observateur éclairé, à qui rien n'échappe, a vu en Pologne les chaudieres & les chapes garnies d'une croûte épaisse de verdet qu'on ne songeoit seulement pas à enlever.

L'épreuve de ces Eaux-de-vie de grain est la même que pour l'Eau-de-vie de vin ; c'est-à-dire, qu'on en verse de haut dans un vase, & que l'on examine si les perles qui s'y forment sont bien égales, & font ce qu'on appelle le *chapelet*. Plus ce chapelet est long-temps à se dissiper, meilleure ils estiment l'Eau-de-vie ; & comme dans ces pays on fait une très-grande différence entre l'Eau-de-vie de grain, qui ne sert que pour la boisson, & l'Eau-de-vie de France, que par une prérogative singuliere ils appellent *Esprit-de-vin*, on est obligé dans les villes où il s'en fait commerce, comme à Dantzic, qui est la ville dont l'Eau-de-vie de grain a le plus de réputation, de faire une seconde épreuve pour s'assurer que l'Eau-de-vie que l'on achete pour Esprit-de-vin, n'est pas de l'Eau-de-vie de grain déguisée : ce déguisement consiste à mettre dans l'Eau-de-vie de grain infuser pendant quelque-temps des noix de gales ou des copeaux de chêne, parce que l'Eau-de-vie de France, avant d'arriver à Dantzic, séjournant long-temps dans des vaisseaux de bois qui la renferment, y contracte cette saveur, dont nous avons dit que l'excès se nommoit *goût de fût*. Les Dantzicois croyoient donc qu'il n'y avoit que l'Eau-de-vie de France qui pût prendre une couleur pourpre en la mêlant à quelques gouttes de vitriol martial dissous. Ce qui vient d'être dit démontre l'insuffisance de cette épreuve ; & quoiqu'il y ait déja long-temps que Neuman l'ait fait sentir à ses compatriotes, je ne sache pas, ni qu'on se soit dégoûté de l'épreuve, ni qu'on en ait substitué une meilleure. La saveur comparée de ce qui reste après avoir brûlé un peu de ces Eaux-de-vie pourroit servir à l'acheteur ; le résidu de l'Eau-de-vie de vin a une ſaveur âcre, nauſéabonde, & preſque acide; celui de l'Eau-de-vie de grain rapporte au goût celui de farine brûlée ou au moins torréfiée.

Le commerce des Eaux-de-vie de grain eſt preſqu'ignoré en France, quoique quelques Provinces voiſines de la Flandres, telles que l'Artois, le Hainault François & la haute Picardie, en faſſent quelque conſommation. Il ſeroit ſans doute trop long & inutile d'entrer dans le détail des loix que chacun des pays où l'on fait des Eaux-de-vie de grain a dû faire, ſoit pour la fabrication, ſoit pour le débit, ſoit enfin pour les impôts de cette marchandiſe : ſi même je me ſuis hazardé à donner quelques idées de ces Ordonnances relativement à la France, c'eſt que nous avions pour les trouver une facilité qu'on ſent bien qu'il ne nous eſt pas poſſible d'avoir pour d'autres, ſi on fait attention au nombre d'Etats, tant grands que petits, ayant chacun leur gouvernement, dans leſquels on fait l'Eau-de-vie de grain, & dont les vues & les intérêts ne peuvent manquer d'être multipliés, & très-différents. D'ailleurs, ſi la connoiſſance de cette eſpece de Juriſprudence peut être curieuſe, on conviendra du moins qu'elle n'eſt pas eſſentielle au fond de l'Art que je décris.

CHAPITRE SEPTIEME.

Des différentes Liqueurs ſpiritueuſes, autres que celles ci-deſſus décrites, préparées chez les différents Peuples.

L'USAGE des Liqueurs ſpiritueuſes eſt tellement multiplié, que ce n'eſt pas ſeulement parmi les Nations policées qu'on le trouve établi : nous voyons les Tartares de la Crimée, & tous les Peuples vagabonds qui campent dans les vaſtes déſerts, entre la Sibérie, la Laponie & la Chine, non-ſeulement accueillir cette liqueur, mais s'en préparer une qui ne peut être agréable que pour le goût le plus groſſier ou pour le deſir le plus effréné. Ces Tartares donc, qui n'ont pour toutes graines que le ris ou l'avoine, prennent cette derniere groſſiérement moulue ; ils la délayent dans du lait de jument, ſoit à défaut d'autres véhicules, ſoit parce que l'expérience leur a appris, que la farine d'avoine avoit beſoin pour fermenter au degré néceſſaire de la ſubſtance ſucrée dont le lait de jument abonde. Cette liqueur ſuffiſamment fermentée eſt miſe dans un pot de terre, dont la forme reſſemble beaucoup à cet uſtenſile de cuiſine, que nous appellons *Huguenote*, ſon couvercle, preſqu'auſſi grand, a la forme d'un entonnoir, & eſt percé latéralement d'un trou, dans lequel on fait entrer un tuyau de bois creux ; ils lutent le tout avec de la terre détrempée, allument le feu ſous la huguenote pour faire bouillir la Liqueur, & recevoir ce qui paſſe dans un autre pot de terre, qui reſſemble aſſez à une cruche applatie : ils la diſtillent à deux repriſes pour l'obtenir plus forte ; ce ſont entr'autres les Kalmucks, les Usbecks & les Nogays qui ſont cette eſpece d'Eau-de-vie ; ils appellent *Kumis* la liqueur fermentée, & *Arak* la liqueur diſtillée. On dit qu'ils font encore du vin avec la chair d'agneau : leur vin ou kumis s'aigrit en deux jours. On voit par le détail de leurs appareils que jamais ils n'en font à la fois une grande proviſion, & nous obſerverons que le mot *Arak* paroît être celui ſous lequel ſe déſigne l'Eau-de-vie dans preſque toute l'Aſie ; enſorte que ce n'eſt pas une ſeule eſpece d'Eau-de-vie, mais toutes les Eaux-de-vie poſſibles, qui portent ce nom.

Cette Eau-de-vie d'avoine eſt on ne peut plus déſagréable, à cauſe du goût d'empyreume ou de feu que contractent en bouillant & la farine d'avoine & le lait : ajoutez à cela la fadeur que porte avec lui tout produit diſtillé de lait, & le peu de précaution que les femmes des Tartares obſervent dans la conduite de leur feu.

On a cru pendant long-temps qu'ils préparoient leurs liqueurs avec le lait de jument ſeul, & cette tradition a ſuffi à quelques-uns de nos Chimiſtes pour aſſurer avec confiance, les uns, que le fluide animal étoit ſuſceptible de la fermentation ſpiritueuſe, les autres que le lait avoit conſervé ſa nature végétale: Meſſieurs Gmelin & Pallas ont ſeuls détruit toutes ces opinions, en obſervant que la farine d'avoine étoit la baſe fermenteſcible de cette liqueur déſagréable.

Quoiqu'on n'ait encore pénétré que très-imparfaitement dans les ſecrets des Chinois, ce que les Miſſionnaires nous en ont appris conſiſte à faire mention d'une eſpece d'Eau-de-vie préparée avec le riz, à laquelle les Anglois ont jugé à propos de conſerver le nom de *Rack*; les uns diſent, que les Chinois font bouillir, c'eſt-à-dire, fermenter durant vingt ou trente jours le riz avec d'autres ingrédients, & qu'il en réſulte un vin, dont la lie diſtillée donne de l'Eau-de-vie; que cette Eau-de-vie differe dans les campagnes & dans les villes; qu'elle eſt infiniment meilleure dans ces dernieres, & que l'on donne la préférence aux Eaux-de-vie de Un-ſi-hiu, de Ky-ang-an & de Chan-king-fu. D'autres diſent que les Tartares, conquérants de la Chine, y ont apporté l'art de fabriquer avec le lait & des féves une eſpece d'Eau-de-vie, qu'on y appelle *Sam-ſu*: d'autres encore, qu'il y a une ſorte d'Eau-de-vie ſupérieure à toutes, que les Chinois nomment *Se-ou.* Mais un Savant, plus digne de foi, & dont les talents & le zele patriotique, les ſuccès éminents ſont connus de chacun, ainſi que ſon urbanité, M. Poivre m'a aſſuré que le riz étoit le ſeul ingrédient de l'Eau-de-vie Chinoiſe; que ce grain germoit & fermentoit très-aiſément; que les Chinois, mauvais Diſtillateurs, en faiſoient un rack déteſtable; que ceux de Batavia travailloient mieux, & que leur rack étoit en effet le meilleur: il ajoute, que dans Batavia on eſt dans la préoccupation, que les Chinois, pour donner plus d'âcreté à leur rack, y font infuſer l'eſpece d'inſecte de mer, appellée *la Galere de mer*, qui eſt un cauſtique très-puiſſant; mais que c'eſt un préjugé. Le même Savant m'a confié l'anecdote ſuivante digne d'être conſervée. A peu près deux mille ans avant notre Ere, l'Eau-de-vie de riz fut découverte en Chine: l'Empereur, alors régnant, fit venir l'inventeur; & après l'eſſai fait de ſa liqueur, il le chaſſa de l'Empire pour avoir découvert une liqueur ſi dangereuſe pour la raiſon: le poiſon s'eſt réintroduit; car rien n'eſt plus commun que l'Eau-de-vie de riz dans tout l'Empire Chinois. C'eſt ainſi que certains maux, quoiqu'arrêtés dans leur origine, ne ſe perpétuent pas moins, & néceſſitent la raiſon même & l'autorité à les tolérer, ne pouvant plus les proſcrire. Si l'on jugeoit de ces préparations Chinoiſes dont il vient d'être parlé, par les eſſais que l'on peut faire dans notre Europe, on trouveroit que l'Eau-de-vie de riz eſt une choſe impoſſible, ſoit que le riz que nous connoiſſons ait été extrêmement deſſéché, ſoit que, comme le penſe le vulgaire, les Cultivateurs de riz lui faſſent ſubir quelques leſſives avant de nous l'envoyer; toujours eſt-il certain qu'il n'eſt pas poſſible de procurer à ce riz la fermentation panifique, & à plus forte raiſon la fermentation ſpiritueuſe: les grains de ce riz ont une demi-tranſparence qui annonce, que quelles que ſoient ſes parties conſtituantes, elles ſont trop exactement combinées pour pouvoir réagir mutuellement à l'aide de la fermentation;

auſſi

aussi remarque-t-on que les essais en ce genre, faits en Europe, aboutissent à former avec le riz des colles plus ou moins épaisses.

Quelques obligations que nous ayons aux Missionnaires qui ont été à la Chine, il faut convenir, qu'occupés par état & par devoir à faire aux Grands de ce pays une cour assidue, & n'étant sûrs de leur être agréables qu'en leur montrant des nouveautés de leur goût, il ne leur a pas été possible de descendre dans tous les détails de ces Arts, qui sans doute sont restés entre les mains d'Artisans de la plus basse espece. Combien ne voyons-nous pas d'Etrangers, qui, voyageant en France, ne se sont pas avisés, même dans Paris, d'aller visiter une Brasserie ? Si quelqu'un de ces Missionnaires fût entré dans ces détails que nous regrettons, peut-être saurions-nous que le riz seul n'est pas emploié pour produire de l'Eau-de-vie, que celle qui porte son nom peut être le résultat d'un mélange d'une fermentation artificielle dont la connoissance leur est échappée, dans laquelle le riz n'entre que comme substance muqueuse, que pour tempérer l'austérité de fruits trop acerbes, à peu près comme nous voyons cette liqueur Allemande, qu'on appelle *Eau-de-vie de genievre*, n'être rien moins que le résultat nud de la fermentation de cette baye. L'espece d'Eau-de-vie de riz dont on fait tant de cas depuis quelque temps en France, pour préparer ce qu'on apppelle *le Punch*: cette Eau-de-vie nous vient d'Angleterre ; mais nos Limonadiers ont trouvé l'art de l'imiter, & j'aurai soin d'indiquer leur artifice dans la troisieme Partie de cet Ouvrage. S'il faut en croire Mandeslo, l'Eau-de-vie de riz se prépare dans l'Isle Formosa par un moyen qui n'invite pas les buveurs de punch à se régaler d'une pareille liqueur : les habitants, selon notre Voyageur, prennent du riz, qu'ils mâchent, & lorsque par la mastication ils l'ont réduit en pâte liquide, ils le déposent dans un pot ; ce qu'ils continuent de faire jusqu'à ce que le pot soit plein ; & voilà la liqueur fermentescible & le levain qu'ils emploient pour faire fermenter le reste du riz qu'ils ont brassé avec de l'eau : lorsque la liqueur a suffisamment fermenté, on la distille, & ce premier travail ne donne pas une haute idée de la propreté qu'ils observent dans le reste de leur opération : voilà pourtant, si Mandeslo n'a rien exagéré, voilà ce *Rach* si désiré, si précieux, si exquis, auquel le Punch doit son excellence, & qui n'est bon qu'autant qu'il vient de la Chine ou au moins de Batavia où on le fait supérieurement ; car il n'est pas possible d'obtenir des Japonnois leur *Sakki*, espece de vin de riz qu'on dit avoir la consistance & le bon goût d'un vin d'Espagne. Mais je pense avec M. Poivre, que Mandeslo a de beaucoup abusé de la permission de conter des choses peu croyables, & je m'en tiens à ce que j'ai rapporté ci-dessus d'après notre Savant, plus véridique, moins crédule & moins enthousiaste.

Dans les pays méridionaux de la Chine, dans les Isles qui l'environnent, aux Philippines, sur la côte de Coromandel, & notamment dans le pays de Cochin, on est dans l'usage de se préparer une boisson vineuse avec la liqueur que contiennent les fruits des cocotiers : ce vin s'appelle *Tari*, & pour lui donner du corps ils ont soin d'y joindre, dit-on, l'écorce très-astringente d'un arbre du pays, comme nos Brasseurs mettent le houblon dans la bierre : ils distillent ce tari dans des alambics, & en font une Eau-de-vie, dont ils augmentent la force à volonté en rectifiant la liqueur distillée. Cette Eau-de-vie est assez agréable pour que les Européens même s'en accommodent à défaut d'Eau-de-vie de leur contrée. Quant aux habitants du pays, ils en sont tellement avides, qu'ils en boivent jusqu'à l'ivresse, & qu'il n'y a pas un festin dans lequel on ne se fasse un devoir de s'enivrer avec cette liqueur; mais il faut que les Européens se défient de cette liqueur si agréable : M. Mery Darcy, ancien Directeur de la Compagnie des Indes, & dont l'amitié m'est précieuse à cause de sa rare probité & de sa candeur, M. Mery me disoit à ce sujet, qu'étant dans ces parages à la tête d'un détachement de deux cens hommes, ils burent tant de *Calou*, c'est le nom de l'Eau-de-vie tirée du *Tari*, ou vin du cocotier, qu'il en périt un grand nombre de la dysenterie, & qu'il lui fallut employer les ordres les plus rigoureux pour empêcher les gens de son détachement de courir après cette liqueur traîtresse & meurtriere.

Dans tous les pays où le palmier portant les dattes est abondant, & où la religion de Mahomet ne met point obstacle à la préparation publique des liqueurs vineuses & spiritueuses, on fait un vin de dattes; & de ce vin, on en tire par la distillation une Eau-de-vie assez gracieuse; elle est seulement sujette à sentir l'empyreume, à cause de l'état un peu syrupeux du vin de dattes lui-même. A Goa & dans le Royaume de Siam, il croît un palmier aquatique qu'on y appelle *Nipp*, dont on coupe la tige à fruit pour recevoir une liqueur qui fermente promptement, & que les habitants de ces contrées distillent pour en faire de l'Eau-de-vie. Quoique la Perse fournisse d'excellents vins, celui de Schiras entr'autres, je n'ai vu nulle part qu'on fît bouillir ces vins pour en tirer de l'Eau-de-vie.

Enfin à l'Isle de France, à Madagascar, on se prépare une Eau-de-vie en distillant le vin de cannes, & cette Eau-de-vie se nomme *Guildive*.

Quelque étendu que soit le continent de l'Amérique, il n'y a pas une des parties connues de ce nouveau monde où l'Eau-de-vie n'ait triomphé de la gourmandise de ses habitants : depuis le détroit de Magellan jusqu'aux Forts du Canada, le Sauvage Américain boit cette liqueur avec une sorte d'enthousiasme, & si l'on est parvenu dans le Paraguay à contenir les Indiens sur cet objet, il falloit la tournure singuliere du Gouvernement qu'avoient imaginé leurs anciens maîtres, ces hommes si supérieurs & si fameux par leur politique universelle.

Ce n'est point aux premiers Observateurs de ces contrées désolées, toujours persécutées, massacrées, que l'on peut demander quel étoit l'état des Arts dans ce nouvel hémisphère; plus occupés de se rassasier du monceau de richesses qui les éblouissoit, ces Voyageurs conquérants ne voyoient que des esclaves à sacrifier ou à mettre dans les chaînes; les Missionnaires n'y voyoient que des ames à convertir, & le Négociant que commerce à étendre. Quel qu'ait été donc l'état primitif des anciens Américains, nous ne pouvons ſavoir s'ils connoiſſoient ou non quelques liqueurs comparables ou à notre Vin ou à notre Eau-de-vie ; & le ſoupçon très-vraiſemblable qu'ils étoient ſur cet article dans l'ignorance la plus profonde, eſt confirmé par la fureur avec laquelle ils ſe ſont livrés à en boire dès qu'ils les ont connus. La face de l'Amérique une fois changée, on voit dans quelques Voyageurs que le vin de coco paroiſſoit y être à peu près connu : on trouve dans d'autres, que certains habitants de quelques contrées étoient dans l'uſage d'extraire par inciſion d'un très-gros arbre, connu des Botaniſtes ſous le nom de *Figuier d'Adam*, une très-grande quantité de liqueur qui en ſortoit à la fois lorſqu'ils inciſoient le tronc de cet arbre, & qui, s'il faut en croire ces Voyageurs, acquéroit très-promptement par la fermentation la qualité enivrante. On raconte la même choſe des habitants du Nord de l'Amérique, qui retirent de l'Erable une liqueur ſucrée, très-ſuſceptible de fermentation ; mais l'art de diſtiller ces liqueurs ne leur eſt pas encore connu.

Dans toutes les Colonies où l'on cultive la canne à ſucre, on ne tarda pas à s'appercevoir que le ſuc exprimé de ces cannes, deſtiné à préparer la moſcouade, entroit en fermentation vineuſe avec une promptitude ſi grande, que les Colons ne firent pas de difficulté d'appeller ce ſuc lui-même *Vin de Cannes*. Quand la fermentation, devenue trop forte, empêchoit cette liqueur de prendre la conſiſtance de ſucre, on étoit obligé de la jetter, juſqu'à ce qu'enfin des Cultivateurs habiles établirent dans leurs Sucreries un atelier, qu'ils appellent *la Vinaigrerie*. Dans cet endroit on ne porte plus le vin de cannes, parce que l'expérience a appris à ne pas lui donner trop de fermentation ; mais on y tranſporte les gros ſyrops ou égouttures des moules dans leſquels on a verſé la caſſonade pour ſe grainer : ces gros ſyrops ne tardent pas à entrer d'eux-mêmes en fermentation ; on les délaye alors dans un peu d'eau, & on les verſe dans une chaudiere pour en diſtiller une liqueur, que les Colons trouvent aſſez bonne pour en diſtribuer à leurs Négres ; car l'indifférence pour ces malheureux eſclaves va juſqu'à ne les pas croire dignes de prendre des aliments choiſis. Cette liqueur, dis-je, âcre & empyreumatique, mais ſinguliérement forte pour les raiſons que j'ai déja détaillées, en comparant dans pluſieurs occaſions l'Eau-de-vie de grain, celle de lie & de marcs, & celle de vin : on nomme cette liqueur *Taffiat*, qu'il faut bien diſtinguer du *Rum* : celui-ci eſt l'Eau-de-vie tirée exprès du vin de cannes & non des gros ſyrops ; elle n'a ni l'odeur empyreumatique ni la ſaveur âcre du *Taffiat* ; il porte d'ailleurs un parfum que la coction réitérée n'a pas encore altérée : cependant pluſieurs Artiſtes m'aſſurent que le taffiat & le rum ſont la même choſe, qui ne differe que par le nom, & peut-être par le plus de ſoin qu'on prend à diſtiller celui qui doit être tranſporté en Europe ; & dans ce cas il n'y auroit, comme je l'ai dit, qu'à l'Iſle de France & à Madagaſcar, où ſe fabriqueroit de l'Eau-de-vie avec le vin de cannes.

Si l'on joint à ce que nous exposons ici ce qui est déja dit de la mélasse, & de la maniere d'en tirer l'Eau-de-vie, dans la Seconde Partie de l'Art du Distillateur d'Eaux-fortes, à laquelle je renvoie, on verra que le sucre fournit trois especes d'Eaux-de-vie, dont la plus savoureuse est celle qu'on tire du vin de cannes, ou ce que je pense être le rhum; celle qui la suit, est l'Eau-de-vie de mélasse, & enfin la plus mauvaise est le *Taffiat.*

Depuis que les Anglois ont cultivé le riz avec succès dans la Caroline, on croit qu'ils ne tirent plus leur rack de la Chine ni de Batavia; mais que consommateurs, peut-être désordonnés, de cette liqueur dans leur Punch, ils ont trouvé l'art de faire germer, fermenter & distiller le riz de la Caroline; ce qui ne seroit pas étonnant de la part d'une Nation active, industrieuse & observatrice. On cultive avec succès le riz dans quelques-unes de nos Provinces; pourquoi n'essayeroit-on pas à faire le rack, puisqu'enfin le rack & le punch sont devenus les boissons favorites de nos François ? c'est que le François jouit volontiers, mais se livre difficilement à des premiers essais dont la réussite peut n'être pas d'abord avantageuse. En fait de découvertes, nous sommes aux Anglois ce qu'en fait de travaux pénibles le cheval est au bœuf; celui-ci ne quitte pas prise; le premier n'a tout au plus qu'un premier feu, que les obstacles amortissent. Voilà pourtant, voilà comme il nous faudroit imiter les Anglois, puisque nous voulons être leurs imitateurs.

Nous nous rapprochons de notre Europe, & nous dirons un mot de l'Eau-de-vie de genievre & du Kirch-wasser des Allemands, de l'Eau-de-vie d'Andaye & de la Fenouillette de Ré, que l'on prépare en France.

Celui qui veut préparer de l'Eau-de-vie de genievre, ne fait autre chose qu'ajouter à la manipulation, que nous avons décrite pour la préparation de l'Eau-de-vie de grain, un boisseau de genievre, par exemple, contre quatre boisseaux de farine d'orge; on fait, qu'à mesure que la matiere fermente, les parties résineuses, odorantes du genievre sont énergiquement détachées, & que lorsqu'on vient à distiller une pareille liqueur, elle est artificiellement & abondamment chargée de cette partie aromatique; car sans prétendre exclure absolument la baye de genievre du nombre des substances qui peuvent fermenter, il est à peu près démontré que le produit spiritueux seroit d'une trop petite conséquence pour mériter d'être traité en grand; ainsi cette liqueur devroit plutôt s'appeller *Eau-de-vie de grain geniévrée*, qu'*Eau-de-vie de genievre.*

Pour ne mériter aucun reproche à cet égard, je donnerai ici la méthode de faire un certain vin de genievre, qu'on croit être un excellent stomachique, & dont on tireroit par la distillation un peu de liqueur spiritueuse.

On fait bouillir un boisseau de genievre concassé pendant une petite demi-heure dans ce qu'il faut d'eau pour emplir aux deux tiers un baril de trente pintes; on verse cette décoction dans le baril; on y ajoute la valeur de quatre livres de pain de seigle, qu'on a fait sécher & réduit en poudre grossiere: on y ajoute à volonté

volonté quelques aromates, & fur-tout une livre ou deux de caffonade, & au bout d'un mois à peu près on trouve la liqueur devenue vineufe & même affez gracieufe.

Je n'infifterai pas fur les différents genres de vins à peu près femblables, que l'induftrie, le befoin ou l'économie ont pu inventer; parce que, quoiqu'il foit certain que toute liqueur vineufe donnera de l'Eau-de-vie en la brûlant, il n'en eft pas moins vrai que ceux qui préparent de pareils vins, ne fe font pas encore avifés de les brûler.

Il croît dans plufieurs contrées de l'Allemagne, & fur-tout fur les collines garnies de forêts, une efpece de cerifier fauvage, dont le fruit eft, par comparaifon, à notre cerifier, auffi auftere que la pomme à cidre l'eft, comparée à la pomme de reinette. Ce fruit, dont il ne feroit pas poffible de manger, eft pour quelques Allemands une récolte affez avantageufe: on le recueille, & les uns le dépouillent de fa queue; les autres ne prennent pas ce foin; on l'écrafe à pleine main, & on le verfe ainfi écrafé dans des bariques, dans lefquelles on a foin de mettre par quintal de cerifes environ cinq livres de feuilles fraîches & légérement froiffées du cerifier qui les produit: la fermentation s'y établit plus ou moins promptement; on diftille cette matiere fi-tôt que la fermentation s'affaiffe, & l'on en tire tout ce qui peut paffer de fpiritueux.

Lorfqu'on a ainfi diftillé une premiere fois toutes les cerifes fermentées, on réprend une nouvelle quantité de feuilles de cerifier nouvellement cueillies & froiffées; d'autres y ajoutent des noyaux de cerifes concaffés; d'autres enfin quelques poignées de feuilles de pêcher, & dans un alambic ordinaire, & non dans une chaudiere; on procede à la rectification de cette Eau-de-vie en la tenant dans un degré de force, à peu près pareil à celui de notre Efprit-de-vin foible; c'eft la liqueur appellée *Kirch-Waffer* ou *Eau de cerife*, dont la bonté dépend en grande partie de la maturité des fruits, de l'attention du Diftillateur, & beaucoup de la vétufté. Lorfque la cerife eft bien mûre, une barique qui en contiendra deux cents pintes, mefure de France, peut donner de cinquante à foixante pintes d'excellent Kirch-Waffer qui doit avoir un léger goût de noyau, le parfum de l'amande, & avoir une tranfparence perlée, abfolument fans couleur.

L'Eau-de-vie d'Andaye eft renommée pour l'efpece d'odeur de fenouil qu'on lui trouve, & que l'on croit appartenir au vin du canton où cette Eau-de-vie fe diftille; ce n'eft point feulement à ce fenouil que l'Eau-de-vie d'Andaye doit la réputation dont elle jouit, mais à fa vétufté, efpece de qualité qui eft une des premieres qu'on défire en France. Depuis que cette efpece d'Eau-de-vie eft devenue le ratafiat à la mode fur les meilleures tables, on s'eft étudié à donner artificiellement à de bonne Eau-de-vie de Cognac un peu de vétufté, en y mêlant un feizieme de fyrop, & une très-légere odeur d'anis, en mettant par pinte la moitié d'un poiffon d'eau diftillée d'anis, parce qu'en effet c'eſt cette légere odeur carminative qui diſtingue la véritable Eau-de-vie d'Andaye.

Quant à la Fenouillette de l'Iſle de Ré, c'eſt tout ſimplement de l'Eau-de-vie diſtillée à la maniere ordinaire, avec cette différence, que l'on met dans la chaudiere avec le vin qui doit bouillir, les uns une poignée de grains de fenouil concaſſé, les autres une forte botte de la plante entiere lorſqu'elle eſt en fleurs, ſur deux cents quarante pintes de vin; d'où réſulte la petite odeur de fenouil qu'a cette Eau-de-vie.

Nous ne pouvons pas faire mention ici des différentes Eaux-de-vie poſſibles; il n'y a pas une ſubſtance ſuſceptible de la fermentation vineuſe, ſoit que cette fermentation ſoit ſimple, ou que pour la rendre plus énergique on combine des fruits avec du ſucre ou du miel; il n'y a pas, dis-je, une de ces ſubſtances ainſi fermentées qui ne puiſſe donner par la diſtillation une liqueur inflammable, plus ou moins ſavoureuſe, comparable aux différentes Eaux-de-vie dont il a été queſtion juſqu'ici.

J'en ai retiré de la manne, du miel, du ſucre, de la mélaſſe, des mûres, des fruits de la ronce, des ceriſes, des groſeilles & des framboiſes, mêlées enſemble, de tous les fruits, dont la ſaveur eſt ſucrée; & j'ai conſtamment obſervé un caractere diſtinctif entre ces différentes Eaux-de-vie, c'eſt qu'elles portent toutes l'odeur de la ſubſtance ou du fruit dont elles ſont diſtillées, & que plus ce fruit eſt ſucculent, plus l'Eau-de-vie qu'on en obtient eſt agréable; plus ce fruit eſt auſtere, plus il fournit d'Eau-de-vie, & d'une force conſidérable; plus enfin ces ſucs ſont ſucrés, plus la liqueur obtenue eſt empyreumatique.

Une autre obſervation de pratique, c'eſt qu'il n'eſt abſolument pas poſſible de retirer l'Eau-de-vie en abondance ſans établir dans la liqueur vineuſe un degré ſuffiſant de chaleur pour la faire bouillir: j'ai démontré ailleurs que ce degré d'ébullition étoit le *conditio ſine quâ non* de la production de l'Eau-de-vie, & prouvoit par conſéquent que l'Eau-de-vie en tant qu'Eau-de-vie n'exiſte pas dans les liqueurs vineuſes; vérité qui reçoit un nouveau degré de force par la pratique de tous les Fabriquants, dans quelque pays qu'on la prépare & de quelqu'eſpece que ſoit l'objet de leur travail.

Je croirois manquer à ce que mon reſpect, & l'amitié dont M. Margraf m'a toujours honoré, ſi je négligeois d'indiquer en finiſſant ce Chapitre la découverte qu'a faite ce reſpectable, laborieux & ſublime Chimiſte; il a trouvé que les bourgeons & les fleurs du tilleul portoient avec eux aſſez de matiere ſucrée pour ſe prêter à la fermentation vineuſe, & donner par la diſtillation une très-bonne *Eau-de-vie de Tilleul.*

CHAPITRE HUITIEME.

Considérations sur les accidents essentiels à l'Eau-de-vie, sur les moyens de les corriger, & sur l'amélioration dont est susceptible l'Art du Bouilleur.

NOUS avons déja eu occasion de parler de quelques accidents inséparables ou presque inséparables de la fabrication de l'Eau-de-vie; les uns dépendent de la nature des substances que l'on brûle, & qui donnent à la liqueur qui en résulte un goût acerbe que les Distillateurs pallient, mais que le Fabriquant ne peut jamais enlever; les autres tiennent au gouvernement du feu, concurremment avec l'état visqueux des matieres qu'on brûle; cette âcreté, cette amertume, qui constitue ce qu'on appelle *le goût de feu*, est, malgré les tentatives employées jusqu'ici indestructible, tant par sa nature, que parce que les moyens qui pourroient peut-être diminuer cette mauvaise qualité, sont trop éloignés du principe économique qui dirige les Bouilleurs d'Eau-de-vie. Ces moyens consistent à noyer l'Eau-de-vie dans beaucoup d'eau pour la redistiller ensuite, dans la préoccupation où l'on est que le goût d'empyreume est dû à une huile, qui se sépare moyennant la manipulation que nous venons d'indiquer.

Un autre moyen plus efficace en apparence, consiste à mêler à l'Eau-de-vie empyreumatique une certaine quantité d'huile de vitriol, qui, à ce que l'on prétend, résinifie & concentre les parties brûlées. L'expérience démontre que si ce moyen remplit l'intention, il en résulte deux autres inconvénients; le premier, de brûler effectivement quelques-unes des parties constituantes de l'Eau-de-vie; le second, de donner à cette Eau-de-vie une saveur étrangere qui l'empêche d'être potable; j'ajouterai même & qui la rend dangereuse dans beaucoup de circonstances. Un troisieme accident est celui dont nous n'avons fait mention qu'à l'article de la distillation du Poiré; c'est celui où le bouillon trop fort fait *gosiller* la liqueur, c'est-à-dire, la fait passer en nature par le bec du chapiteau. Si l'accident arrive dès le commencement de la distillation, ce qui est assez ordinaire, parce qu'il est d'observation que le premier effort de la chaleur sur la matiere visqueuse est toujours plus violent à intensité égale, c'est-à-dire, qu'il fait naître plus facilement le gosillement dont nous parlons; dans ce cas là, dis-je, on a bien-tôt fait de substituer un nouveau bassiot, & de réserver la premiere liqueur, ainsi passée, pour être rejettée dans une autre chaudiere; mais si l'accident arrive en pleine distillation, il est essentiel, si l'on a eu intention de couper à la serpente, de cesser d'avoir cette intention, parce qu'il faut absolument redistiller la liqueur. Quand l'Ouvrier s'apperçoit de l'accident dont nous parlons, il a grand soin de diminuer promptement sa chaleur par tous les moyens que la circonstance lui indique ; mais il n'en a pas de plus prompt & de plus expédient que celui de rafraîchir sa chape en la couvrant avec de la paille mouillée ou quelque chose d'équivalent.

L'expérience a appris que l'Eau-de-vie à laquelle cet accident étoit arrivé, conservoit une saveur qui la faisoit distinguer aux gourmets, quelque soin que l'on prît, ou de rafraîchir ou de distiller. Cela dépendroit-il de ce que la trop forte ébullition fait réagir l'une sur l'autre, ou une trop grande quantité d'Esprit-de-vin à la fois, ou des parties grossieres de la liqueur qui ne doivent pas entrer dans la combinaison spiritueuse ?

Examinons maintenant les défauts de manipulation existants réellement dans toutes les Brûleries ; je ne parlerai pas ici de ce qui doit arriver à ces Brûleurs ambulants, qui n'ont ni la patience ni la commodité de construire avec soin leurs fourneaux, dont la négligence ne leur permet pas de tenir leurs vaisseaux distillatoires, propres & en état, & qui, ne cherchant qu'à se dépêcher pour multiplier leur besogne, ne peuvent jamais obtenir une Eau-de-vie aussi parfaite que celle des Bouilleurs en pied. Il seroit inutile de parler à des especes de sourds, & superflu de vouloir réformer des routines de la plus crasse espece ; il est cependant bien essentiel entr'autres que les trois pieces nécessaires à la Brûlerie ; savoir, la chaudiere, sa chape & le serpentin, soient entretenus dans la plus grande propreté ; du défaut contraire naissent des inconvénients, qui tendent tous à rendre l'Eau-de-vie moins marchande.

Mais il est une construction de vaisseaux généralement adoptée, qui n'est certainement pas la plus avantageuse ; la proportion entre le diametre de la chaudiere & celui de sa chape, est telle, que la chape a rarement, pour ne pas dire jamais, plus de la moitié du diametre de la chaudiere ; la partie de cette chaudiere qui forme le collet de la chape, quelque convexe qu'elle soit, fait toujours obstacle à la moitié des vapeurs ; car il est bon d'observer que si, comme il est notoire, le bouillon s'établit vers le centre de la liqueur, il ne tarde pas à s'établir uniformément sur toute cette surface, & à rendre par conséquent des vapeurs de tous les points de cette surface. Toutes celles qui partiront au-delà de la circonférence du collet, heurteront contre la chaudiere elle-même, & n'enfilant point l'ouverture qui mene à la chape, seront perdues pour le produit de la distillation. Quelques Artistes ont cru remédier à cet inconvénient, & en même-temps à celui du *gosillage*, en ne couvrant leur chaudiere qu'à l'instant où la liqueur commence à bouillir : je ne sais si cette pratique remplit bien leurs intentions ; il me semble qu'à ce premier coup d'ébullition la partie la plus subtile de l'Eau-de-vie, ce qu'on peut en appeller la *Fleur*, est dissipée en pure perte ; d'ailleurs la chape une fois mise, le défaut de construction n'en subsiste pas moins. Un Artiste a proposé, tant pour remédier à cet inconvénient, qu'afin de rendre la fabrication des Eaux-de-vie plus économique, d'avoir des chapes à deux becs ; mais qu'importe le nombre d'iſſues, ſi la ſource eſt toujours circonſcrite; j'oſe donc propoſer d'appliquer à la Brûlerie la même réforme que les Chimiſtes ont faite dans leurs alambics ordinaires; que la chaudiere ait l'ouverture ſupérieure d'un diametre égal à celui de ſon fond; que ſa profondeur ſoit auſſi du même diametre; que ſur cet orifice ſoit établi un collet d'un pied & demi ou de deux pieds de hauteur; que ſur ce collet s'emboîte un chapiteau, arrondi ſi l'on veut, au lieu d'être en cône, mais dont la baſe ſoit égale au diametre de l'orifice; qu'il regne au bas du chapiteau une large gouttiere de deux pouces de profondeur, & d'à-peu près autant de hauteur, à laquelle s'abouche un dégord ou bec de pareil diametre: la forme arrondie de cette nouvelle chape ne donnera pas plus qu'un tiers de hauteur de plus que nos chapes ordinaires, & procurera la facilité de l'entourer d'une eſpece de ſceau ou réfrigérant, qui ne contribuera pas peu à la bonté de l'Eau-de-vie qu'on obtiendra, & même à la plus grande abondance du produit.

Je ſens qu'une pareille chape eſt beaucoup trop lourde pour être facilement placée & déplacée par un ſeul homme; mais j'indique volontiers le moyen ſuivant d'y remédier; il eſt en uſage pour la chaudiere de la Salpêtriere, & pour le plus grand des alambics de l'Hôtel-Dieu; c'eſt une poulie pour le premier endroit, & un levier dans le ſecond. On peut tenir le réfrigérant garni de trois crochets, auxquels s'attacheroient trois chaînes, qui viendroient toutes par leur autre extrémité aboutir à un anneau commun, à peu près comme nous voyons les plats de balances ſuſpendus à leurs fléaux. Dans le plancher ſupérieur de la Bouillerie, on poſera un fort morceau de fer, faiſant la chape, ſur les yeux de laquelle ſeront poſés les deux axes d'un levier plus ou moins long & fort, en raiſon de la peſanteur de la piece qu'il s'agit d'enlever. La partie la plus courte de ce levier vient rendre préciſément au-deſſus du chapiteau, & eſt terminée par un crochet auquel s'attache l'anneau avec ſes trois chaînes: on conçoit aiſément qu'un ſeul homme peut à ſon gré lever & replacer le chapiteau le plus lourd. A l'aide de ce méchaniſme très-ſimple, ſi la chape eſt elle-même mobile, c'eſt-à-dire, qu'elle puiſſe tourner ſur un axe particulier, non-ſeulement on peut enlever & replacer le chapiteau, mais encore on peut le conduire où l'on veut pour le nétoyer à l'aiſe. On peut même attacher ſur le corps de la chaudiere trois forts anneaux, auxquels ſe pourront attacher, en cas de beſoin, les trois chaînons, pour enlever, à l'aide du même levier, la chaudiere elle-même, lorſqu'elle exigera quelque réparation.

Par la même raiſon que le meilleur établiſſement d'une Bouillerie doit être au bas d'une côte, tant afin que les celliers ſe trouvent être à la hauteur des chaudieres, ce qui épargne le tranſport des pieces du vin à brûler, que pour avoir plus abondamment & plus commodément de l'eau toujours nouvelle; il ſeroit également aiſé, ſans faire un grand effort de méchaniſme, d'entretenir dans cette conſtruction avantageuſe ſur la tête de more, un courant d'eau toujours frâche;

ce qui concourra encore à la bonté & à l'abondance de l'Eau-de-vie que l'on obtiendra par un ſemblable appareil : & qu'on ne s'imagine pas que je parle ici par ſpéculation ; l'alambic, conſtruit ainſi que je le propoſe, exiſte dans Paris dans la Pharmacie de l'Hôtel-Dieu, & toutes les fois que j'y ai diſtillé l'Eau vulnéraire faite avec le vin, j'ai remarqué combien ſa conſtruction étoit avantageuſe ; j'ai d'ailleurs fait bouillir pluſieurs fois la même eſpece de vin dans un alambic ancien & dans nos alambics modernes, en entretenant ſur le chapiteau le filet d'eau fraîche dont je parle, & la différence, ſoit pour la promptitude de l'opération, ſoit pour l'abondance du produit, ſoit même pour ſa bonté, étoit trop frappante pour ne me pas autoriſer à la publier ici avec confiance.

On peut en deux mots conclure de tout ce qui précede que, quelle que ſoit la ſubſtance fermentée, qui, ayant acquis la qualité vineuſe, ſera ſoumiſe à l'art du Bouilleur, cet art conſiſte à achever, par la chaleur artificielle, ce que la fermentation avoit commencé, l'atténuation & la combinaiſon plus ſubtiles de quelques-unes des parties conſtituantes de la liqueur vineuſe ; à faire naître par conſéquent d'une maniere uniforme la chaleur néceſſaire pour produire cette combinaiſon ; à conſerver avec le plus grand ſoin les produits de cette combinaiſon, & à éviter tous les accidents qui pourroient en altérer ou la qualité ou l'abondance. Après avoir expoſé tout ce qui concerne la préparation de la liqueur la plus eſſentielle pour compoſer celles qui appartiennent à l'Art du Liquoriſte, je vais traiter de cet Art dans la ſeconde Partie.

Fin de la Premiere Partie.

SECONDE PARTIE.

Du Fabriquant de Liqueurs, ou du Diſtillateur Liquoriſte proprement dit.

INTRODUCTION.

On trouve dans les anciens Livres de Médecine, à peu-près à l'époque où Raimond Lulle, Arnaud de Villeneuve, & autres, firent connoître le produit de la diſtillation du Vin, & lui donnerent le nom qu'il porte encore aujourd'hui, celui d'*Eau-de-vie*; on trouve, dis-je, dans ces anciens Auteurs, une eſpece de potion cordiale, qu'ils appellent *Eau-admirable* ou *Eau-divine*, qui paroît être la premiere Liqueur potable qui ſe ſoit fabriquée avec l'Eau-de-vie; mais cette Liqueur, reléguée parmi les médicaments, fut pendant long-temps négligée; & ce ne fut que lorſque l'Eau-de-vie, elle-même & ſans aucun mélange, fut devenue la boiſſon ordinaire des gens du peuple, que quelques particuliers, rafinant ſur la ſimplicité de cette boiſſon, voulurent d'une part en corriger la trop grande violence en faveur des perſonnes délicates, & de l'autre, en y mêlant des aromates de différentes eſpeces, convertir cette Eau-de-vie en une Liqueur que les gens du bon ton puſſent, ſans en rougir, boire avec plaiſir. On va voir inceſſamment d'autres réflexions encore ſur l'origine de la compoſition des Liqueurs, conſidérées comme objet de Commerce. Mais, au reſte, que ce ſoit l'Eau divine des anciens Médecins ou non, qui ait ſervi de type aux premieres Liqueurs des Liquoriſtes, peu importe à l'état préſent de cet Art. Il n'en eſt pas moins vrai que cette Eau divine ramenée à ſa premiere ſimplicité, eſt l'eſpece de point de comparaiſon auquel ſe rapporteront plus ou moins toutes les autres eſpeces de Liqueurs, quelque compliquée que ſoit leur préparation, puiſque toutes Liqueurs ont pour baſe de l'Eſprit ou Eau-de-vie, de l'eau & du ſucre, & que l'Eau-divine actuelle n'eſt préciſément que le réſultat de ce premier mélange ſi ſimple.

Il y a grande apparence que la fabrique proprement dite des Liqueurs, n'eſt devenue, pour ceux qui s'en occupent à titre de Commerce, un objet nouveau de travail, que long-temps après les premieres découvertes faites par des particuliers qui les fabriquoient chacun à ſa guiſe, & en y mettant, comme de raiſon, le petit myſtere. L'Eau-d'anis ſemble être la premiere Liqueur qu'ayent diſtribuée & vendue publiquement les Liquoriſtes; cette ſemence carminative ayant, par ſa ſaveur piquante légérement ſucrée, & ſon odeur décidée, tout ce qui convient pour pallier les mauvaiſes qualités d'une Eau-de-vie.

D'ailleurs, on obfervoit que depuis quelque temps les Buveurs d'Eau-de-vie étoient dans la coutume de prendre un peu de dragées d'anis après leur Eau-de-vie. Etoit-ce par honte, pour fauver l'odeur trop forte de leur haleine après une pareille boiffon ? Etoit-ce rafinerie de goût, pour unir enfemble dans leur palais, deux chofes agréables ? Quelle qu'en foit la raifon, quelques Débitants propoferent l'Eau-d'anis à la place de l'Eau-de-vie ; plufieurs Buveurs y confentirent, & bien-tôt dans les boutiques l'Eau-d'anis devint la rivale de l'Eau-de-vie.

Il n'y a pas encore un fiécle que l'Art du Liquorifte eft devenu l'objet du travail particulier d'un Corps de Citoyens, qui, à l'envi l'un de l'autre, ont imaginé & multiplié les recettes. Les premiers Inventeurs de l'Eau-de-vie ne l'avoient ainfi appellée, que parce qu'ils la regardoient comme la Liqueur la plus confervatrice ; on a effayé cette vertu fur plufieurs corps, & on remarqua que certains fruits fucrés s'y confervoient en effet affez bien, en échangeant une partie de leur fuc contre une portion de l'Eau-de-vie qui les pénétroit ; d'où il réfultoit que l'Eau-de-vie chargée du parfum & du fuc du fruit, devenoit plus agréable à boire, & que d'autre part le fruit acquéroit plus de fermeté, & une faveur qui ne déplaifoit pas aux gourmets : de-là une nouvelle branche de travail pour les Liquorifes, qui paroiffent l'avoir empruntée des différents Economes curieux de fe conferver le plaifir de manger des fruits dans un temps où les autres n'en pouvoient pas avoir.

S'il exifte beaucoup de recettes de Liqueurs proprement dites, où les aromates diftillés ou infufés, les fruits entiers ou leurs fucs fe trouvent diverfement combinés ; fi même ces recettes multipliées fe trouvent imprimées dans une infinité de Livres, il n'en eft pas de même des principes de l'Art du Liquorifte. Je ne connois que deux Ouvrages François qui en ayent traité : l'un eft de M. de Jean, Marchand de Liqueurs, qui a intitulé fon Ouvrage : *Traité de la Diftillation* ; l'autre eft intitulé : *Nouvelle Chimie du Goût & de l'Odorat*. Je puis bien affurer d'avance qu'on ne m'accufera pas d'avoir été ici le plagiaire ni de l'un ni de l'autre de ces Ecrivains ; & comme ils font vivants tous les deux, je m'abftiendrai pareillement d'aucunes obfervations critiques fur leur travail.

Si je ne cite que ces deux Ouvrages, ce n'eft pas que dans tous les Livres qui traitent de cuifine, d'office, de confitures, d'économie fous tous les titres poffibles, il ne foit queftion de Liqueurs ; mais c'eft à titre de recettes & non d'enfeignement pour les compofer ; ainfi je crois qu'on trouvera bon que je néglige ici un étalage d'érudition qui n'auroit pas même le mérite de piquer la curiofité du Lecteur.

CHAPITRE PREMIER.

Des Inſtruments néceſſaires au Liquoriſte, & du choix des trois principaux ingrédients des Liqueurs.

LE Liquoriſte a beſoin, pour ſes manipulations particulieres, d'alambics, d'appareils propres à filtrer, & de vaſes, comme bouteilles, cruches & autres, pour faire ſes mélanges, les filtrer & les conſerver. Les ſubſtances les plus univerſellement néceſſaires pour faire toutes Liqueurs, ſont l'Eau-de-vie ou l'Eſprit-de-vin, l'eau & le ſucre; n'y ayant point de Liqueur, de quelqu'eſpece qu'elle ſoit, qui ne contienne chacun de ces trois ingrédients, évidemment ou implicitement.

Les anciens alambics des Diſtillateurs étoient des eſpeces de cucurbites très-étroites d'orifice, ſurmontées d'une colonne haute d'un ou deux pieds, & recouvertes par un chapiteau arrondi, ayant un bec fort long & aſſez étroit, ſurmonté d'un réfrigérant; les chapiteaux en étoient autrefois ſi mal fabriqués, que j'en ai vu qui n'étoient pas recouverts en entier par l'eau du réfrigérant; d'autres dont la colonne & le chapiteau faiſoient un poids tel que l'alambic étoit ébranlé & renverſé par les plus légeres ſecouſſes. Cette forme d'alambic, malgré ſes inconvénients, dont j'ai ſuffiſamment parlé dans l'Art du Diſtillateur d'Eaux-fortes, & dans le dernier Chapitre de la premiere Partie de ce préſent Ouvrage, exiſte encore chez beaucoup de Diſtillateurs, au point que l'Auteur de *La Chimie du goût*, en ſubſtituant le fer-blanc au cuivre pour conſtruire ſes alambics, en a conſervé la forme étranglée.

Les alambics modernes, ceux dont l'ouverture eſt auſſi large que le fond, & dont, par conſéquent, le chapiteau eſt d'un diametre égal, ſont cependant tellement communs & commodes, que je ſuis étonné qu'ils ne ſoient pas adoptés généralement; cela tient, ſans doute, au préjugé que l'eſprit qui diſtille par une colonne, eſt plus déphlegmé que celui qu'on traite dans nos alambics modernes, dont on peut voir la deſcription au commencement de la ſeconde Partie de l'Art du Diſtillateur d'Eaux-fortes. Je ne m'arrêterai point à décrire l'alambic de fer-blanc de l'Auteur de *la Chimie du goût*. Il trouve dans le choix qu'il fait du fer-blanc, un double avantage, celui d'être plus à l'abri du danger que porte le cuivre lorſqu'il n'eſt pas tenu proprement & ſéchement, & celui d'être beaucoup plutôt échauffé, attendu le peu d'épaiſſeur des feuilles de fer-blanc qui le compoſent; mais l'étain dont ſont enduits nos alambics modernes, & dont ſont compoſés la cucurbite du bain-marie & le chapiteau, met à l'abri de ce danger. Quant à la plus prompte chaleur, cela peut être vrai lorſqu'on diſtille à feu nud;

mais pour le bain-marie, cela devient à peu-près égal. Une des choses nouvelles de l'alambic dont je parle, est un grillage soutenu sur trois petits pieds de 2 pouces d'élévation, qui étant placé dans le fond de la cucurbite, empêche les ingrédients que l'on distille d'être immédiatement frappés par la chaleur du fourneau; c'est en un mot en petit, ce que M. Model propose pour les Bouilleurs de grains, ainsi que je l'ai dit dans la premiere Partie; non que je veuille insinuer que notre Auteur François a imité ou emprunté ce grillage du Chimiste Russe: je suis bien persuadé que l'ouvrage de ce dernier n'étoit pas en la connoissance de notre Ecrivain.

Il y a eu autrefois des Distillateurs qui se servoient de cornues ou de cucurbites de verre, avec le chapiteau de même matiere, pour distiller au bain de sable ou de cendre: malgré la propreté naturelle de ces especes de vaisseaux, non-seulement ils devenoient dispendieux par leur facilité à se briser, mais ils faisoient contracter aux liquides qu'on y distilloit, une odeur de feu qui les a fait bannir du laboratoire du Liquoriste.

Il est inutile que je parle ici des fourneaux dont tout Liquoriste a besoin; l'un est celui qui convient pour placer l'alambic, & l'autre un fourneau de cuisine, pour y chauffer l'eau & cuire les sirops. Ces deux fourneaux n'ont absolument rien qui ne soit généralement connu. J'en dis autant des bassines; qu'elles soient de cuivre ou d'argent, profondes ou plates, elles rempliront toujours l'intention de l'Artiste, en observant que non-seulement pour les vaisseaux décrits jusqu'à présent, mais pour ceux qui suivent, la propreté la plus scrupuleuse est le premier devoir d'un Liquoriste.

L'expérience démontre qu'il est peu de mélange des matieres propres à former une Liqueur, qui n'ait besoin d'être filtré, lorsqu'on veut lui donner promptement la limpidité crystalline qui en fait le premier mérite. Je dis promptement, parce qu'il n'y a pas de Liqueur qui, par le repos, n'acquiere cette limpidité plus ou moins à la longue. Les méthodes pour filtrer, sont assez faciles à réduire en deux classes, ou par l'entonnoir, ou par la chausse. Un entonnoir est une espece de cône dont la pointe est ouverte: il y en a de cuivre, de fer-blanc & de verre. Je ne parle pas ici de ceux de bois, parce qu'ils ne sont pas en usage dans l'espece de travail qui nous occupe; on ne fait même usage de ceux de cuivre qu'à défaut d'autres, & seulement pour transvaser, & non pas pour filtrer. Ceux de fer-blanc & de verre ont toujours la préférence, & surtout ces derniers, parmi lesquels il faut distinguer ceux qui, destinés à filtrer au coton, ne sont point un cône à pointe allongée, comme les entonnoirs ordinaires, mais sont sphériques, ayant une tige assez grosse, & terminée par un trou de petit diametre, & leur ouverture peu large, pour être fermée par un couvercle pareillement de verre. On place du coton cardé dans la tige, & on emplit l'entonnoir, on le ferme, & la Liqueur filtre lentement à travers le coton, pour tomber par le trou d'en-bas de la tige. Il s'agit de garnir ces entonnoirs de matieres propres, en laiſſant écouler une Liqueur qu'on y verſe, à retenir toutes les ſubſtances étrangeres qui pourroient la brouiller. Ces ſubſtances ſont de nature bien différente, ſuivant l'eſpece & la nature des Liqueurs; & cette conſidération doit auſſi beaucoup influer ſur le choix de l'intermede dont on garnira l'entonnoir. Il ſera mention de cette derniere conſidération dans un autre Chapitre.

Le premier intermede qui ſe préſente, eſt le coton cardé. On met dans la partie étranglée de l'entonnoir, de ce coton bien propre, & en quantité ſuffiſante pour occuper l'eſpace d'un bon pouce; on ſerre les pores de ce coton en le preſſant à volonté dans l'entonnoir, & on a, par ce moyen, l'avantage d'avoir un filtre plus ou moins ſerré, ſuivant l'intention. Mais comme la ſurface intérieure de ce coton eſt néceſſairement le rendez-vous de toutes les matieres hétérogenes auxquelles il refuſe paſſage, elle en eſt bientôt recouverte au point de mettre obſtacle à l'écoulement de la Liqueur, & de néceſſiter à changer de coton, ce qui rend cette filtration incommode lorſqu'on a beaucoup de matiere à filtrer, & encore plus quand la Liqueur que l'on filtre, eſt viſqueuſe, ou dépoſe abondamment des matieres viſqueuſes.

Quelques Particuliers ont eſſayé de ſubſtituer les éponges au coton; mais ils n'en ont pas tiré plus d'avantage: au contraire, quelque fines & bien purgées que fuſſent ces éponges, elles faiſoient contracter un goût de marécage à la Liqueur qui y filtroit.

Si quelqu'un a appliqué aux Liqueurs le même interméde que celui que l'on emploie pour filtrer les acides, c'eſt-à-dire, le ſable ou le verre pilé, il a dû s'appercevoir combien cet intermede eſt incommode.

Le papier eſt la matiere le plus généralement connue pour garnir un entonnoir. On choiſit entre les papiers gris celui dont le tiſſu eſt le plus uni & ſerré; on lui donne la préférence ſur le papier *Joſeph*, qui étant trop fin, ſe colle trop aiſément contre les parois, & met obſtacle à la filtration. Les premiers Diſtillateurs avoient imaginé de ſouder dans leurs entonnoirs de fer-blanc, des tuyaux qui alloient rendre à la pointe du cône; d'autres plaçoient dans leurs entonnoirs de verre, des tubes de thermometre d'une longueur ſuffiſante; d'autres des brins de plume; d'autres des brins d'oſier; enfin un Chimiſte prétendit avoir découvert qu'il falloit y mettre des brins de paille, & qu'il y avoit beaucoup à gagner pour ſa gloire dans cette découverte, qui, pourtant, avoit tout uniment un Limonadier pour premier inventeur.

L'Auteur de *la Chimie du goût*, propoſe de faire un entonnoir poſtiche, compoſé de lames alternes de fer-blanc, qui puiſſent s'introduire dans l'entonnoir à filtrer. Tous ces moyens ont été imaginés à cauſe du papier Joſeph, & pour l'empêcher de ſe coller. Le papier gris, choiſi comme je l'ai indiqué, a aſſez de corps pour conſerver la forme qu'on lui donne, & cette forme ſuffit pour le maintenir dans l'entonnoir; ſon tiſſu ſerré, loin de mettre obſtacle à la filtration, concilie plus de limpidité à la Liqueur. L'art de ployer ce papier, est plus aisé à montrer qu'à décrire. Je tâcherai cependant de me faire entendre.

On donne d'abord la figure d'un quarré parfait à la feuille de papier, en enlevant la bande qui en faisoit un quarré-long ; en pliant ce quarré en deux, de maniere qu'une des pointes vienne trouver l'autre, ce qui donne la forme triangulaire à ce papier, en prenant le coin de la base du triangle, & le rapprochant de la pointe de ce triangle ; & faisant cette opération sur l'un & l'autre côté, on restitue la forme quarrée à ce papier, dont la diagonale se trouve être de haut-en-bas. On renverse le pli de cette diagonale, & alors le papier reprend la forme d'un triangle. Il ne s'agit plus maintenant, en développant ce papier, que de faire des plis alternes à ceux qui se trouvent déja formés, de maniere que chacun de ces plis vienne aboutir au bas de la diagonale dont nous avons parlé, laquelle sert à diriger tous ces plis alternes. Lorsque de l'un & de l'autre côté on a fait ces plis, on reprend encore une fois le papier pour le reployer de nouveau : ici on trouve de chaque côté un faux pli, qu'il faut remettre dans le sens alterne. Quand le tout est rapproché, on taille le haut du papier, pour lui donner une coupe uniforme ; on l'ouvre, & on rencontre encore des faux plis, au milieu de chacun desquels on en fait un rentrant. A l'aide de cet artifice, le papier forme lui-même un entonnoir solide, dont la pointe s'engage dans la partie étranglée de l'entonnoir de verre, lorsqu'on l'y place, & dont les différents plis appuyés contre les parois de cet entonnoir, empêchent le papier de s'y coller exactement.

La seconde espece de filtre en usage chez les Liquoristes, est la chausse ; c'est une étoffe taillée de maniere à faire un sac en pointe, dont l'orifice garni d'anneaux ou monté sur un cercle, reste ouvert, & peut se dresser, ou à l'aide de baguettes sur des trétaux ou leur équivalent, ou bien étant attachée sur un chassis en quarré, être suspendue à l'aide d'une poulie, pour se trouver haute ou basse, suivant la volonté de l'Artiste. La nature de l'étoffe n'est pas toujours la même ; les uns prennent ce qu'on appelle du *feutre* ; d'autres du gros drap de laine connu sous le nom de *drap de Dreux* ; d'autres des étoffes croisées, connues sous les noms de *futaine*, *basin à poil*, *peluche de coton*, *&c.* Si toutes les chausses doivent être faites d'étoffes ou de laine ou de coton, on seroit cependant fort embarrassé pour en déterminer le choix : il doit dépendre de la nature des Liqueurs que l'on filtre ; mais en général les étoffes de coton étant plus serrées & moins épaisses que celles de laine, doivent avoir la préférence dans le cas présent du Liquoriste.

Un des inconvénients de la chausse, c'est que la Liqueur passant par tous ses pores, & la chausse étant exposée à l'air libre, il se fait une grande évaporation d'esprits ; & comme la plupart des Liqueurs qui filtrent, sont chargées d'une quantité plus ou moins grande de syrop, qui acquiert de la consistance par l'évaporation du fluide spiritueux & aqueux, la surface extérieure est sujette à

s'enduire

s'enduire d'un vernis qui nuit à la filtration. Cette évaporation du liquide a fait imaginer à plusieurs Artistes de rejetter absolument l'usage des chausses, & de ne se servir que d'entonnoirs couverts, soit qu'ils filtrent au coton ou au papier, & que les entonnoirs fussent de verre ou de fer-blanc. Ils ont donné aux premiers une forme ventrue, & ont fait leur tige plus étroite au débouché, comme nous l'avons expliqué plus haut; mais toutes ces précautions rallentissent la filtration, & ne valent pas ce que j'ai vu chez un Officier de maison très-adroit & très-communicatif. Il a trouvé le moyen de conserver les chausses, dont le débit est toujours plus prompt, & de remédier à leurs inconvénients. Il a fait en grand ce que certains particuliers font en petit pour se procurer ce qu'on appelloit, je crois, du *Caffé à la Grecque*, dans le temps auquel cette expression proverbiale étoit de mode, & dont on attribue, avec plus de vraisemblance, l'invention à certains estomachs sensuels, qui faisoient, au commencement du siécle, une classe particuliere, orgueilleuse lorsqu'on la persécutoit, & humiliée dès qu'on l'oublia. Il a fait faire un cône de fer-blanc, dont la base se ferme exactement par un couvercle de même matiere; à deux pouces de cette base, sont soudés intérieurement quatre anneaux de fer. La chausse qui doit entrer dans ce cône, est de deux pouces moins longue & moins large que lui; cette chausse s'attache aux anneaux par quatre crochets; la pointe du cône se rend dans une cruche ou autre vase récipient, dont l'ouverture est exactement bouchée, soit par ce cône, soit par des linges qu'on y met. Il est aisé de sentir l'avantage d'un semblable appareil.

Ce que nous avons à dire sur les bouteilles, cruches & terrines à l'usage du Liquoriste, ainsi que sur les tonnes, barriques & autres ustensiles de bois qui servent dans les magasins à dépoter, conserver, transvaser les Liqueurs faites ou à faire, c'est que ces ustensiles doivent être tenus de la plus grande propreté, ne servant uniquement qu'à cela; & même que ceux qui ont servi à une Liqueur dont l'odeur peut se communiquer, soient réservés pour ne servir qu'à cette sorte de Liqueur.

Le Liquoriste a quelquefois besoin encore d'un siphon de verre, pour retirer de dessus leur lie, les Liqueurs qui se sont clarifiées par dépôt, & lorsque sa Liqueur se prépare en grand, comme par tonneaux, ce siphon qui est en fer-blanc est construit de la maniere suivante.

Les deux branches ont un pouce à un pouce & demi de diametre; l'une des deux est recourbée en avant pour recevoir un robinet de cuivre, par lequel, lorsqu'il est ouvert, doit s'écouler la Liqueur claire; l'autre branche devant plonger dans le vase qui contient le liquide à soûtirer, est ouverte à son extrémité, qui, quelquefois, est conique, & a un bouchon mobile de cuivre, dont la pointe renversée tient une tige plus ou moins longue; cette tige, en appuyant sur le fond du vase où on plonge la branche du siphon, souleve ce bouchon, & permet à la Liqueur de monter; lorsqu'on enleve le siphon, le bouchon retombe par ſon propre poids ; & ſi d'autre part le robinet de l'autre branche eſt fermé, il en réſulte que le ſiphon reſte plein, & n'a plus beſoin, lorſqu'on le remet en train, ni de coups de pompe, ni d'être rempli. Vers deux pouces au-deſſus de cette extrémité, eſt ſoudé, dans quelques-uns par une équerre, un tuyau bien calibré, & qui remonte parallélement à la branche, en la dépaſſant d'une couple de pouces. Dans ce tuyau eſt inſinué un piſton garni de filaſſe, qui, en le tirant de bas en haut, fait aſpiration, & donne occaſion à la Liqueur de monter dans la branche, & d'enfiler celle où eſt le robinet. Si le ſiphon étoit moins large, ſi la Liqueur à ſoûtirer étoit moins dangereuſe à recevoir en abondance, on pourroit faire avec la bouche ce qu'on exécute avec cette pompe.

Il eſt aiſé de ſentir pourquoi le Liquoriſte, & même le Brûleur d'Eau-de-vie, ſe ſervent de celui que je viens de décrire ; j'avois omis d'en parler dans la premiere Partie, & ſa deſcription ſe retrouve ici naturellement. J'ajouterai que cette forme de ſiphon eſt d'uſage encore pour ſoûtirer des hùiles, & que je ne doute pas qu'il ne ſoit adopté par tous ceux qui ſont dans le beſoin de faire de grands ſoûtirages.

Je ne parlerai point ici des poids, balances & meſures qui ſont néceſſaires ; j'obſerverai ſeulement que l'uſage le plus commun pour les mélanges, eſt de meſurer, & non de peſer ; ce qu'il eſt d'autant plus eſſentiel d'obſerver, qu'il n'y a pas de comparaiſon pour le poids entre une pinte d'Eau-de-vie ou d'Eſprit-de-vin, qui ne peſe que 22 à 25 onces, une pinte d'eau qui peſe juſqu'à 30 onces, & une pinte de ſyrop, qui peut peſer juſqu'à 40.

Il nous reſte à traiter du choix des principaux ingrédients de ce qu'on appelle *Liqueur.* Nous les réduiſons à trois claſſes ; ſavoir, l'ingrédient ſpiritueux, le fluide aqueux, & l'ingrédient ſucrant, parce qu'en effet ſans la préſence d'aucun autre corps, ces trois ſubſtances mêlées & doſées, peuvent former cette compoſition appellée *Liqueur potable*, pour la diſtinguer des autres Liqueurs que l'on boit, comme Vin, Eau-de-vie, &c, toutes différentes de la boiſſon principale & la plus naturelle à tous les individus vivants, qui eſt l'eau.

Sous le titre de *Liqueurs ſpiritueuſes*, ſont compriſes l'Eau-de-vie de vin, l'Eſprit-de-vin, & les différentes Eaux-de-vie extraites du nombre infini de ſubſtances ſuſceptibles de la fermentation vineuſe. Mais il ne s'agit ici que du choix des Eaux-de-vie de vin.

Comme cette Eau-de-vie eſt deſtinée à être la baſe des Liqueurs potables, il eſt eſſentiel qu'elle ſoit privée de toute âcreté étrangere, d'odeur empyreumatique, & autant qu'il eſt poſſible, de couleur, ce qui paroîtra incompatible avec une autre qualité qu'on deſire dans les Eaux-de-vie, celle d'être vieille ; mais on les conſerve ſans couleur pendant pluſieurs années, en les tenant dans de vaſtes bouteilles de verre, qui contiennent, l'une portant l'autre, trente pintes. Ce moyen, que j'ai vu employer par des Officiers d'office, donnant toujours une

Liqueur plus ſuave, & qui a moins beſoin des précautions que nous indiquerons plus bas.

Indépendamment des bonnes qualités que nous avons établies pour conſtituer de bonne Eau-de-vie, il eſt encore eſſentiel de choiſir celle que l'on prépare avec des vins de meilleure qualité. Ainſi, quoique nous ayons dit dans la premiere Partie, que les vins du Rouſſillon, du Languedoc & autres ſemblables, fourniſſoient à la bouillerie une beaucoup plus grande quantité d'Eau-de-vie, & d'Eau-de-vie plus forte, nous avons cependant obſervé en même temps que les vins de ces contrées étant très-viſqueux & abondants en ſubſtance extractive, réſineuſe, les Eaux-de-vie qui en étoient produites, portent eſſentiellement une âcreté que n'ont pas nos Eaux-de-vie du Limouſin, de la Saintonge & du pays d'Aunis; c'eſt donc ces dernieres auxquelles on donne la préférence pour faire des Liqueurs, parce qu'à mérite égal, elles ſont plus ſuaves.

Mais un autre choix auſſi eſſentiel, c'eſt celui qui eſt relatif à la force des Eaux-de-vie qu'on veut employer. J'ai indiqué dans la Seconde Partie de l'Art du Diſtillateur d'Eaux-fortes, quelle étoit la maniere des Négociants, de diſtinguer les Eaux-de-vie de différentes forces. Choiſira-t-on l'Eau-de-vie la plus forte, pour la remettre artificiellement au titre de l'Eau-de-vie ordinaire? ou faut-il ſe procurer cette Eau-de-vie telle qu'elle eſt livrée par le Fabriquant ſous le titre d'*Eau-de-vie ſimple?* La queſtion ſera aiſée à réſoudre, lorſqu'on fera attention que l'eau que l'on eſt obligé d'ajouter à l'Eau-de-vie forte ou double, pour en faire de l'Eau-de-vie ſimple, ne peut jamais, & dans aucun cas, ni être comparée au phlegme du vin, qui paſſe, avec l'Eau-de-vie proprement dite, par la diſtillation, ni y être auſſi exactement combinée. Si donc, dans quelque circonſtance particuliere, & à faute de mieux, le Liquoriſte veut ſe ſervir d'Eau-de-vie double, il court le double riſque que ſon Eau-de-vie ne ſera pas exactement comparable à l'Eau-de-vie ſimple, & que ſa Liqueur aura plus beſoin d'être long-temps en mélange avant d'acquérir le ton de ſaveur gracieuſe qu'auroit la même Liqueur faite avec l'Eau-de-vie ſans mélange; en ſorte que je n'héſite point à donner la préférence à l'Eau-de-vie ſimple, pourvu, toutefois, que l'on ſoit bien ſûr qu'elle n'a pas été ſimplifiée par le Négociant.

On remarque dans le commerce que ces Eaux-de-vie artificiellement miſes au titre par le Marchand, ne tiennent pas long-temps la preuve; en ſorte qu'après huit jours, on eſt fort ſurpris qu'une Eau-de-vie de preuve ſe trouve trop foible.

Ce que nous avons à dire ſur l'Eſprit-de-vin, tient aux obſervations faites ſur l'Eau-de-vie; car dans ſes plus grands degrés de rectification, cet Eſprit participe toujours des bonnes ou mauvaiſes qualités de l'Eau-de-vie dont il eſt tiré: ajoutons ſeulement à ceci qu'à degré égal de rectification, il faut donner la préférence à l'eſpece d'Eſprit-de-vin qui eſt paſſé le premier dans la diſtillation.

Je renvoie, pour les raisons de cette préférence, à ce que j'ai dit dans la Seconde Partie du Distillateur d'Eaux-fortes.

Comme il est rare, en France sur-tout, qu'on se serve d'autre Liqueur spiritueuse que de celle tirée du vin pour faire la Liqueur, je m'abstiendrai de parler du choix de ces différentes Liqueurs, me réservant d'en dire quelque chose dans l'occasion où il s'agiroit de quelque Liqueur de ce dernier genre.

Il est bon seulement d'observer que les Eaux-de-vie de cidre & de poiré, sont absolument incompatibles avec toute espece de Liqueur.

Quant à l'eau, quelque simple que paroisse cet ingrédient, quelque facilité qu'on puisse avoir de s'en procurer de pure, on ne sauroit croire cependant combien le choix de ce fluide est important pour la fabrication des Liqueurs. Je ne parle pas ici des eaux de puits, que les Boulangers ne font cependant pas de difficulté d'employer pour pétrir: elles ne valent absolument rien dans les Liqueurs; mais ce sont les eaux de riviere ou de source, dont le choix n'est rien moins qu'indifférent. Nous avons à Paris, indépendamment de l'eau de riviere, deux especes d'eaux de source, celles qui nous viennent d'Arcueil, & celles que fournit le côteau de Mesnil-montant, Belleville, &c. Il est notoire que les eaux d'Arcueil ne font pas des Liqueurs aussi agréables que lorsqu'on emploie celles de Belleville. Mais quand toutes choses seroient égales, l'eau d'une grande riviere, prise dans un temps où elle n'est ni trop basse ni trop débordée, mérite la préférence: trop débordée, elle tient en une espece de solution des substances qui lui donnent une saveur fade & terreuse, même après avoir été filtrée; trop basse, elle est sujette à contenir une quantité remarquable de matieres animales en putréfaction, & ce dernier accident influe singuliérement sur les Liqueurs. Pour en donner un exemple frappant, je citerai l'histoire de ce Brasseur de Westphalie, dont parle Junker. Un porc s'étoit noyé dans le puits d'un Brasseur sans qu'on s'en apperçût; la bierre qu'il brassa quelque temps après, avoit une saveur si désagréable, qu'il en voulut rechercher la cause. On la trouva; on retira l'animal à demi pourri: on nétoya bien le puits, ce qui n'empêcha pas que pendant plus de dix-huit mois la bierre qu'il fabriquoit, ne conservât une odeur cadavéreuse. Cet exemple sert à démontrer combien on doit être scrupuleux dans le choix de l'eau. Il la faut bien goûter: la saveur la plus générale qu'elle imprime, est une douceur qui ne tient rien de fade, qui, même, laisse après elle quelque chose comme de légérement sucré. Il faut, d'autre part, qu'elle soit bien limpide.

Quand, par hasard, on n'a point d'eau qui ait ces bonnes qualités naturelles, il faut bien se garder de la clarifier avec des intermedes, tels que l'alun ou autres; la meilleure maniere est de la faire bouillir, pour la filtrer ensuite au papier gris. Il est vrai que par l'ébullition elle perd ce goût doux, & cependant sucré, dont nous parlions il n'y a qu'un instant; aussi ne conseillé-je ce moyen qu'à défaut d'eau naturellement bonne.

Puisque

Puiſque nous tenons l'article de l'eau, il eſt bon de remarquer que lorſque ſa proportion eſt un peu conſidérable, ce qui arrive, ou parce que la Liqueur eſt faite avec de l'Eſprit-de-vin qui exige beaucoup d'eau dans la combinaiſon du Liquoriſte, ou parce que l'Eau-de-vie a été faite avec de l'Eau-de-vie double ſimplifiée, ou enfin parce que le Liquoriſte, trop cupide, en a dépaſſé la proportion; alors, dis-je, on reconnoît cette ſurabondance d'eau par une certaine fraîcheur fade, qui ſe développe après la ſaveur piquante de l'Eau-de-vie & de l'aromate.

Le troiſieme ingrédient, eſſentiel aux Liqueurs, eſt la ſubſtance ſucrante, & il n'y a pas trois matieres à choiſir; c'eſt ou le ſucre, ou la caſſonade. Je ne m'arrêterai point ici à faire l'hiſtoire naturelle de cette ſubſtance, encore moins à décrire comment on amene la caſſonade à l'état de ſucre; je ne ferois que répéter ce qu'a très-bien décrit l'excellent & infatigable Auteur de *l'Art de rafiner le Sucre*: il nous ſuffira de dire, que la caſſonade doit être choiſie blanche, ſeche, & bien cryſtalliſée; qu'on l'emploie par préférence pour toutes les Liqueurs colorées, parce qu'elle porte avec elle une douceur, un velouté que le ſucre n'a point.

On prend le ſucre pour toutes les Liqueurs dont un des mérites eſt d'être blanches; dépouillé qu'il eſt de la ſubſtance extractive, ou plutôt de l'eau-mere dont eſt accompagnée la caſſonade, ſes parties ſubtiles, plus développées, ſont moins ſujettes à colorer la Liqueur, & moins propres à lui concilier le velouté de la caſſonade. Il faut bien ſe garder de prendre, comme le font certains particuliers, ce ſucre extrêmement blanc, connu dans les boutiques ſous le nom de *Sucre royal*, ou *Sucre de Hollande*; pour être extrêmement blanc, il n'en eſt pas plus propre aux Liqueurs, & j'ai vu tels de ces ſucres ſi blancs, qui, travaillés avec des acides, comme pour faire le ſyrop de limon, dépoſoient une quantité prodigieuſe d'un ſédiment blanc, qui ſuffit pour démontrer l'inconvénient de ce ſucre pour les Liqueurs. J'ai fait quelques eſſais avec les ſucres connus ſous le nom de *ſucre tors* & *ſucre d'orge*, employés au lieu de ſucre ordinaire; & je crois que la variété qu'ils font naître dans les Liqueurs eſt aſſez agréable, pour mériter que le Liquoriſte y faſſe quelqu'attention.

Comme nous avons dit en commençant cet article que l'Eſprit, l'eau & le ſucre faiſoient les trois ingrédients principaux de toute Liqueur; nous terminerons par dire un mot de leurs proportions: parties égales en meſure d'eau & d'Eau-de-vie, & deux parties d'eau contre une d'Eſprit-de-vin rectifié, ſont les proportions les plus ordinaires de ces deux ingrédients: quant au ſucre ou à la caſſonade, on en met depuis trois onces juſqu'à ſix par pinte de liquide pour les Liqueurs ordinaires; dans les cas où cette proportion augmente, nous aurons le ſoin d'en avertir. Le ſucre ſucrant moins que la caſſonade, doit toujours être mis en proportion un peu plus forte.

CHAPITRE SECOND.

Des opérations essentielles au Liquoriste, & de certaines regles particulieres à son travail.

Comme les opérations dont nous allons traiter ici, sont communes avec beaucoup d'Arts autres que celui du Fabriquant de Liqueurs, il est bon de prévenir, avant d'entrer en matiere, qu'il s'agira moins ici des principes généraux de ces opérations que des pratiques particulieres, ou de la maniere dont nos Distillateurs en font l'application. Ces opérations principales sont la distillation & la cohobation, qui en est le dérivé, la macération ou infusion, le mélange, & la clarification, qui s'opere, soit par le dépôt, & à l'aide de quelques intermedes, soit par la filtration : comme le coup-d'œil brillant & de toute transparence est une des qualités les plus essentielles aux Liqueurs, la filtration paroît aussi être l'opération la plus importante du Liquoriste.

De la Distillation.

Le Liquoriste ne distille jamais de l'Esprit ou de l'Eau-de-vie qu'à dessein de lui associer quelque substance aromatique; car la distillation à dessein de la convertir en Esprit-de-vin, non-seulement n'est pas essentielle à nos Liquoristes, mais a d'ailleurs été décrite dans la Seconde Partie de *l'Art du Distillateur d'Eaux-fortes*, à laquelle nous renvoyons. Or les aromates qui peuvent être associés à l'Eau-de-vie ou à l'Esprit-de-vin par la voie de la distillation, étant de différentes especes, soit à cause du tissu qui les renferme, soit à cause de leur nature huileuse, ou résineuse, ou salino-huileuse ; il en résulte, que la pratique de distiller doit varier en proportion. Si l'aromate est très-subtil, ou encore, si l'on desire que l'Esprit n'en conserve qu'une petite partie, la distillation au bain-marie est préférable ; si au contraire ces aromates sont ou tenaces ou pesants, il n'y a que la distillation à feu nud qui puisse les détacher ; encore faut-il observer de laisser passer une partie de phlegme vers la fin de la distillation. Ce phelgme qui exige ordinairement un degré de chaleur plus fort, est seul capable de volatiliser de pareils aromates. Mais comme dans cet état la Liqueur est souvent âcre, sans être pour cela empyreumatique, il est essentiel de redistiller au bain-marie, afin qu'il ne monte avec l'Esprit que les portions les plus subtilisées de l'aromate une fois détachées. Cette rectification consiste à verser dans la cucurbite d'un alambic la Liqueur déja distillée, & à y ajouter une certaine quantité d'eau, qui dans ces circonstances donne occasion à l'huile, trop abondante ou grossiere, de se rapprocher en globules & de se séparer de l'Esprit, dans lequel elle est évidemment, puiſqu'on l'y a miſe : c'eſt cette rectification que quelques Auteurs Liquoriſtes ont confondue avec la cohobation.

Cohober une Liqueur, c'eſt verſer ſur le réſidu de la diſtillation le fluide déja diſtillé pour continuer l'opération que ce reverſement n'a pas dû interrompre : or, il faut convenir que cette cohobation eſt plus nuiſible qu'utile à pratiquer.

Le long ſéjour des matieres dans l'alambic, expoſé à la chaleur, leur fait contracter une âcreté, dont la Liqueur qui diſtille n'eſt pas exempte ; ainſi toute cohobation doit être faite avec beaucoup de circonſpection, ſi l'Artiſte ſe décide à la pratiquer dans quelque cas particulier.

Il n'en eſt pas de même de la rectification : toutes les fois que dans les circonſtances dont nous avons parlé précédemment, on eſt obligé de diſtiller à feu nud, la rectification de la Liqueur diſtillée eſt eſſentielle ſi l'on veut avoir un aromate délicat.

Cette rectification, qui ſe fait toujours au bain-marie, eſt beaucoup moins difficile à conduire que celle à feu nud. Pour celle-ci, il eſt à craindre, que les ſubſtances qui ne ſont pas fluides ne s'attachent au fond de l'alambic; il n'eſt quelquefois pas poſſible d'ajouter à l'Eau-de-vie, de l'eau, qui deviendroit un obſtacle à l'extraction des aromates ; il faut donc avoir grand ſoin de tenir le réfrigérant & le ſerpentin froids, de conduire le feu avec précaution pour ne faire naître qu'un filet d'une médiocre groſſeur, & empêcher, autant qu'il eſt poſſible, & l'âcreté & l'empyreume ; car ſi ces deux accidents arrivent, il faudra recommencer l'opération avec de nouvelles matieres. Dans la rectification, au contraire, l'Artiſte n'a preſque point de précautions à obſerver, autres que celles de rafraîchir ; l'eau du bain-marie ſuffiſant pour l'avertir que tous les Eſprits ſont paſſés, à peu près comme dans les moulins une ſonnette avertit que la trémie eſt vide ; voici le fait : tant que les cucurbites contiennent de l'Eſprit proprement dit, l'eau du bain-marie chaude au point de le faire diſtiller, cette eau ne bout point ; mais ſans qu'on augmente la chaleur, à peine les dernieres vapeurs ſpiritueuſes ſont-elles exhalées, que cette eau bout à gros bouillons. Je ſuppoſe que les Liquoriſtes ſe ſervent d'alambics de cuivre & étain, & négligent de ſe ſervir de ces petits appareils qu'on trouve décrits dans quelques Auteurs, & qui ſentent plutôt le tripotier que l'Artiſte.

Le rafraîchiſſement, tant du ſerpentin que du chapiteau, eſt une choſe eſſentielle pour la perfection de la Liqueur : ſoit que la chaleur trop long-tems continuée occaſionne dans les vapeurs, avant qu'elles ſe condenſent, une réaction qui faſſe naître de l'âcreté, ſoit que plutôt ces vapeurs ſont condenſées, plus les parties groſſieres de l'aromate en ſont ſéparées, ſoit enfin qu'il y ait un juſte milieu à ſaiſir pour le refroidiſſement dans la combinaiſon des aromates avec l'Eſprit, en ſorte qu'il ſoit également dangereux que le froid ſoit trop ou trop peu énergique ; toujours eſt-il certain que la même Eau-de-vie, les mêmes ingrédients dans les mêmes doses, distillés par trois Artistes différents, dont l'un aura négligé le soin de rafraîchir son serpentin, l'autre aura conduit son feu trop lentement, & le troisieme y aura mis la vigilance & le soin que nous indiquons; non-seulement les résultats en seront différents, mais il n'y aura de parfaite que la Liqueur du troisieme Artiste.

C'est ici le lieu de dire un mot de la maniere dont un Liquoriste doit considérer les aromates qu'il veut employer: ou ce sont des huiles essentielles, déja extraites par d'autres Artistes; quoiqu'elles different entr'elles de légéreté, de couleur, de fluidité & de saveur, elles sont de tous les aromates l'espece la plus volatile & celle dont il faut mettre la moindre quantité: ou ce sont des substances qui contiennent ces huiles aromatiques, & qui peuvent les donner facilement, comme sont les fleurs, les écorces des oranges, des citrons, & leurs analogues: toutes choses égales, ces substances sont préférables aux huiles mêmes, & le traitement des uns & des autres pour en faire des Esprits aromatiques, se fait très-bien au bain-marie. Les aromates peuvent encore être les écorces & bois durs, dans lesquels l'odeur est comme résinifiée ou combinée avec un sel; telles sont la canelle, le gérofle, le bois de Rhode: pour celles-ci il faut nécessairement employer l'énergie du feu nud. Enfin il y a des aromates, tels que la vanille, l'ambre, qui ne peuvent absolument point monter par la distillation avec les Esprits, & qu'il faut toujours se garder de faire entrer dans les ingrédients des recettes qu'on doit distiller.

C'est encore ici le lieu de faire observer, que les aromates isolés n'ont souvent rien d'agréable, & que le Liquoriste doit savoir les associer dans ses Liqueurs; ainsi la badiane seule sent la punaise, un peu d'anis verd lui sauve ce disgracieux; l'ambre seul ne donne pas d'odeur, un peu de musc lui donne le relief nécessaire; le coin seul est détestable, un peu de gérofle releve & corrige son parfum; la vanille, associée au sucre, a plus d'odeur que si on ne la trituroit pas avec cette substance saline; l'association d'un peu de gérofle corrige l'arriere-goût de la canelle; l'absinthe même, l'absinthe trouve place dans les Liqueurs, pourvu que le zeste de citron s'associant à son aromate, en fasse disparoître l'amertume. Croiroit-on, si des Auteurs dignes d'une certaine confiance ne l'assuroient; croiroit-on que l'excrément de la vache, combiné avec des aromates, pût transformer sa dégoûtante dénomination dans le titre pompeux d'*Eau de mille fleurs*? Tout ceci ressemble en tout point à l'Art du Cuisinier; l'assaisonnement sauve tout; & le grand Seigneur qui dévora ses pantoufles mises en ragoût par son Cuisinier industrieux, prouve que pareillement le Liquoriste sera le maître de faire telle illusion qu'il voudra, pourvu qu'un palais fin, un discernement habile dans ses mélanges, peut-être aussi une sage discrétion, président à ses opérations.

Il y a quelques Artistes qui se procurent des Eaux aromatiques, rendues laiteuses à force d'être chargées d'huile essentielle, & qui se servent de ces Eaux

avec

avec de l'Eſprit-de-vin du commerce pour faire des Liqueurs. Pour ces ſortes d'Eaux, après avoir averti que la rectification & la cohobation leur nuiſent plus qu'elles ne leur ſont avantageuſes, en les dépouillant d'une trop grande quantité de leur aromate, nous renvoyons pour la manipulation qui les concerne à ce qui eſt dit dans la ſeconde Partie du *Diſtillateur d'Eaux-fortes*, & aux formules où nous donnerons dans cet Ouvrage des exemples de ces ſortes de Liqueurs ſpiritueuſes, & autres.

De l'Infuſion.

L'ACTION de mettre dans un liquide quelconque les ſubſtances qui ne ſont point naturellement ſéches, & de les y faire ſéjourner pendant un temps, s'appelle *infuſion* : les Pharmaciens la diſtinguent en deux claſſes ; ils appellent *macération* celle qui ſe fait à froid & dans une grande quantité de fluide, & ils donnent le nom d'*infuſion* à celle qui ſe fait à l'aide d'une chaleur plus ou moins douce & dans un véhicule moins abondant. Le Liquoriſte ne connoît que l'infuſion ſans aucune diſtinction ; cette opération eſt encore plus eſſentielle que la diſtillation pour le Liquoriſte, puiſqu'il peut exécuter par ſon uſage tous les procédés qui ſemblent exiger la diſtillation, & que les Liqueurs qui en réſultent ſont toujours plus agréables & moins âcres, toutes choſes égales d'ailleurs, que celles qui doivent leur premiere exiſtence à la diſtillation.

L'infuſion a bien d'autres avantages : elle extrait, d'une maniere uniforme, & ſans les altérer, les ſubſtances aromatiques ; ces ſubſtances conſervent par ce moyen plus de reſſemblance à leur état naturel ; il en faut une beaucoup plus petite quantité pour donner une ſaveur égale ; la combinaiſon des différents aromates s'en fait bien plus exactement, parce que, ne devant pas être réduites en vapeurs, leurs différentes peſanteurs ſpécifiques ne mettent aucun obſtacle à leur mélange. Ajoutez à cela que l'Eſprit, dans lequel ſe font ordinairement les infuſions, que ce ſoit de l'Eau-de-vie ou de l'Eſprit-de-vin, conſerve ſans altération les bonnes qualités qui réſultent de ſon bon choix ; en ſorte que je ne fais pas de difficulté de conſeiller à tout Liquoriſte de préférer l'infuſion à la diſtillation, excepté dans les cas où il lui faut une Liqueur abſolument exempte de couleur ; car le défaut unique de l'infuſion, ſi tant eſt que c'en ſoit un, eſt d'extraire des différents ingrédients une teinture colorante, qui influe plus ou moins ſenſiblement ſur celle de la Liqueur qui en réſultera.

Quoique j'aye dit que l'infuſion ſe fait ordinairement dans les Liqueurs ſpiritueuſes, il n'eſt cependant pas ſans exemple, que quelques Liqueurs ſe préparent par l'infuſion des ingrédients dans l'eau ; mais ces cas ſont ſi rares & ſi peu connus qu'ils ne valent pas la peine qu'on s'y arrête.

Si, généralement parlant, chaque eſpece de Liqueur exige que ces ingrédients infuſent plus ou moins long-temps ; cependant il eſt à peu près démontré, qu'à quelques exceptions près, l'infuſion doit être d'une très-courte durée ; en ſorte que s'il y en a telle pour laquelle deux heures ſuffiſent, la plus longue ne doit pas durer plus de quatre jours.

Ce que nous diſons ici n'a pas de rapport à la fabrication des Ratafiats, proprement dits. On fait durer l'infuſion des fruits ou des fleurs écraſés un temps beaucoup plus long ; telles vont juſqu'à pluſieurs mois ; mais nous développerons à leur article les cauſes de ce procédé.

Il y a telle infuſion qui exige que les ſubſtances que l'on fait infuſer demeurent dans leur entier ; dans le plus grand nombre des circonſtances, il eſt eſſentiel qu'elles ſoient inciſées ou concaſſées : toute infuſion doit être faite dans un vaſe qui ne ſoit pas entiérement plein, mais qui ſoit exactement bouché. Si-tôt que l'on juge que l'infuſion a ſuffiſamment duré, il eſt de premiere néceſſité de ſéparer les ingrédients qui ont infuſé ; un plus long ſéjour nuiroit à la délicateſſe du parfum. Pour retirer plus commodément ces ingrédients, quelques Artiſtes ſont dans l'uſage de les mettre dans un nouet ; c'eſt ordinairement une toile d'un tiſſu peu ſerré dans laquelle ils ſont enfermés d'une maniere lâche, & ſuſpendue au milieu du fluide : on ne peut diſconvenir que cette méthode ne mette obſtacle à l'exactitude de l'infuſion : les ingrédients réunis vers un point central, ne ſont pas auſſi efficacement expoſés à l'action de ce fluide que lorſqu'ils y nagent en liberté. Comme on eſt dans l'uſage de remuer de temps à autre les vaſes où ſe font les infuſions, cette agitation déplaçant & les molécules des ingrédients & celles du fluide, concoure néceſſairement à une extraction plus énergique que l'on deſire : il faut donc, dans les cas où l'on mettroit les ingrédients dans un nouet, exprimer ce nouet de temps à autre, & donner plus de durée à cette opération.

L'infuſion n'eſt pas toujours l'opération préalable ; il y a des circonſtances où elle n'a lieu qu'après le mélange de la Liqueur faite, comme dans les Ratafiats ; c'eſt qu'alors les aromates ſont l'acceſſoire ou l'aſſaiſonnement, tandis que dans les Liqueurs proprement dites ils ſont la baſe fondamentale.

Je ne dois pas quitter cet article ſans faire mention d'une eſpece d'infuſion beaucoup plus preſte, & peut-être plus énergique ; elle conſiſte à jetter les ingrédients aromatiques tout concaſſés dans le ſyrop bouillant deſtiné au mélange, & à l'y laiſſer infuſer juſqu'au parfait refroidiſſement ; la chaleur du fluide, ſon état ſalin & ordinairement viſqueux, concourent à extraire promptement les ſubſtances aromatiques & à les conſerver.

Du Mélange.

Ayant dit, dès le commencement de cette ſeconde Partie, que toute Liqueur étoit le réſultat d'un mélange d'eſprit, d'eau & de ſucre, chargés les uns ou les autres de ſubſtances aromatiques, dont le nombre & les eſpeces ſont ſi multipliées, que ce feroit chofe inutile que d'en expofer ici la nomenclature; il nous refte à parler de la maniere de procéder au mélange de ces trois ingrédients.

Il eft rare que ce mélange fe faffe à chaud, la chaleur pouvant exalter les parties aromatiques, qu'il eft effentiel de conferver. Quelques-uns fe contentent de mettre dans un feul & même vafe les ingrédients dans leur dofe refpective, & de les agiter pendant plufieurs jours, jufqu'à ce que le fucre étant fondu, on ne doute plus que le mélange eft parfait; d'autres fachant que le fucre fe réfout d'autant plus difficilement dans l'eau, que cette eau eft combinée avec l'efprit, prennent la précaution de diffoudre leur fucre dans la quantité d'eau qui doit entrer dans le mélange; mais, foit que l'ufage, foit que la réflexion ait éclairé les Liquoriftes, ils fe font apperçu que le fucre fondu de ces deux manieres, ne communiquoit point aux Liqueurs ce velouté, cette faveur couverte qui en recelant, pour ainfi dire, celle de l'efprit, rend les Liqueurs plus favoureufes, plus délicates & plus fines; c'eft qu'en effet, par la fimple folution à froid du fucre dans l'eau, chacune de fes molécules peut bien être rendue fluide; mais le fluide dans lequel elles nagent n'en eft pas uniformément chargé, & d'autre part, quelles que foient les parties conftituantes du fucre, elles ne font pas divifées, développées, comme il paroît qu'elles le font dans la troifieme méthode que nous allons décrire.

On prend la quantité de fucre qui doit entrer dans une dofe de Liqueur, & la quantité d'eau qui y eft prefcrite; on les met dans une baffine bien propre; & on leur fait prendre enfemble un bouillon ou deux; il s'en faut de beaucoup que, dans la plupart des cas, le liquide qui en réfulte puiffe être appellé *Syrop*, fi l'on ne doit donner ce nom qu'aux Liqueurs chargées de deux parties de fucre, contre une de fluide; mais par une extenfion très-permife, quelle que foit la confiftance de ce fluide, les Liquoriftes l'appellent *leur Syrop*. Lors même que l'on prend de la caffonade, au lieu de fucre, comme on doit la choifir blanche, il eft très-rare qu'il faille la clarifier au blanc-d'œuf; comme le total doit être filtré, la clarification deviendroit une opération fuperflue, qui pourroit même détruire un peu de la vifcofité du fyrop; ce fyrop une fois fait, on le laiffe à demi refroidir pour le verfer dans le vafe où eft déja la dofe d'efprit aromatique. Auffi-tôt le mélange fait, on bouche le vafe, & on l'agite de temps en temps jufqu'à ce que le tout paroiffe intimement combiné.

Ici commence une diverfité finguliere entre les différents Artiftes; les uns filtrent leur Liqueur après deux ou trois jours de digeftion au plus; les autres la laiffent digérer un plus long-tems. On appelle *digeftion*, en termes de Liquorifte & de Pharmacien, le féjour d'une Liqueur toute faite dans des vafes affez grands pour que cette Liqueur ne les empliffe point. Quel que foit le mouvement inteftin qui fe paffe dans cette circonftance, toujours eft-il certain, que les Liqueurs y acquerent une fineffe finguliere, & fur-tout une uniformité de ſaveur, qui concourent à leur agrément : d'autres au contraire ne filtrent les Liqueurs qu'après les avoir laiſſé digérer : ils croient que par ce moyen les eſprits ſe diſſiperont moins dans la filtration, & que cette derniere opération achevera un mélange qui ſe rafine toujours mieux dans un gand vaſe que dans pluſieurs petits. Comme la premiere méthode n'a pas d'inconvénient, & que la ſeconde paroît ſeulement plus conforme à la ſaine Phyſique, ſans blâmer abſolument la premiere, je ne diſſimulerai pas que la ſeconde mérite la préférence.

C'eſt après le mélange fait, & avant la filtration, qu'un bon Liquoriſte doit bien examiner ſa Liqueur, pour voir ſi le réſultat en eſt auſſi parfait qu'il le deſire ; il doit toujours avoir dans ſon laboratoire une proviſion de matieres propres à y faire les corrections qu'il jugera néceſſaires ; il lui eſt facile en conſéquence de remédier aux inconvénients qu'il pourroit y rencontrer ; ainſi, par exemple, s'il ne croit pas ſa Liqueur aſſez aromatique, il lui eſt poſſible de faire infuſer quelque peu des ingrédients propres à cette Liqueur ; la croit-il au contraire trop aromatique, une nouvelle doſe d'Eau-de-vie & de ſucre, en allongeant celle qu'il a déja faite, étendra la partie aromatique. Il en eſt de même pour l'état plus ou moins ſpiritueux, & pour la ſaveur plus ou moins ſucrée.

Une pratique abſolument condamnable eſt celle de faire des mélanges dans la baſſine où a cuit le ſyrop ; ces ſortes de vaſes préſentent trop de ſurface, & la premiere choſe qui s'évapore eſt toujours l'eſprit. Le mélange une fois fait & parfait, digéré ou non, ſuivant l'idée du Liquoriſte, il procede à ſa filtration.

De la Filtration.

S'il eſt eſſentiel que pour être agréable une Liqueur ſoit exactement doſée dans les proportions de ſon aromate, de ſa partie ſpiritueuſe & du ſucre qui combine le tout enſemble ; il n'eſt pas moins eſſentiel, pour la ſatisfaction de ceux ou qui vendent ou qui conſomment les Liqueurs, qu'elles ſoient de la plus exacte limpidité. J'ai déja inſinué dans un Chapitre précédent, que toutes les fois qu'on en avoit le loiſir, le ſimple repos ſuffiſoit pour procurer, à la longue il eſt vrai, la plus belle limpidité que puiſſent prendre les Liqueurs ; mais toutes les Liqueurs n'en ſont pas ſuſceptibles, & tous les Artiſtes n'ont pas la commodité de mettre ce procédé en uſage. Toutes celles, par exemple, qui portent le nom d'*huiles*, ſont un trop long-temps à s'éclaircir ; & l'on ne prévoit pas toujours, à moins qu'on n'en ſoit conſommateur, comme Marchand, les temps éloignés où l'on aura beſoin d'une Liqueur ; ceux-ci même, peuvent être ſurpris par un débit trop prompt, ou ne pouvoir pas, quoique bons Artiſtes d'ailleurs, faire de groſſes avances, ou les faire pour des temps trop reculés. En vain quelques-uns ont imaginé d'accélérer la clarification de leurs Liqueurs, en y ajoutant des précipitants, tels que l'alun, la colle de poiſſon,

poiſſon, ou les blancs-d'œufs. Ces intermedes ont, d'une maniere plus ou moins marquée, le déſavantage d'influer ſur la ſaveur ou ſur la couleur des Liqueurs ainſi clarifiées.

Le plus expédient, le plus à la main de chaque Artiſte, le moins ſujet à inconvénient de tous les moyens de concilier aux Liqueurs cette limpidité déſirée, a donc été la filtration, ou l'action de faire paſſer un liquide à travers un tiſſu ſuffiſamment ſerré, pour que toute eſpece d'hétérogénéité y fût retenue, & qu'il ne paſſât que le fluide extrêmement limpide. Il s'eſt préſenté pluſieurs moyens de remplir cette intention, & nous avons déja indiqué les intermedes les plus connus : ce ſont le coton, le papier & les étoffes de laine. Mais il n'eſt pas indifférent de ſavoir ou quel intermede on préférera, ou comment on procédera à la filtration.

Toutes les fois que la tranſparence n'eſt troublée que par le mélange d'un eſprit quelconque & d'un ſyrop, rien n'eſt plus aiſé que la filtration, parce que les matieres qui louchiſſent la Liqueur, n'ont aucune adhérence avec le liquide ; c'eſt preſque toujours un peu de terre, viſqueuſe à la vérité, qui ſe ſépare du ſucre. Mais lorſque l'opacité eſt dûe ou à des matieres huileuſes extrêmement diviſées, ou à des ſubſtances réſineuſes, ou enfin à des corps très-viſqueux, la filtration devient d'autant plus embarraſſante, que ces matieres ont, d'une part, plus d'adhérence avec les liquides dans leſquels elles ſont ; & que de l'autre, en ſe dépoſant ſur le filtre, elles en bouchent les pores d'une maniere plus efficace : de-là les différentes pratiques uſitées même en employant le même filtre. Sans en faire ici l'application à aucune Liqueur particuliere, nous dirons en général, que ces intermedes ſont ou le lait dont on garnit le filtre, ſur-tout quand il eſt de coton ou d'étoffes de laine, ou les blancs-d'œufs battus, ou bien encore la pâte d'amandes dont on a retiré l'huile.

Le premier de ces intermedes en plaçant, pour ainſi dire, entre les mailles du filtre quelques portions de matieres volumineuſes, arrête les parties huileuſes & réſineuſes, & les empêche pour ainſi dire de ſe coller ſur les pores : la pâte d'amande ſaiſiſſant par ſon extrême ſéchereſſe tout ce qui eſt huileux ou réſineux, les concentre en une ſeule maſſe & les précipite avec elle au fond de la chauſſe : ſi ce ſont des matieres viſqueuſes, comme elle a la propriété d'abſorber beaucoup d'humidité, il en réſulte que ces matieres viſqueuſes perdent de leur viſcoſité, & rendent par conſéquent plus facile à filtrer le reſte du fluide ; enfin les blancs-d'œufs fouettés rempliſſent auſſi la même intention, & conviennent parfaitement dans les circonſtances où il eſt à craindre que la Liqueur ne contracte une ſaveur étrangere.

Mais un inconvénient preſque indiſpenſable de la filtration, c'eſt l'évaporation que ſouffre une Liqueur en filtrant ; évaporation proportionnée au long temps que dure cette opération, & à la ſurface que préſente le liquide en filtrant. Tel Artiſte a cru remarquer qu'il devoit uniquement à la filtration la ſaveur mieux combinée de sa Liqueur, espece d'avantage que procure réellement la filtration ; mais il n'a pas fait attention que souvent il le devoit aussi à l'évaporation considérable de l'esprit, qui seul est dans le cas de s'échapper abondamment ; en sorte que lorsque l'on vient à empêcher cette évaporation, la Liqueur se trouve toujours plus spiritueuse qu'elle ne l'auroit été sans cette précaution : on a imaginé pour cela des entonnoirs de verre avec leur couvercle de même matiere ; d'autres ont fait faire des entonnoirs de fer-blanc, pareillement garnis d'un couvercle, & nous l'avons déja dit plus haut, ces deux instruments sont très-avantageux pour les cas où l'on filtre, soit au coton ou au papier ; mais comme toutes choses égales d'ailleurs la filtration à la chausse peut équivaloir à ces deux premieres méthodes, & a sur elles l'avantage de la plus prompte expédition, & de pouvoir recevoir une plus grande quantité de liquide à la fois, je vais décrire ce moyen peu connu de filtrer à la chausse dans l'espece d'entonnoir dont j'ai parlé en traitant des vaisseaux propres aux distillations.

Il est inutile de prévenir, que lorsque l'on filtre avec des entonnoirs, ces instruments se doivent placer sur des cruches ou sur des bouteilles d'orifices assez larges pour que l'entonnoir enfonce jusqu'au tiers à peu près de sa hauteur sans y comprendre la tige. La raison de cette précaution est facile à sentir : si l'entonnoir est vaste, & qu'il ne soit posé que par cette tige sur la bouteille, le plus leger accident cassera facilement cette tige, si l'entonnoir est de verre ; ou le renversera, de quelque matiere qu'il soit.

Quant aux chausses, l'usage est d'en garnir le haut de quelques boucles, faites en ruban, que l'on passe dans des baguettes pour les poser à volonté, ou sur deux treteaux ou sur le dos de deux chaises. D'autres ont encore imaginé de monter ces chausses sur un cercle ou sur un cadre de bois, & de l'attacher à une corde, qui elle-même passe à une poulie, fixée au plancher, pour pouvoir hausser, baisser, & déplacer les chausses à volonté ; mais venons-en à l'appareil, que je crois devoir être plus du goût de tous les Artistes.

On se souvient sans doute de l'espece d'entonnoir, ou plutôt de cône, dans lequel nous avons dit que devoit se placer, à l'aide de quatre anneaux & d'autant d'agraffes, une chausse tellement proportionnée, que lorsqu'elle est placée & pleine de liquide, il y eût dans toutes les dimensions possibles un bon pouce de distance entr'elle & l'entonnoir : cette chausse doit être, par préférence, de l'espece d'étoffe connue chez les Marchands Merciers sous le nom de *Basin à poil croisé*; toute autre étoffe plus épaisse ou plus mince seroit incommode. Lorsque l'on veut filtrer une Liqueur, on prend la chausse, & on la plonge toute entiere dans un syrop pareil à celui qui a composé la Liqueur : soit que cette précaution remplisse le tissu du fil d'une substance capable de retenir les matieres étrangeres sans qu'elles bouchent les pores de la chausse, soit que cette eau sucrée agisse en dissolvant ces mêmes parties huileuses ou résineuses, toujours est-il certain que cette légere manipulation suffit pour filtrer quelqu'espece de Liqueur que ce ſoit : cette précaution priſe, & la chauſſe miſe dans l'entonnoir, on en place la pointe dans l'orifice d'une cruche, & l'on acheve de boucher cet orifice avec un linge : on verſe dans la chauſſe la Liqueur à filtrer ; on place le couvercle ſur l'entonnoir, & on eſt diſpenſé de veiller à la filtration ſans crainte d'aucun riſque, juſqu'à ce que la chauſſe ſoit vide. La Liqueur la plus épaiſſe débite ordinairement juſqu'à trois pintes par jour, dans une chauſſe qui peut en contenir cinq.

Je viens de dire qu'on n'étoit pas obligé de ſurveiller cette opération dans l'appareil que je viens de décrire, parce que dans toute autre eſpece d'appareil, il arrive preſque toujours qu'on eſt obligé de changer de filtre : le coton, parce qu'il ſe trouve ſurmonté d'un limon trop épais pour donner iſſue libre à la Liqueur à filtrer ; le papier, parce qu'il s'enduit de toute part d'un pareil limon ; & les chauſſes, parce qu'elles ſont gorgées juſque dans leurs tiſſus de ce même dépôt.

Les chauſſes de baſin à poil, ou toute autre eſpece d'étoffes qu'on emploieroit à cet effet, doivent être ſoigneuſement lavées ſi-tôt qu'elles ne ſervent plus ; en les laiſſant macérer s'il le faut dans pluſieurs eaux de ſuite ; car il eſt dangereux de les paſſer au ſavon & à la leſſive ; il en réſulteroit un mauvais goût que rien ne pourroit leur enlever. Il eſt avantageux d'avoir différentes chauſſes, non-ſeulement pour les différentes eſpeces de Liqueurs, mais auſſi pour ne pas filtrer dans la même des Liqueurs colorées & des Liqueurs non colorées. Lorſque les chauſſes ont été bien lavées & ſéchées, il faut les conſerver ſoigneuſement enveloppées dans du papier, pour empêcher toute eſpece de pouſſiere de s'y dépoſer.

Je ne dirai rien ici de la néceſſité où on ſe trouve aſſez ſouvent, de retirer les premieres parties filtrées, ou même de repaſſer le total du liquide filtré par une ſeconde chauſſe, pour lui concilier toute la limpidité poſſible. Je ne parlerai pas non plus d'intermedes plus ſinguliers qu'uſités, tels que la mouſſe, les éponges, &c. Il nous ſuffit d'avoir expoſé dans le plus grand détail les différentes manipulations, connues, & néceſſaires à l'Art du Liquoriſte, & d'avoir eſſayé de développer les raiſons préciſes qui doivent faire préférer les unes aux autres. Nous paſſons maintenant à la compoſition immédiate des différentes eſpeces de Liqueurs connues.

CHAPITRE TROISIEME.

De la Fabrication des Liqueurs.

DANS tout ce qui précede, on a pu voir que les Liqueurs pouvoient se diviser en un certain nombre de classes, relatives à la préparation préliminaire, ou de l'esprit ou du phlegme qui doit entrer dans leur composition. Ainsi, si les ingrédients aromatiques sont distillés avec l'esprit, on pourra appeller les Liqueurs qui en résulteront, *Liqueurs par distillation* : si les mêmes ingrédients ne sont qu'infusés pareillement dans la partie spiritueuse, il en résultera *les Liqueurs par infusion spiritueuse*. Lorsque les matieres sont de nature à être infusées dans l'eau, ou que la partie phlegmatique des Liqueurs est empruntée de sucs de fruits, il en résulte une troisieme classe de Liqueurs, qu'on peut appeller *par infusion aqueuse*; enfin, si ces derniers sucs sont de nature à être susceptibles de la fermentation, & si, pour procéder à la confection de la Liqueur, il est essentiel de leur faire subir cette fermentation, il en résultera une quatrieme classe de Liqueurs, qu'on pourra appeller *Liqueur par fermentation*. J'ai adopté cette division méthodique pour mettre plus d'ordre dans les objets multipliés qu'il nous reste à traiter. Il est bon d'observer, que toutes les Liqueurs de ce genre peuvent avoir des noms de fantaisie; mais que leur dénomination la plus générale est celle de *Ratafiat*, lorsqu'elles sont faites par infusion, de *Liqueur* ou *Eau* quand elles sont faites par distillation; & que les proportions du sucre, qui sont les seules causes du changement de consistance des Liqueurs à boire, n'entrent pour rien dans la considération des choses traitées dans ce Chapitre, nous réservant de faire mention dans le suivant de toutes Liqueurs connues sous le nom d'*Huiles*, *d'Essences*, *Crêmes & Liqueurs fines*.

SECTION PREMIERE.

Des Liqueurs par Distillation.

ON n'a pas oublié ce que nous avons dit en traitant des aromates, que plusieurs d'entr'eux n'étoient point de nature à souffrir la distillation; ainsi, dans quelque espece de recette que ce soit, il faut en bannir les matieres trop résineuses, celles dont l'aromate paroît ne dépendre pas d'une huile essentielle, & notamment la vanille.

On n'a pas perdu de vue non plus l'idée que nous avons donnée d'une Liqueur la plus simple, peut-être la plus ancienne, & le modele de toutes les autres: en en voici la recette, qui achevera de faire comprendre comment ſe doivent faire toutes les Liqueurs de ce genre.

Eau Divine.

PRENEZ ſix pintes d'eſprit-de-vin, douze pintes d'eau, & quatre livres & demie de ſucre; faites fondre le ſucre dans l'eau, mêlez les deux Liqueurs, & filtrez au papier gris.

Rien n'eſt plus ſimple en apparence que cette recette : en inſiſtant ſur les détails qui doivent être obſervés, on verra combien, dans l'Art qui nous occupe, les choſes les plus ſimples méritent d'attention.

Il faut que l'eſprit-de-vin ſoit d'une odeur ſuave, très-rectifié, n'ayant aucune ſaveur âcre, ſans quoi la Liqueur qui en réſulteroit conſerveroit ces défauts. Le ſucre doit être choiſi très-blanc, ſans cependant être de l'eſpece, que l'on appelle *de Hollande* ou *rafiné à la maniere Hollandoiſe*; ils ſont ſujets à dépoſer une trop grande quantité de terre &, trop dépouillés de mucoſité, ils ne ſucrent pas aſſez. Enfin l'eau doit être d'eau courante, douce & très-pure, ſans quoi la Liqueur reſtera colorée, & de mauvais goût. Je me ſuis diſpenſé de faire entrer aucun aromate dans cette recette pour pouvoir montrer la Liqueur dans ſa plus grande ſimplicité; car les recettes d'Eau divine, plus ou moins compliquées, ſuppoſent toutes, quelque addition au moins d'Eaux aromatiques : je reviendrai d'ailleurs à cette Liqueur, que je regarde comme eſſentielle à avoir en quantité, lorſqu'on veut compoſer ſur le champ des Liqueurs de fantaiſie; elle doit être chez le Liquoriſte, ce qu'eſt le ſyrop de ſucre chez le Confiſeur.

Eau Divine ordinaire.

PRENEZ les mêmes proportions d'Eſprit-de-vin, d'eau, de ſucre, & y ajoutez deux livres un quart d'eau de fleurs-d'orange : la Liqueur eſt un peu plus louche, & demande par conſéquent plus de ſoin pour être filtrée. Il faut prendre garde que l'eau de fleurs-d'orange ne ſoit point colorée; car il paroît que ce que l'on deſire eſſentiellement dans cette Liqueur, c'eſt la parfaite limpidité; c'eſt même pour elle que je ſuis dans l'uſage de faire un Eſprit de fleurs-d'orange, en diſtillant une livre de fleurs, une pinte d'Eſprit-de-vin, & une chopine d'eau, pour retirer pinte & poiſſon de Liqueur; & j'emploie cet Eſprit par préférence, en mettant pour trois demi-ſeptiers d'Eſprit-de-vin ordinaire, un demi-ſeptier de mon Eſprit de fleurs-d'orange, deux pintes d'eau, & douze onces de ſucre.

J'ai annoncé que l'Eau Divine étoit d'origine médicinale, & que peut-être c'étoit la Liqueur dont les recettes varioient le plus; en effet, quelques Artiſtes ajoutent à notre ſeconde recette la moitié du poids de l'eau de fleurs-d'orange en Eſprit de citron; d'autres prennent des eſſences ou huiles essentielles de cédra, bergamotte, &c. pour joindre à leur premier mélange.

Et à cette occasion, je dois observer que les huiles essentielles font contracter aux Liqueurs dans lesquelles elles entrent, une âcreté qui exige au moins un peu plus de sucre pour la couvrir, & que dans la manipulation elles rendent la Liqueur plus difficile à filtrer : aussi ce que j'ai dit pour l'Esprit de fleurs-d'orange, convient-il parfaitement pour tous les cas où l'on voudroit employer les essences ; c'est-à-dire, que l'Esprit distillé des fruits ou plantes aromatiques est préférable à leurs essences.

Esprit simple distillé.

Nous rappellons ici ce qui est dit dans la seconde Partie de *l'Art du Distillateur d'Eaux-fortes* à l'article de l'Esprit d'anis ; c'est à peu-près la même manipulation à observer pour tous les Esprits aromatiques simples : soient, par exemple, des Esprits d'écorces aromatiques, tels que le cédra, la bergamotte, le poncir, &c. On se procure deux pintes d'Eau-de-vie, dans laquelle on fait tomber en les zestant les écorces des fruits dont est question, & de tous autres semblables, jusqu'à la concurrence à peu-près de demi-livre au moins de ces zests pour les deux pintes d'Eau-de-vie, en observant toutefois que ce soit de l'Eau-de-vie simple ; car si l'on prend des Eaux-de-vie du commerce, connues sous le nom d'*Eaux-de-vie doubles*, il faut augmenter la dose des zests comme on augmentera celle du produit. On suppose communément que l'Eau-de-vie simple, de bonne qualité, rend moitié de son poids en Esprit ordinaire.

Après deux ou trois jours d'infusion, on verse le tout dans l'alambic, en y ajoutant, pour éviter l'empyreume, une pinte d'eau, & l'on retire à un feu doux au bain-marie, pour plus de sûreté, cinq demi-septiers de fluide. Quelquefois aussi on retire la même quantité d'Esprit qu'on a employé d'Eau-de-vie, & cette espece d'Esprit n'est pas sans mérite pour la plus grande quantité d'aromate que le phlegme a aidé à monter, & qui s'est redissout dans l'Esprit déja distillé.

Esprit aromatique d'écorce de Bois ou de Fruits secs, tels que la Canelle.

Pour les deux pintes d'Eau-de-vie ci-dessus mentionnées, prenez quatre onces de bonne canelle ou de gérofle, ou de bois de Rhode ; faites infuser pendant huit jours, & distillez avec le même soin, pareillement en y ajoutant toujours de l'eau dans le fond de l'alambic, & retirant vos cinq demi-septiers d'Esprit ; ces cinq premiers demi-septiers retirés, on peut encore distiller, à chaleur un peu forte, une bonne chopine, que l'on réserve pour donner de la force en cas de besoin au premier Esprit qui est passé ; parce qu'il arrive très-souvent que les parties aromatiques de ce genre étant très-lourdes, n'ont pas pu monter avec l'Esprit-de-vin.

Efprit de Semences.

PRENEZ d'anis, de fenouil, de badiane, de carvi, de daucus, ou enfin de quelques femences aromatiques que ce foient, &c. celle que vous aurez choifie à la dofe de deux à trois onces pour deux pintes d'Eau-de-vie ; vous pouvez diftiller prefqu'auffi-tôt après le mélange, avec la précaution déja prefcrite, & en retirant la même quantité de produit.

Ces différents Efprits ainfi préparés d'avance, peuvent, au gré de l'Artifte, entrer dans des proportions variées dans la compofition de l'Eau Divine fimple, & former autant de Liqueurs différentes, qu'on y aura varié le nombre & les dofes des Efprits aromatiques.

Ce moyen, que je confeille, comme le plus fimple, le plus expéditif, & même le meilleur, n'eft pas celui ufité chez les Liquoriftes ; ils préférent de diftiller toute la quantité d'Efprit qui doit entrer dans une venue de la Liqueur qu'ils fe propofent de faire fur une dofe des aromates, toujours moins forts en proportion que celle que nous venons d'indiquer. Pour en donner un exemple, nous choifirons l'Efprit propre à faire l'huile de Vénus, efpece de Liqueur qui a eu une vogue finguliere.

On prend quatre onces de carvi, deux onces de daucus de Crete, fix gros de macis pour feize pintes d'Eau-de-vie, qu'on retire par là diftillation, & l'Efprit qui en réfulte eft un mélange dont nous parlerons dans le Chapitre fuivant.

Le café brûlé, le cacao rôti, la badiane & l'anis, le bois de Rhode & le gérofle, &c. &c. fe traitent de la même maniere, pour obtenir des Efprits qui entrent dans la compofition des Liqueurs où ces aromates doivent préfider.

L'avantage des Liqueurs diftillées confifte uniquement, en ce que la Liqueur qui doit en réfulter ne fera pas du tout colorée ; car ce que nous avons dit en comparant la diftillation à l'infufion dans le Chapitre précédent, refte dans toute fa vigueur, à cet inconvénient près, qui n'en eft pas toujours un, puifque la plupart des Liqueurs font artificiellement colorées.

Il eft inutile que nous nous arrêtions à multiplier les prefcriptions relatives à la manipulation ultérieure des Liqueurs ; elles confiftent toujours à faire fondre le fucre dans la quantité d'eau prefcrite, à mêler le fyrop qui en réfulte avec la dofe d'efprit, à laiffer digérer le tout plus ou moins long-temps, & à filtrer par l'un des moyens indiqués précédemment. On n'exigera pas non plus de nous que nous détaillions les différentes recettes ; elles font plus les réfultats de la fantaifie que d'aucune loi précife : telle recette a eu fa vogue pendant un temps, que l'on a oubliée ; telle autre n'eft connue que de quelques particuliers ; enfin je ne crains pas d'affurer que la collection complette de recettes en tout genre de Liqueur, formeroit un très-gros volume *in-folio* prefqu'auffi volumineux que celui connu par les Pharmaciens ſous le nom de *Corpus Pharmaceuticum Junkenii*, & preſqu'auſſi inutile.

Des Huiles eſſentielles.

Cette premiere Section ſeroit incomplette ſi je négligeois de parler des eſſences ou huiles eſſentielles que le Liquoriſte peut mêler avec l'Eſprit-de-vin, & les diſtiller avec lui ou les y laiſſer diſſoutes immédiatement.

Les huiles eſſentielles ſe retirent par la diſtillation à feu nud, & à l'aide de l'eau bouillante, des plantes, bois, écorces ou ſemences qui les contiennent; & les ſoins que chaque eſpece d'huile eſſentielle exige pour être retirée avec profit, ne doivent pas nous occuper ici, d'autant que la plupart de celles que le Liquoriſte emploie ſont du nombre des eſſences du commerce; eſpece de travail que les Parfumeurs du Languedoc, & notamment de Graſſe, entendent à préparer ſupérieurement, & donnent à un prix qui diſpenſe nos Artiſtes de Paris d'être tentés de les préparer : je ne répéterai pas non plus les inculpations qu'on fait à ces huiles ou eſſences, d'être falſifiées : on trouve dans preſque tous les livres de Chimie & les intermedes de ces falſifications & les moyens de les reconnoître; en un mot ce qui concerne les huiles eſſentielles eſt une partie trop intéreſſante de l'Art du Parfumeur pour me hazarder à faire une eſpece de larcin à celui qui doit décrire cet Art, auſſi curieux qu'important.

Mais n'obmettons pas pour nos Artiſtes, que les huiles eſſentielles qu'on a mêlées avec l'Eſprit-de-vin, à deſſein de les diſtiller enſemble, ne montent jamais avec cette Liqueur ſpiritueuſe; elle n'en enleve que la partie la plus fluide, la plus atténuée, & il faut la chaleur de l'eau bouillante & les vapeurs aqueuſes pour donner aux huiles occaſion de monter dans la diſtillation; en ſorte que c'eſt preſque toujours une manipulation ſuperflue & diſpendieuſe que ce mélange d'huile & d'Eſprit-de-vin qu'on rediſtille. J'ai vu des Liqueurs ſur la pinte deſquelles il n'entroit qu'une goutte d'huile eſſentielle, & ces Liqueurs étoient ſuaves, ſuffiſamment aromatiques, & plus parfaites, moins âcres que ne le ſont ces Eſprits chargés d'huile diſtillés, & même cohobés.

Section Seconde.

Des Liqueurs ſpiritueuſes par infuſion.

Il s'agit pour compoſer les Liqueurs de ce genre de faire infuſer dans l'Eſprit-de-vin ou dans l'Eau-de-vie les ingrédients aromatiques & odorants, au lieu de les faire diſtiller; & nous obſerverons, ainſi que nous l'avons précédemment dit, que dans preſque toutes les circonſtances cette infuſion eſt préférable à la diſtillation. Nous répéterons encore qu'il y a quelques ſubſtances aromatiques, deſquelles

desquelles il seroit impossible de tirer parti par la voie de la distillation ; l'expérience ayant appris que leur espece d'aromate étoit incompatible avec cette opération.

La durée de l'infusion ne peut pas être la même pour toutes les circonstances ; par exemple, il est une espece de Liqueur, dont l'infusion ne doit être que momentanée ; c'est celle dans laquelle il entre de l'absinthe ; car, soit dit en passant, l'industrie du Liquoriste est parvenue jusqu'à faire passer dans les Liqueurs agréables les substances qui le sont le moins.

Liqueur d'Absinthe.

POUR faire donc cette Liqueur d'absinthe, on prend une poignée d'absinthe verte, que l'on met au fond d'un vase suffisant ; on verse dessus deux pintes de bonne Eau-de-vie, & on y joint deux citrons entiers : on laisse infuser pendant une heure ; on se hâte de verser la Liqueur, sans exprimer, on rince exactement la cruche pour y remettre l'Eau-de-vie, chargée d'absinthe, & l'on y verse un syrop fait avec deux pintes d'eau & une livre de sucre : au bout de huit jours on filtre, & la Liqueur est faite.

Il est une autre espece de drogue, qui, après avoir été médicament, est devenue une Liqueur que font nos Artistes ; c'est l'*Elixir de Garus* ; l'aloës en est la base ; mais comme cette substance, singuliérement amere, se dissout avec beaucoup d'énergie, & en quantité dans l'Eau-de-vie, on prend le parti de verser momentanément cette Eau-de-vie sur l'aloës, bien choisi & en morceaux : on donne à peine à l'Eau-de-vie le temps de s'y colorer, ce qui est l'affaire de trois ou quatre minutes, & on la retire de dessus l'aloës, que l'on fait sécher pour l'employer à d'autres usages : c'est cette Eau-de-vie, ainsi colorée, dans laquelle on met les autres ingrédients de l'élixir de Garus ; mais comme cette Liqueur n'est pas de la classe de celles qui nous occupent, je n'insisterai pas davantage sur sa composition, que l'on trouvera dans le Chapitre suivant.

La plupart des autres infusions exigent au moins vingt-quatre heures ; il y en a telles qui peuvent même durer plus long-temps sans courir aucun risque ; mais il faut toujours avoir attention que les doses des ingrédients pour l'infusion doivent être d'une grande moitié, pour ne pas dire davantage, plus foibles que pour la distillation.

Il est une espece de Liqueur par infusion, dans laquelle on met le fruit, de la classe des oranges, au nombre de deux ou trois par pinte d'Eau-de-vie ; cette espece d'infusion dure ordinairement quinze jours à un mois, pendant lequel temps non-seulement l'écorce donne sa partie aromatique, mais l'Eau-de-vie altere l'acide du fruit sans le rendre pour cela plus mangeable, & sans qu'elle même en acquiere plus de qualité ; ainsi je ne fais aucune difficulté de préférer la méthode de ceux des Liquoristes qui ne mettent que les zests au lieu du fruit entier. On trouvera dans la derniere Partie de cet Ouvrage la recette d'une Liqueur Américaine, appellée *la Liqueur des cinq Fruits*, & qui eſt faite ſur cette réforme.

Il faut bien diſtinguer dans l'infuſion les ſubſtances dont la couleur peut entrer pour quelque choſe dans les liquides qu'on en prépare ; cette couleur eſt plus ou moins ſujette à s'altérer dans l'Eau-de-vie, & une fois détruite, on ne connoît aucun moyen pour la rétablir ou y équivaloir.

Telle eſt la Liqueur d'œillet, qui ſe fait ordinairement, en mettant l'eſpece d'œillet connue ſous le nom d'*œillet à Ratafiat*, & dont les pétales ſont d'un rouge velouté. On met ces pétales, bien épluchés, au poids d'une demi-livre ou de quatre onces dans une pinte d'Eau-de-vie ; on y ajoute quatre gérofles entiers, & l'on fait infuſer pendant quinze jours au moins : il arrive quelquefois que la Liqueur, au lieu d'être d'un beau rouge, eſt dégradée, & a une nuance jaunâtre qu'on apperçoit dans ce rouge. Je propoſerai, pour éviter cet inconvénient, de faire l'infuſion de ces feuilles dans l'eau bouillante pour verſer la teinture qui en réſulte dans l'Eau-de-vie, & finir ſur le champ la Liqueur, ainſi qu'il eſt dit plus loin.

Le ſafran, eſpece de ſubſtance végétale qui entre dans certaines Liqueurs, comme le ſcubac, eſt la drogue eſſentielle, & a la propriété de colorer fortement l'Eau-de-vie ou l'eau ; ce ſafran n'eſt point ſujet à cet inconvénient ; il eſt rare que les Liqueurs qu'il conſtitue faſſent un dépôt ou nuance altérée, quelque long-temps qu'on les conſerve ; il eſt plus ſujet à s'altérer lorſqu'il n'entre dans les Liqueurs que pour les colorer plus ou moins légérement en jaune ; enfin il donne également ſa teinture, ſoit dans l'eau, ſoit dans l'Eſprit-de-vin.

D'autres infuſions ne courent aucun riſque d'être anciennes, duſſent-elles même durer une année. Il y a une eſpece de Liqueur de fleurs-d'orange, qui ne doit ſa bonté qu'à la longueur de l'infuſion : on met une livre de fleurs-d'orange ſur une pinte & trois demi-ſeptiers d'Eau-de-vie, & on les laiſſe infuſer au moins trois mois. Bien plus, tandis que pour les autres infuſions on ſe contente de tirer à clair la Liqueur, ſans exprimer les ingédients infuſés, ici on ſe fait un devoir d'exprimer fortement ; on mêle à cette infuſion un ſyrop fait avec 2 liv. & demie de ſucre & une livre trois quarts d'eau & on finit la Liqueur à la maniere accoutumée. J'ai mis huit onces de ſucre pour la Liqueur d'abſinthe, & pour celle-ci encore davantage, parce que, regle générale, plus les ingrédients ſont amers, plus il eſt eſſentiel d'augmenter la doſe du ſucre ou du ſyrop.

Il y a des ſubſtances qu'on ne peut pas faire infuſer, ſi, au préalable, elles n'ont été préparées ; ainſi, pour faire la Liqueur de thé, il faut avoir développé les feuilles du thé qu'on choiſit, en les faiſant infuſer dans un peu d'eau bouillante. Je penſe que cette précaution ne ſert pas ſeulement à développer ces feuilles, que l'exſiccation a ſinguliérement ratatinées, mais à en enlever une premiere âcreté, que l'on ne peut méconnoître dans toutes feuilles de plantes séchées rapidement ; c'est ainsi que les gourmets en thé observent que la seconde & la troisieme infusion du thé sont beaucoup plus aromatiques que les premieres ; je pourrois appuyer cet exemple de plusieurs autres, tirés de la Pharmacie ; mais ne nous écartons pas de notre but.

Liqueur de Thé.

On prend quatre onces de thé impérial, & à son défaut de thé verd ; on verse dessus à peu près un demi-septier d'eau bouillante : dès l'instant que l'on s'apperçoit que les feuilles sont bien développées, on verse cette infusion sur un linge, & on l'exprime fortement ; on jette le thé ainsi exprimé sur quatre pintes de bonne Eau-de-vie, on les y fait infuser pendant vingt-quatre heures, au bout duquel temps on verse sur l'Eau-de-vie quatre pintes d'eau & quarante-huit onces ou trois livres de sucre, fondu en syrop dans cette eau ; au bout de huit à dix jours d'infusion on passe à la chausse, & la Liqueur est faite.

On peut, à l'imitation de cette Liqueur, en préparer avec la véronique, le lierre terrestre, l'hyssope, en un mot avec la plupart des plantes aromatiques, dont la constitution peu seche dans l'état naturel, fait présumer que l'aromate ne consiste pas dans une huile essentielle.

Liqueurs de Cacao & de Café.

Pour préparer la Liqueur de cacao, on grille le cacao comme pour en faire du chocolat, & on le traite d'ailleurs de la même maniere que la Liqueur de thé, le grillage tenant ici lieu de la premiere infusion. J'invite les Liquoristes à essayer si l'écorce du cacao, légérement grillée, ne leur rendra pas le même service que le cacao entier : il m'a semblé appercevoir que l'espece d'aromate du cacao résidoit en grande partie dans cette écorce, & nous verrons dans la troisieme Partie que je ne suis pas le seul qui m'en sois apperçu.

Quant au café, les Liquoristes en préparent deux especes de Liqueurs, l'une avec le café, tel qu'on l'achete, sans aucune préparation, que de le concasser légérement, & que l'on met infuser à la dose d'une livre pour deux pintes d'Eau-de-vie ; l'autre, dans laquelle on grille le café avec tous les soins possibles pour en conserver l'aromate, & dont on met une demi-livre pour la même dose d'Eau-de-vie. L'usage de la plupart des Liquoristes est de distiller ces Liqueurs après sept à huit jours d'infusion, & si quelque exemple peut prouver la vérité de ce que nous avançons, sur la préférence que méritent les Liqueurs par infusion sur celles qui sont faites par distillation, c'est celui des Liqueurs de café : à peine la distillation enleve-t-elle quelques parties aromatiques de cette graine, tandis que douze heures d'infusion d'une once de café par pinte d'Eau-de-vie lui donne plus d'aromate que la même pinte n'en auroit en la distillant sur une demi-livre.

Il faut observer en général, que les infusions les plus longues ne sont les meilleures que dans les circonſtances où l'on croit que les parties extractives ameres des ſubſtances que l'on infuſe doivent entrer pour quelque choſe dans la combinaiſon de la Liqueur ; ſans quoi on peut établir comme principe général, que moins l'infuſion dure, meilleure elle eſt.

Nous avons un moyen bien ſimple de préparer un nombre infini de Liqueurs par la voie de l'infuſion. Dans le paragraphe précédent, j'ai indiqué aux Liquoriſtes de ſe procurer une proviſion d'Eſprit tout diſtillé, & chargé autant qu'il eſt poſſible des aromates, à l'aide deſquels on pût faire la Liqueur : ſi d'autre part les mêmes Liquoriſtes ſe donnent la peine de préparer, ou au moins ont la précaution de choiſir les huiles eſſentielles de toutes les eſpeces compatibles avec les Liqueurs; que de l'autre ils ayent des Eſprits-de-vin chargés de ces mêmes eſſences, autant qu'ils peuvent en diſſoudre, il ne manquera plus à leur aſſortiment que des teintures, c'eſt-à-dire, ces mêmes Eſprits-de-vin, chargés par infuſion de l'aromate des ſubſtances ſuſceptibles de cette infuſion : or, ces teintures ſe font, en mettant dans un matras une once, par exemple, de vanille, & verſant deſſus quatre onces d'Eſprit-de-vin : on bouche le matras avec une veſſie aſſouplie que l'on perce d'une épingle, & l'on met digérer le tout, ſoit au ſoleil, ſi c'eſt dans l'été, ſoit à une chaleur douce, ou du poële ou de la cheminée, en faiſant en ſorte que la Liqueur ne ſoit jamais chaude, au point de donner des vapeurs : au bout de huit à dix jours d'infuſion, on décante la premiere Liqueur, & ſuivant les circonſtances on verſe une nouvelle quantité d'Eſprit-de-vin pour le traiter de la même maniere : ces deux infuſions ſont mêlées & miſes dans un flacon, bien bouché & bien étiqueté. On peut de cette maniere ſe procurer les teintures de tous les aromates étrangers, & même de ceux du pays.

Revenons maintenant à notre premiere idée. Le laboratoire du Liquoriſte ſe trouvera donc garni d'une trentaine d'eſprits aromatiques, de vingt à vingt-quatre huiles eſſentielles; de ces mêmes huiles diſſoutes à ſaturation dans l'Eſprit-de-vin ; une trentaine de teintures, faites comme je viens d'en donner l'exemple. Si d'autre part le Liquoriſte a toujours chez lui une proviſion de Liqueur ſimple, faite comme notre premier exemple d'Eau divine, d'une autre Liqueur, dont la conſiſtance plus chargée en ſucre reſſemblera à ce que l'on appelle *les Eſſences*; & enfin une troiſieme, qui, à cauſe de la doſe de ſucre, ait la conſiſtance d'huile; je laiſſe à penſer avec quelle variété & quelle promptitude il pourra procurer des Liqueurs de toute eſpece. Si l'on fait attention, ſur-tout qu'il lui eſt libre d'en aſſocier pluſieurs enſemble, & d'en varier à l'infini les proportions, il ne ſera pas plus aiſé de déterminer le nombre poſſible des Liqueurs nouvelles qu'il fera, qu'il ne l'eſt aux Muſiciens de déterminer le nombre poſſible d'airs qui peuvent réſulter des différentes combinaiſons de la gamme.

Comme cependant je m'apperçois que dans la maniere dont je traite de l'Art du Diſtillateur, il y manqueroit ce qui peut être le plus du goût des Amateurs,

Amateurs, je mettrai à la fin de l'Ouvrage une eſpece de Dictionnaire alphabétique, qui contiendra les recettes des Liqueurs les plus connues ou les plus acréditées, ſans abſolument y joindre un ſeul mot ſur leurs manipulations; ce ſera, ſi l'on veut, le code du Liquoriſte, qui ne l'empêchera point de ſe preſcrire d'autres formules, mais qui lui donnera un point de ralliement pour le diriger dans ſes autres tentatives.

Des Ratafiats & Liqueurs faits avec le ſuc des fruits, ou par infuſion aqueuſe.

JUSQU'ICI nous avons traité de l'eſpece de Liqueur qui ſuppoſe la partie ſpiritueuſe chargée par diſtillation ou par infuſion de ſubſtances agréables, ſoit pour l'odeur, ſoit pour la ſaveur; il s'en préſente un autre ordre, pour lequel c'eſt préciſément le contraire; c'eſt-à-dire, que la partie aqueuſe qui entre eſſentiellement dans la Liqueur, eſt le véhicule naturel ou artificiel de cette même ſubſtance aromatique ou odorante; c'eſt cette claſſe de Liqueurs qui porte proprement le nom de *Ratafiat*, dont la premiere ſimplicité remonte très-haut.

On ſent aiſément que pour compoſer ces ſortes de Liqueurs on n'a beſoin abſolument d'aucune diſtillation; cependant j'indiquerai à la fin de ce Chapitre un procédé pour lequel les eaux diſtillées qui ont ſervi à extraire les huiles eſſentielles, & qui en ſont chargées, portent dans le corps de la Liqueur l'eſpece d'aromate qui la caractériſe.

Les ratafiats ſe font donc, ou en mêlant à de l'Eſprit-de-vin l'infuſion déja faite de quelque ſubſtance, ou le ſuc exprimé de quelques plantes. Soit, par exemple, le ratafiat de coings: on prend des pommes de coing bien mûres, on les rape ſur une rape de fer-blanc, & on met la pulpe à la preſſe; le ſuc qui ſort eſt mêlé à doſe égale avec de bonne Eau-de-vie & cinq onces de ſucre par pinte; on y ajoute à peu-près trois gérofles & un peu de macis pour pinte; on laiſſe infuſer le tout durant quinze jours; on filtre & on met en bouteilles: c'eſt une des Liqueurs qui a le plus beſoin de vieillir, pour perdre certain goût auſtere qu'elle a dans ſa nouveauté.

Il y a une autre eſpece de ratafiat d'autant plus difficile à faire, que le fruit que l'on emploie eſt ſujet à donner un goût de punaiſe au total, ſi par hazard ſon ſuc entre dans le ratafiat; c'eſt celui du caſſis ou groſeillier noir, auquel on attribuoit dans l'origine des vertus miraculeuſes, & c'eſt une remarque bonne à faire ici; pluſieurs des Liqueurs qui ſont reſtées pour l'uſage de la table, ont eu dans leur premiere invention l'honneur d'être des médicaments vantés, & à coup ſûr agréables; tels ſont le ratafiat de caſſis, l'élixir de Garus, l'huile de Vénus, & beaucoup d'autres.

Il faut faire infuſer le fruit du caſſis tout entier; & même avec ſon pédicule, pour éviter qu'aucun des grains ne creve durant l'infuſion. Cependant il est encore un autre moyen de prévenir ce défaut ; c'est en mettant dans la Liqueur une forte pincée par pinte, de feuilles du cassis. L'infusion étant donc faite dans l'Eau-de-vie & non dans l'eau, on y ajoute un syrop, fait avec trois demi-septiers d'eau & huit onces de sucre pour pinte d'Eau-de-vie, & pour aromate on y joint un peu de macis & deux ou trois gérofles.

Comme ces premiers ratafiats peuvent se faire indifféremment par l'infusion aqueuse ou spiritueuse, je n'en ai parlé d'abord que pour nous amener aux véritables infusions aqueuses ; ce sont les sucs des fruits mêmes, tels que les cerises, groseilles, raisins, &c. qui tiennent lieu d'eau dans la combinaison des Liqueurs qui en résultent. On choisit les fruits bien mûrs ; on les écrase ; & comme la plupart d'entr'eux tiennent leur substance colorante dans le parenchyme & dans la peau, on les met en cet état dans l'Eau-de-vie, qui, par sa qualité spiritueuse, a la singuliere propriété de détacher cette espece de substance colorante.

Tous les ratafiats du genre de ceux qui nous occupent dans ce Chapitre, sont naturellement colorés. Il ne faut pas réduire en syrop le sucre qui doit entrer dans leur combinaison ; s'ils sont faciles à composer, ils sont aussi très-faciles à se détruire ; c'est-à-dire, que la couleur rouge qui leur appatient essentiellement se détruit assez promptement pour passer à une nuance jaunâtre, & enfin se détruire absolument, à peu près comme il arrive aux vins hauts en couleur, au bout d'un certain nombre d'années ; ce qui dans les vins est recherché comme une preuve de leur vétusté, n'est pas aussi goûté dans la Liqueur, parce qu'on desire toujours que l'œil soit aussi agréablement flatté que le palais ; aussi l'espece de Liqueur qui nous occupe ne se garde-t-elle en bon état que trois ou quatre ans au plus. O n observera encore, que la plupart des ratafiats seroient désagréables si l'on n'ajoutoit quelques aromates par forme d'assaisonnement ; mais ces aromates sont en petit nombre ; le macis, la canelle, le gérofle, la vanille, semblent constituer, sinon la totalité, au moins la plupart de ceux qu'on peut employer ; c'est ainsi que dans les ratafiats de coings le gérofle est absolument nécessaire pour couvrir l'âpreté qui accompagne presque toujours ce fruit.

Les ratafiats se clarifient plus volontiers par le dépôt que par la filtration, & c'est sur-tout pour le ratafiat de coing, & ceux où entrent les sucs exprimés des fruits, que cette observation a lieu : une certaine quantité de substance muqueuse, qui ne se détruit qu'à la longue, met obstacle à la filtration ; & lorsque quelques raisons déterminent à filtrer, on est souvent obligé d'employer quelques intermedes, tels que le lait ou la pâte séche d'amande, conformément à ce que nous avons dit lorsque nous avons traité de la filtration.

Tout ce qui précede, en exposant la facilité avec laquelle on peut composer des ratafiats, suffit pour donner l'idée des variétés dont cette classe de Liqueurs est susceptible. Par exemple, on fait bien du ratafiat de coing, & on n'a jamais essayé ce que feroit le marc du suc de coings exprimé, si on le traitoit avec l'Eau-de-vie, le sucre & les aromates. On n'a jamais fait du ratafiat de pommes, en employant sur-tout cette espece de pomme connue sous le nom de *Fenouillete*. On n'a pas fait de ratafiat de poires, en employant le suc du rousselet. On n'a point essayé de combiner, sous la forme de ratafiat, les sucs de la plupart des fruits, même de ceux qu'on est dans l'usage de conserver dans l'Eau-de-vie, & dont il sera question à la fin de cette Partie.

J'ai promis de dire un mot de certains ratafiats, ou plutôt de certaines Liqueurs, dans lesquelles on fait entrer de l'eau aromatique; ainsi l'eau laiteuse qui a servi à extraire l'huile de canelle, ou celle qui a enlevé par la distillation l'huile de gérofle; les eaux semblables de l'anis, du carvi, du fenouil, de roses, de fleurs d'orange, &c. enfin de toutes les plantes dont l'huile, en même-temps qu'elle est aromatique, n'est pas désagréable; ces eaux entrant en tout ou en partie dans la proportion du phlegme, qui doit essentiellement être mêlé avec de l'esprit pour faire une Liqueur; ces eaux-là, dis-je, donnent naissance à une nouvelle classe de Liqueurs, d'autant plus fines, que l'aromate étant plus divisé, se trouve plus susceptible de la combinaison nécessaire pour former une Liqueur agréable. J'ai plusieurs fois fait des essais dans ce genre, qui n'étoient rien moins qu'indifférents, & j'en donnerai des exemples, ainsi que de tous les genres de Liqueurs dont je n'ai parlé jusqu'ici que par forme d'instruction générale, sur la méthode raisonnée de les composer, sans en avoir donné les recettes précises; m'étant réservé, ainsi que je l'ai annoncé, d'en dresser à la fin de cet Ouvrage une liste, non pas générale, mais suffisante pour flatter les Amateurs & exercer les personnes qui veulent s'occuper de ce travail; car je reconnois la supériorité des Maîtres dans cet Art, Officiers d'office, Distillateurs, & autres dont j'ai pris des renseignements, que je remercie de leur honnêteté, & que je ne m'aviserai pas de remontrer. L'impossibilité de donner toutes les recettes est d'ailleurs démontrée par l'usage qu'a introduit quelque bel-esprit, de donner à ces Liqueurs des noms qui n'ont aucun rapport avec la chose: j'en ai sous les yeux une preuve. Voici les titres de quatre bouteilles de Liqueurs, faites, dit-on, pour aller ensemble. *Ah! qu'il est bon, Donne-m'en donc, Qu'il est joli, Retournons-y.* Il y auroit plus d'extravagance à indiquer ce que sont ces Liqueurs, qu'il n'y en a eu à leur donner des titres aussi singuliers.

Des Liqueurs préparées par la fermentation.

IL est inutile d'entrer ici dans aucun détail sur la théorie de la fermentation vineuse; il suffit aux Liquoristes de savoir que c'est un mouvement intestin, analogue à celui que l'on remarque dans le raisin lorsqu'on en fait le vin, & dont se trouvent susceptibles tous les fruits pulpeux, succulents, & d'une saveur à peu près sucrée; bien entendu que cette même fermentation sera susceptible des variétés que nécessiteront la nature, la maturité, & la quantité des fruits employés.

C'est sur-tout dans cette partie de son Art, que le Liquoriste devient l'émule du

Chimiſte. Mettre le ſuc d'un fruit à fermenter n'eſt pas quelque choſe de merveilleux en apparence, puiſque le nombre étonnant de Cultivateurs, appellés *Vignerons*, s'en acquitte ſupérieurement, ſans avoir d'autres maîtres que la routine & l'expé rience; mais rendre ſuſceptible de la fermentation des fruits qui en apparence en ſont éloignés, corriger la trop grande douceur de quelques ſucs par l'âpreté de quelques autres; combiner ſur-tout enſemble ces différents ſucs, de maniere qu'il en réſulte un tout homogene, c'eſt-là ce que le Chimiſte & le Liquoriſte peuvent faire de concert, & c'eſt ſur quoi il n'eſt guere poſſible de donner de regles préciſes; chaque eſpece de mélange demandant de la part du Fabricateur des ſoins différents & des attentions particulieres.

On peut diviſer en deux claſſes les Liqueurs préparées par la fermentation; celles qui, à bien dire, ſont de véritable vin, pour la fermentation duquel il n'eſt entré que des ſucs des fruits, & celles qui ſupportent l'addition d'une certaine quantité de ſucre & même d'Eau-de-vie.

Une premiere obſervation générale, c'eſt que les fruits les plus agréables à manger, quoique ſuſceptibles de la fermentation vineuſe, ne ſont pas pour cela ceux que l'on doive préférer pour en faire des vins. Par exemple, la pêche la plus ſucrée, la plus fondante, celle enfin, dont le parfum fait les délices de ceux qui la mangent; cette eſpece de pêche ne vaut point pour le vin une petite pêche auſtere, peu colorée, cotonneuſe, & que l'on connoît ſous le nom de *Pêche de vignes*.

Ce fruit doit être eſſuyé, ouvert pour en retirer le noyau, preſſé avec les mains pour en former une pâte ou bouillie; on en emplit une cruche ou un petit baril, mais plus volontiers une cruche, & on la laiſſe macérer pendant quelques jours. Un Auteur a dit, que lorſqu'on s'appercevoit que la matiere ſe crevaſſoit à la ſurface, il falloit la braſſer; c'eſt-à-dire, agiter fortement avec un bâton au moins une fois par jour, juſqu'à ce que la fermentation fût achevée; ce moyen n'eſt du moins pas conforme à la ſcience phyſique de la fermentation. On donne par ce braſſage occaſion de s'échapper au *gas Silveſtre*, (c'eſt un mot employé par les Chimiſtes pour déſigner une vapeur ſubtile qui s'exhale de tous les corps en mouvement, & notamment de ceux qui fermentent;) or il eſt démontré, que l'abſence de ce *gas Silveſtre*, joint à un mouvement bruſque, ne peut qu'altérer l'energie de la Liqueur qui doit en réſulter. Il eſt donc beaucoup mieux de laiſſer cette matiere tranquille dans un lieu tempéré, pour que la fermentation s'y établiſſe d'une maniere uniforme, & lorſqu'on voit qu'après être montée la matiere s'affaiſſe, alors on ſe hâte de la vider, d'exprimer le marc, & de mettre la Liqueur trouble ou dans des bouteilles de quatre pintes, ou dans un vaſe qui la tienne toute entiere: là il s'établit un ſecond mouvement, pendant lequel la Liqueur s'éclaircit, & acquiert toutes les propriétés vineuſes.

Puiſque nous avons pris pour exemple le vin de pêche, je ne diſſimulerai pas que pour cette ſorte de vins, comme pour tous ceux qui lui reſſemblent, il ne faille

faille aider la fermentation, ſoit par de la levure de bierre, ſoit par un peu de ſucre, & que pour ſauver à cette eſpece de vin un goût fade qui lui eſt ordinaire, il faille ajouter ſur cent pêches de vignes, par exemple, dix pêches de la meilleure qualité concevable, & de plus quelques poignées de feuilles de pêcher. Quelquefois même on ajoute un peu d'eau en preſſant les fruits, afin de leur donner plus d'humidité, & une ſorte de fluidité, néceſſaire pour donner à la fermentation le moyen de s'établir plus promptement, & même plus énergiquement. On prépare à Strasbourg beaucoup de vin de pêches; il eſt aromatiſé & ſucré; on en fait dans quelques vignobles de Champagne, qui eſt purement de ſuc de pêches.

On a remarqué que le noyau de pêches infuſé dans l'Eau-de-vie, faiſoit à lui ſeul un ratafiat, dont l'odeur approche beaucoup de celle de la vanille, & que cette odeur réſide uniquement dans le bois: on pourra donc prendre les noyaux des pêches, & après en avoir rejetté les amandes, les concaſſer légérement, & en mettre une poignée ou deux par cruche de vingt pintes, pendant la fermentation, ſi mieux on n'aime ajouter dans la ſeconde fermentation un gros de vanille triturée avec à peu près deux onces de ſucre, pour cette proportion de Liqueur ou vin. Je donnerai la recette du ratafiat de noyau de pêches à ſa lettre alphabétique dans l'index qui terminera cet Ouvrage.

Ce que nous venons de dire des vins de pêches, s'applique à tous les vins des fruits de ce genre: ce ſera toujours une très-bonne précaution que d'y ajouter une poignée des feuilles de l'arbre, & le bois des noyaux; nous diſons le bois, parce que l'amande de ces mêmes noyaux, ſur-tout ſi l'on a la mal-adreſſe de le concaſſer avec elle, fait toujours contracter à la Liqueur un goût déſagréable, que l'on compare avec aſſez de raiſon à l'odeur de ſuif rance.

La ſeconde eſpece de vin eſt, toutes choſes égales, plus agréable; elle ne differe de la premiere qu'en quelques points. 1°. On ajoute aſſez ordinairement à une pinte de fruit écraſé une pinte d'Eau-de-vie; la fermentation eſt à la vérité plus lente par ce moyen; auſſi laiſſe-t-on le mélange juſqu'à deux mois ſans toucher: au bout de ce temps la Liqueur coulée & exprimée, on la met de nouveau dans les cruches, & l'on ajoute pour chaque pinte ſix ou huit onces de caſſonade; c'eſt à cette époque qu'on y ajoute auſſi les différents aromates: on remue bien la Liqueur, juſqu'à ce que le ſucre ſoit fondu, & alors on la laiſſe tranquille en la bouchant exactement. Il arrive aſſez ſouvent qu'il s'établit une ſeconde fermentation inteſtine; d'où il réſulte après trois ſemaines ou un mois de repos, une Liqueur vineuſe beaucoup plus agréable. La plus ſimple des Liqueurs, préparées de cette maniere, eſt celle que l'on appelle *le franc Pinot* ou *Pineau*.

On prend pour la faire l'eſpece de raiſin noir, rond, grenu, peu ſerré, & très-ſucré, appellée *Pineaut*: on l'égraine, en ayant ſoin de retirer tous les grains gâtés ou qui ne ſont pas mûrs; on l'écraſe le plus exactement poſſible: ſur cent pintes de ce fruit ainſi écraſé, on ajoute cent autres pintes de bonne Eau-de-vie de Cognac; on met le tout dans un baril de capacité ſuffiſante; au bout d'un mois à peu près, on verſe ce mélange ſur des tamis de crin, en ayant le ſoin de tranſvaſer la Liqueur qui s'en écoule dans un autre baril, & à cette époque on meſure de nouveau la Liqueur, on exprime le marc, & le tout étant meſuré, on y ajoute par pinte ſix onces de caſſonade, un demi-gros de canelle & une tête de gérofle: ces deux derniers aromates, bien concaſſés, & même broyés avec du ſucre, on agite le baril pendant quatre ou cinq jours pour aider le ſucre à ſe fondre; cela fait, on le laiſſe tranquille pendant un bon mois, après lequel on tire à clair dans des bouteilles tout ce qui paſſe de cette maniere, & on filtre le peu de lie qui ſe trouve au fond du baril.

En ſuivant les mêmes procédés, & ſubſtituant ſeulement la vanille à la canelle, on fait un vin de ceriſes compoſé, ou plutôt *un vin de quatre fruits*, dans la proportion ſuivante: ſur douze livres de ceriſes de la belle eſpece, on ajoute quatre livres de meriſes, autant de groſeilles & autant de framboiſes; il en réſulte un vin gracieux dont on trouve des variétés ſans nombre ſur preſque toutes les grandes routes, à Neuilly, à Louvres, à Beaumont, &c. &c. Il y a des gens qui ont trouvé l'art de donner une ſinguliere vogue à ces Liqueurs; mais j'ai remarqué ſur-tout à celles de Neuilly & de Louvres deux défauts eſſentiels. Celle de Louvres eſt acerbe & deſſeche le goſier, ce que je ſoupçonne venir du fruit de caſſis qu'ils y mettent en place de la meriſe. Dans celle de Neuilly, le mauvais uſage où ils ſont de concaſſer leur noyau, lui fait contracter cette ſaveur déſagréable dont je parlois en citant le vin de pêches. Ajoutez à cela que pour tirer à la quantité du côté du ſuc, il y a des Fabriquants qui font chauffer leur fruit écraſé pour le mettre ſur le champ en preſſe; ils y ajoutent un peu d'eau, pour empêcher, diſent-ils, que le fruit ne brûle; mais ils n'empêchent pas que ce fruit en chauffant ne perde ſa plus ſubtile odeur, & ne contracte de l'auſtérité, parce que le ſuc chaud réagit ſur le parenchyme, qui n'eſt pas toujours d'une ſaveur agréable: chacun peut en juger, en exprimant ſur la langue une ceriſe, par exemple, & mâchant le marc qui reſte enſuite; le ſuc qui découle eſt de bon goût, le marc eſt raiche & quelquefois amer.

Les deux exemples que nous venons de donner, ſuffiſent pour indiquer comment on doit procéder à la fabrication de toutes les Liqueurs de ce genre; mais nous ne devons pas quitter cet article ſans faire mention d'une eſpece de Liqueur très-ancienne, à laquelle même l'inſtrument appellé *chauſſe* doit ſa dénomination; tous les anciens l'appellent *la Chauſſe d'Hypocras*, & non *d'Hypocrate*, comme le vulgaire prononce; ce n'eſt pas que je ne penſe que l'hypocras ne ſoit lui-même un dérivé du nom de ce grand Médecin; je vois tous les Diſpenſaires l'appeller *vinum Hypocraticum*; & en effet, on trouve dans les Œuvres de Galien pluſieurs recettes de vins cordiaux, qui pourroient bien être des imitations de ce que preſcrivoit Hypocrate lui-même: ainſi les ratafiats, dont le vin hypocras eſt le plus ancien, devront leur origine à la Pharmacie pratiquée par le Chef de la Médecine, comme les Liqueurs précédentes reconnoiſſent dans l'Eau divine les Médecins Chimiſtes pour premiers inventeurs.

Pour faire du bon vin d'hypocras, il faut prendre deux pintes, par exemple, d'excellent vin, rouge ou blanc, qui ne ſoit ni trop verd ni trop liquoreux ; les vins de Baune, par exemple, de Mâcon, & autres analogues : on y peut infuſer pour les deux pintes deux gros de canelle, un ſcrupule de gérofle, & ſuivant le goût de quelques-uns un ſcrupule de vanille, que l'on a triturée avec quatre onces de ſucre ; quelques Auteurs y ajoutent du cardamomum, d'autres du ſantal citrin, &c. Au bout de cinq à ſix jours d'infuſion, on le filtre à la chauſſe, & l'on jette au fond de cette chauſſe une demi-douzaine d'amandes ameres, légérement concaſſées : la Liqueur étant filtrée clair-fin, on y ajoute par chaque pinte ſix gouttes de teinture d'ambre, & on la tient bouchée exactement.

Il y avoit quelques Artiſtes qui mettoient autrefois deux grains de muſc dans un nouet, à la pointe de la chauſſe, & qui croyoient que cela ſuffiſoit pour donner au total de la Liqueur l'odeur muſquée qu'on y deſire.

Je crois avoir déja obſervé, mais je le répete ici à l'occaſion de l'hypocras, que je n'ai pas dû m'engager ici à donner les différentes proportions ou recettes ſous leſquelles la même Liqueur ſe trouve dans les recueils ſans nombre qu'on en a fait ; celles dont j'ai pu parler, ou me ſont particulieres, ou ſont éprouvées à ma connoiſſance ; comme d'ailleurs il n'y a aucune loi qui preſcrive une recette plutôt qu'une autre, on ne doit pas être plus étonné de la diverſité qu'on trouve en ce genre, que ne l'eſt un Pharmacien lorſqu'il vient à conſulter le nombre infini de Pharmacopées autoriſées ou preſcrites dans preſque toutes les grandes villes de l'Europe.

Ce ſeroit ſans doute ici le lieu de parler des vins factices, de ces vins, qui, n'étant point faits immédiatement avec les raiſins du canton dont ils doivent porter le nom, ſe trouvent cependant arrangés de maniere à reſſembler ſinguliérement à ces vins naturels ; tels ſeroient les vins muſcats factices, le vin de Malaga, le vin de Côte rôti, &c. &c. Deux raiſons m'empêchent d'entrer dans aucun détail ſur cette matiere : les perſonnes capables de ces ſortes de fabrications, quoique appartenantes à une profeſſion diſtincte, ne ſont cependant pas une claſſe différente & avouée ; d'autre part, quelque certain que je puiſſe être que les renſeignements que je pourrois donner ſur cette matiere, ſont incapables de porter préjudice à la ſanté ; comme cependant c'eſt toujours une fraude, & une fraude condamnable que le débit de pareils vins, ſur-tout parce qu'ils ſont vendus comme vins naturels ; je craindrois, en donnant occaſion à quelques Marchands de profiter des éclairciſſements qu'ils trouveroient dans cet Ouvrage, de me rendre leur complice. Qu'un curieux, qu'un amateur s'amuſent à faire ſur cet objet quelques recherches ; qu'obligé par état de diſtinguer ſouvent, ſous l'autorité de la Juſtice, les vins naturels de ceux qui ſont ainſi falſifiés, je me ſois trouvé dans la néceſſité de compoſer moi-même ces vins, pour m'aſſurer davantage des points qui les différencient; perſonne ſans doute ne blâmera ici ces amateurs, ni moi; la curioſité, le beſoin d'être inſtruit, nous ont animés; mais nous ſerions coupables envers le Public ſi l'un de nous publioit ſans réſerve des réſultats de nos travaux en ce genre.

De la Coloration artificielle des Liqueurs.

DANS tout ce qui précede, on a vu des Liqueurs, ou colorées naturellement, comme ſont celles qui réſultent des ſucs des fruits, fermentés ou non, ou des Liqueurs légérement colorées en jaune par l'infuſion de ſubſtances ſeches, ou enfin des Liqueurs, qui, réſultantes de la diſtillation, ſont abſolument incolores; chacune de ces trois claſſes de Liqueurs conſidérées ſous ce point de vue, préſente au Liquoriſte des obſervations importantes.

Nous avons déja fait mention de l'altération que ſouffroient à la longue les Liqueurs colorées en rouge par les ſucs des fruits. Juſqu'ici le Liquoriſte ne connoît aucun expédient pour remédier à cet accident: il eſt même démontré, que, de quelques moyens qu'il eſſaye, il ne fera qu'altérer de plus en plus la couleur de ſa Liqueur, bien loin d'y remédier. Quant aux Liqueurs que l'infuſion a colorées en jaune, elles ſont ſuſceptibles en vieilliſſant de ſe foncer de plus en plus, & elles peuvent recevoir quelques couleurs artificielles, qui rendent leur premiere coloration plus agréable ou même qui la changent entiérement.

Pour ce qui eſt des Liqueurs abſolument incolores, elles ſe prêtent à toutes les colorations que l'Artiſte peut imaginer.

Avant de détailler quels ſont ces moyens de coloration, il faut jetter un coup-d'œil ſur la cauſe générale qui altere les couleurs naturelles ou artificielles de nos Liqueurs; elles ſont, comme nous l'avons déja tant de fois répété, compoſées d'une Liqueur ſpiritueuſe, d'une autre Liqueur phlegmatique & de ſucre: la premiere de ces Liqueurs contient évidemment une ſubſtance ſaline, de nature acide, puiſque les teintures violettes, mêlées à l'Eſprit-de-vin, tournent au rouge: d'autre part, le ſucre une fois réſout, eſt ſuſceptible de fermentation, lente à la vérité dans le cas dont il s'agit; & ſi d'une part cette fermentation concourt à la plus grande perfection des Liqueurs, elle ne peut de l'autre avoir lieu ſans que les ſubſtances ſalines qui ſe meuvent dans cette circonſtance, ne réagiſſent ſur les parties colorantes. Ces conſidérations préliminaires rendent raiſon de la variété ſinguliere que l'on remarque dans la vétuſté des Liqueurs, relativement à leur coloration: ſi l'on ajoute à cela l'état déja coloré de l'Eau-de-vie, que certains Artiſtes préférent à cauſe de ſa vétuſté, il ſera aiſé au Liquoriſte le moins intelligent de rendre raiſon de toutes ces variétés. Il nous ſuffit de les avoir expoſées, de maniere à prouver aux incrédules, que l'Art le plus indifférent en apparence peut cependant mériter les regards du Phyſicien & du Chimiſte. Il nous reſte à dire comment le Liquoriſte s'y prend pour donner à ſes Liqueurs des

des couleurs artificielles. Une petite charlatanerie, imaginée pour faire varier, au moins par le nom, la même eſpece de Liqueur, a pu donner naiſſance à ces différentes colorations : les plus uſitées ſont la couleur jaune, depuis l'état le plus délayé juſqu'au jaune foncé ; les différents rouges, le violet & le verd.

Pour concilier la couleur jaune, il n'y a que deux ſubſtances qu'on puiſſe légitimement employer, la caramel & le ſafran.

Le caramel eſt du ſucre qui ayant perdu toute ſon humidité, commence à ſe décompoſer. Le point eſſentiel du Liquoriſte eſt, que ſa torréfaction ne ſoit pas pouſſée au point de donner de l'âcreté, ni même de l'amertume au caramel. On le délaye dans une quantité donnée d'eau, dont on ajoute dans la Liqueur faite ce qu'il faut pour concilier la nuance jaune que l'on deſire. Cette ſubſtance donne toujours un jaune obſcur, & la Liqueur colorée avec elle eſt ſujette à brunir. Le ſafran, dont la deſcription ſeroit déplacée ici, & qu'il ne faut pas confondre avec le curcuma dont nous allons parler, le ſafran donne une couleur jaune dorée, ſoit qu'on l'infuſe dans l'eau ou dans l'eſprit-de-vin ; cette double propriété rend ſon uſage beaucoup plus commode, en ce que la couleur qui en réſulte eſt moins ſujette à altération, puiſque l'acide de l'eſprit-de-vin ne fait autre choſe que de développer ſa couleur : on fait donc dans l'une ou l'autre de ces liquides une forte infuſion de ſafran, & l'on s'en ſert comme du caramel pour donner aux Liqueurs le jaune d'huile d'olive & toutes les nuances plus marquées : le ſafran ſeroit ſans reproche, s'il étoit poſſible de lui enlever ſa ſaveur, qui n'eſt pas du goût de tout le monde, & qu'on ne peut méconnoître, quelque foible qu'en ſoit la doſe.

Le curcuma ou ſafran bâtard eſt employé par certains Liquoriſtes, qui imitent en cela les Teinturiers : ces derniers retirent deux couleurs du curcuma ; une premiere qui eſt jaune, mais très-paſſagere, & une ſeconde qui eſt d'un rouge aſſez vif que l'eſprit-de-vin altere très-promptement : outre ces deux inconvénients le curcuma eſt dangereux à employer dans ces Liqueurs, par une propriété purgative qu'il développe ſur une infinité de tempéraments ; peut-être ne ſera-t-on pas fâché à cette occaſion de la digreſſion ſuivante.

Un navire marchand, chargé uniquement de curcuma, ſe diſpoſant à entrer dans le Port du Havre, échoua à la rade ; les Pêcheurs qui revinrent quelque temps après vendirent leur poiſſon ſuivant l'uſage : tous les habitants furent attaqués d'une dyſſenterie fort incommode : on remarqua que toute la mer, depuis la rade juſqu'au Port étoit jaune ; & ſans la précaution que l'on prit d'interdire la pêche, juſqu'à ce que l'eau de mer eut repris ſa couleur naturelle, il eſt certain que toute la ville eût été très-incommodée d'une épidémie qui auroit pu allarmer.

La couleur rouge ſe concilie aux Liqueurs avec beaucoup de ſubſtances ; mais la cochenille & le bois de Fernambouc paroiſſent être les deux que l'on préfere. Il n'eſt guere poſſible d'employer l'une & l'autre de ces ſubſtances ſans y mêler un peu d'alun qui fixe & développe la nuance ; le Fernambouc eſt ſujet à jaunir très-promptement ; on met la cochenille immédiatement dans la Liqueur avant de la filtrer : ce n'eſt pas qu'en toute rigueur on ne puiſſe ſe ſervir avec avantage d'une teinture de cochenille préparée ſéparément ; mais , & nous le diſons ici une fois pour toutes , il eſt eſſentiel de filtrer les Liqueurs après leur coloration , pour donner à la couleur un œil plus vif.

Si au nombre des ſubſtances colorantes en rouge , il n'a été queſtion ici ni de l'orcanete ni du roucou , ni du tourneſol , ni du coquelicot, c'eſt que , quoique ces ſubſtances paroiſſent faire rouge d'abord , elles tournent davantage au violet ; ce ſont même elles , & ſur - tout le tourneſol , que l'on met en uſage à cet effet. Pour dire la vérité , les Liqueurs colorées en violet ſe détruiſent très-promptement , & ne valent pas celles colorées en rouge , ſur-tout lorſque la nuance eſt extrêmement foible ; car avec la cochenille on peut donner la couleur de lie de vin , la couleur de roſes , la couleur vive du grenat , & enfin toutes les nuances du beau rouge ; au lieu qu'avec les autres ingrédients colorants les couleurs ſont toujours ſuſceptibles de deſtruction. Il eſt très-rare que l'on veuille donner à des Liqueurs la couleur verte ; mais enfin on y parvient en mêlant enſemble de la teinture de tourneſol & de la teinture de ſafran , ou bien du ſyrop de violette avec cette même teinture de ſafran.

Maintenant que nous avons développé , dans leur premiere ſimplicité , quelles ſont les matieres colorantes , & leurs effets pour les Liqueurs ; il eſt aiſé de concevoir comment , entre les mains d'un habile Artiſte , la même Liqueur pourra être diverſifiée, en ne la conſidérant que du côté de la couleur ; ſi on ajoute à cela ce que nous avons dit ſur la différente proportion de ſucre qui peut entrer dans la même Liqueur ; ſi enſuite on conſidere , que ſans rien ajouter ni ôter des ingrédients aromatiques ou odorants, on peut ſeulement en varier les proportions , on ſentira aiſément que les mêmes ſubſtances peuvent fournir un nombre infini de Liqueurs , différentes en apparence, & dont la dénomination dépendra du caprice & de l'induſtrie de celui qui les aura compoſées ; mais comme quelques-unes de ces Liqueurs de plus moderne invention , portent en effet une dénomination différente , il va en être queſtion dans le Chapitre ſuivant.

CHAPITRE QUATRIEME.

Des Liqueurs fines, & de celles appellées Quinteſſences & Huiles.

Si la cupidité mal entendue n'avoit altéré la bonté eſſentielle des Liqueurs; ſi l'induſtrie de quelques-uns n'avoit, par un autre motif de cupidité, imaginé des corrections avantageuſes, le Chapitre des Liqueurs fines ſeroit abſolument inutile; mais puiſque dans le commerce des Liquoriſtes cette diſtinction eſt adoptée, il eſt eſſentiel d'en dire quelque choſe dans un Traité deſtiné à développer les manipulations de ces Artiſtes, & à leur donner des idées ſur la théorie de leur Art, dont peut-être la plupart d'entr'eux, même les plus habiles, ne ſe ſont jamais douté.

On appelle *Liqueurs fines* en général celles dont les ingrédients ſont choiſis avec le plus de ſoin, & pour la compoſition deſquelles on n'a rien négligé de ce qui pouvoit concourir à leur bonté; mais dans le commerce le mot *fine* eſt une épithete que l'on donne aſſez volontiers à des Liqueurs qui ne different de la Liqueur connue que pour être ou diſtillées ou un peu plus couvertes en ſucre; c'eſt ainſi que cette Liqueur appellée chez les Débitants *fine Orange*, ne differe du ratafiat ordinaire de fleur-d'orange que parce que, au lieu de ſix onces de ſucre par pinte on en a mis juſques à dix & douze. On donne encore improprement cette épithete de *Liqueurs fines* à celles qui ſont faites avec les huiles eſſentielles, & qui, à cauſe de cela, portent une odeur beaucoup plus vive, mais ont beſoin de beaucoup de ſucre pour pallier leur âcreté. Pour dire la vérité, les Liqueurs fines ne demandant pas d'autre ſoin que ceux que doit apporter tout Liquoriſte dans ſes compoſitions, on peut regarder cette claſſe de Liqueurs comme une rafinerie qui ne doit pas nous occuper plus long-temps. Cependant il eſt juſte de rappeller encore une diſtinction du Liquoriſte: la même Liqueur peut être fine, ou bourgeoiſe, ou commune; & ſelon les uns, la différence tient à la quantité d'Eau-de-vie; ſelon les autres, à celle du ſucre; ſelon tous, au choix du fruit: d'autres appellent leurs Liqueurs fines des *Hypotheques* ou *Liqueurs doubles*: on ſent ce qu'il faut penſer de cette diſtinction.

Il n'en eſt pas de même des eſſences ou quinteſſences; elles ont pour caractere principal d'être ſurchargées de la ſubſtance aromatique qui les conſtitue; en ſorte que duſſent-elles en être âcres, il ne ſoit preſque pas poſſible d'y en combiner davantage; & ceci ſuffit pour leur donner un caractere diſtinctif entre les autres Liqueurs. C'eſt preſque toujours par la voie de l'infuſion que ſe préparent les quinteſſences; & ſans adopter de doſe particuliere, il ſuffit que cette doſe ſoit double ou triple de celles qui entrent dans les Liqueurs ordinaires, pour qu'elle donne le nom de *quinteſſence* à la Liqueur qui en réſultera. Comme c'eſt-là l'unique différence qui caractériſe les quinteſſences, nous croyons ſuperflu de rien ajouter ſur leur préparation, qui n'a rien de différent des préparations ordinaires : il n'y auroit tout au plus que l'action de les filtrer qui exigeroit des ſoins particuliers ; mais comme ces ſoins ſont les mêmes que ceux que demandent les huiles, nous renvoyons à ce que nous allons en dire.

Il n'y a pas encore cinquante ans qu'on ignoroit en fait de Liqueurs l'eſpece particuliere appellée *Huile* ; elle a même été pendant long-temps la dénomination d'une Liqueur unique & vantée, appellée, je ne ſçais pourquoi, *Huile de Vénus.* Un de ces hommes hardis, qui ne ſe laſſent pas de fatiguer la fortune juſqu'à ce qu'enfin elle leur ſoit favorable, qui ne rougiſſent d'aucun métier, parce que dans tous ils ſont charlatans : un certain garçon Tanneur, ſachant bien que ſes parents avoient à rougir de ſa perſonne, trouva l'expédient de changer de nom, & de mettre en vogue une eſpece d'uſage de venir prendre chez lui ce qu'il appelloit *la Bouillotte* ; on y diſtribuoit en même-temps une Liqueur à laquelle il avoit donné le nom myſtique d'*Huile de Vénus* ; cette Liqueur agréable, d'une conſiſtance à peu-près huileuſe, d'une couleur analogue à celle de l'huile d'olive, qui n'avoit ni la fadeur des ſyrops ni l'âcreté des Liqueurs ſpiritueuſes, décorée d'ailleurs d'un titre qui ne déplaît à perſonne, eut le ſuccès que devoit en attendre ſon Auteur. On apprit à ſa mort, qu'un des moyens qu'il employoit pour donner à ſon huile un degré de perfection preſque inimitable, conſiſtoit à ne débiter que celle qui avoit au moins dix ans de vétuſté, parce que l'on trouva dans ſes caves des quantités conſidérables de cette Liqueur, bien diſtinguées par année. La crainte de manquer de cette Liqueur fit mettre l'enchere lors de la vente des effets du défunt, au point que pluſieurs pacotilles ont été payées juſqu'à quatre louis la pinte. Pendant ce temps, c'étoit à qui chercheroit à imiter cette Liqueur, devenue précieuſe par la vogue. Si les hommes puiſſants la payoient fort cher, d'autres ſe diſputoient par la voie juridique la légitimité du titre en vertu duquel ils s'en diſoient poſſeſſeurs, & d'autres cherchoient dans le ſilence à l'imiter ; de-là cette foule étonnante de recettes, que l'on connoît & que l'on trouve dans la plupart des livres qui ont paru depuis la mort du premier inventeur.

Sans prétendre donner à la recette que je tracerai plus d'authenticité qu'elle n'en mérite, je puis aſſurer pourtant qu'il y a peu de perſonnes que le hazard ait auſſi bien ſervi que moi dans cette occaſion. La Liqueur que j'étois dans l'uſage de préparer, s'eſt trouvée conforme avec celle que préparoit un Magiſtrat qui en avoit pris la recette dans les papiers même de Bouillerot, papiers dépoſés dans un Greffe pour une inſtance, au point que nous ne pûmes nous empêcher de nous communiquer mutuellement nos recettes, & elles ſe trouverent en tout point ſemblables. Un M. Garrus avoit déja bien imaginé la moitié de ce qu'il falloit pour faire des huiles ; mais un certain goût de terroir lui avoit fait reléguer

reléguer ſa Liqueur au nombre des médicaments ; ce Garrus ſe diſoit Médecin, & il avoit gratifié ſa Liqueur du nom d'*Elixir*.

Nous avons dit plus haut que les Liqueurs appellées *Huiles*, avoient une conſiſtance aſſez ſemblable à celle des huiles exprimées, & notamment à celle d'olives. Cette conſiſtance n'eſt dûe qu'à la proportion d'un ſyrop, vraiment ſyrop, dans les termes de Pharmacie, c'eſt-à-dire, composé de deux parties de ſucre & d'une partie d'eau, dont on mêle une pinte & poiſſon ſur une pinte de Liqueur ſpiritueuſe. Cette Liqueur ſpiritueuſe à ſon tour, bien loin d'être chargée d'aromates, comme le ſont la plupart des autres Liqueurs, n'en contient qu'une partie extrêmement médiocre ; en ſorte que le petit nombre & la petite doſe des ingrédients aromatiques ſe trouve par ce moyen tellement couverte, qu'à moins d'être prévenu de leur nature les gourmets ſont fort embarraſſés pour la découvrir. Garrus, de ſon côté, ayant imaginé de faire entrer l'aloës dans ſon élixir, qui eſt une imitation ſervile du fameux élixir de Paracelſe ; Garrus crut ſauver l'amertume de ce ſuc, en y mêlant un tiers de ſyrop de capillaire, & en chargeant d'autre part ſa recette d'un peu plus d'aromate que Paracelſe n'en avoit décrit. J'ai connu depuis un Artiſte qui avoit trouvé un moyen plus ſûr de ſauver l'amertume de l'aloës ; il le ſupprimoit, & faiſoit croire à ceux qui le vouloient bien, qu'il avoit un Art particulier pour n'extraire de l'aloës que la partie aromatique. Il eſt temps de donner la recette & la manipulation de l'huile de Vénus.

Prenez dix pintes de bonne eau-de-vie, mettez-les dans un alambic, dans lequel vous aurez mis d'autre part dix gros de carvi en ſemence, cinq gros de daucus de Crete, & cinq ſcrupules de macis ; laiſſez digérer pendant trois ou quatre jours ; ajoutez dix pintes d'eau, & diſtillez au bain-marie juſqu'à ce que vous ayez retiré vos dix pintes de Liqueur. Mettez-les dans une cruche, & verſez deſſus onze pintes & demi-ſeptier de ſyrop ordinaire fait avec la caſſonade à l'eau. Ayez d'autre part la décoction d'un gros de ſaffran, bouilli dans un demi-ſeptier d'eau, & ſervez-vous de cette teinture pour donner à votre Liqueur l'eſpece de couleur jaune qu'a de bonne huile de Provence. Après une quinzaine de jours de mélange il faut filtrer, ou bien au coton, ce qui eſt très-long & très-ennuyeux, ou bien à la chauſſe, enfermée dans ſon entonnoir, dont il a été queſtion dans le Chapitre de la filtration, ayant la précaution de tremper d'abord cette chauſſe dans un peu de ſyrop léger & chaud ; plus cette Liqueur eſt conſervée long-temps, plus ſes parties conſtituantes ſe combinent, & par conſéquent plus elle acquiert de bonté. Ce premier procédé, qui eſt fort long, peut encore être abrégé, en mettant immédiatement dans une cruche, avec de très-bonne Eau-de-vie bien blanche, les ingrédients aromatiques concaſſés, auxquels j'ajoute une vanille pour ſeize pintes ; ſur ce mélange, on verſe la même doſe que ci-deſſus de ſyrop le plus chaud poſſible ; deux fois vingt-quatre heures de macération ſuffiſent,

& la Liqueur conſerve par ce procédé un velouté que la diſtillation ne peut que détruire.

C'eſt à l'imitation de l'huile de Vénus, que les Liquoriſtes ont imaginé le nombre preſqu'infini d'huiles qui ſont en uſage maintenant; huile de Jupiter, huile de Lune, huile d'Oranges, huile des Barbades, huile de Badiane, &c. qui toutes ne different des Liqueurs ſimples connues ſous ces mêmes noms que par la proportion du ſyrop qui doit toujours être & de la conſiſtance & dans la doſe que nous venons de dire. J'ai cependant reconnu par l'uſage, que quand le ſyrop ſeroit moins cuit, c'eſt-à-dire, contiendroit un peu plus d'eau, la Liqueur n'en ſeroit pas plus mauvaiſe; au contraire, je la trouve moins gluante, s'il eſt permis de s'exprimer ainſi.

Quelqu'agréables que ſoient ces Liqueurs, à l'époque où nous écrivons, elles ont un peu perdu de leur valeur. Je ne ſais quelle groſſiéreté dans les palais des perſonnes autrefois les plus délicates, les a amenées à n'être pas plus difficiles que les gens du commun. Elles prennent par ſenſualité ce dont ceux-ci n'uſent que par beſoin. L'Eau-de-vie toute pure, ou légérement aromatiſée de fenouil pour porter le titre d'*Eau-de-vie d'Andaye*, ſe ſert ſans façon ſur nos meilleures tables, & s'y boit ſans rougir.

CHAPITRE CINQUIEME.

Des Fruits confits à l'Eau-de-vie.

Il eſt une eſpece de préparation du Liquoriſte qui conſiſte à ne point déranger la forme des fruits dont le ſuc auroit pu dans d'autres occaſions ſervir à former des Liqueurs. Dans cette eſpece de macération du fruit dans l'Eau-de-vie, il ſe paſſe un échange aſſez ſingulier du ſuc propre au fruit, qui eſt remplacé par la Liqueur ſpiritueuſe ; cela va au point que l'on trouve des amandes des fruits à noyau, malgré leurs enveloppes ligneuſes, ſinguliérement altérées par cette Eau-de-vie. Quelques fruits conſervent aſſez opiniâtrément leurs ſucs, même en recevant dans leur intérieur une partie de l'Eau-de-vie ; quelques autres ſont tellement durs, qu'ils ont beſoin d'une premiere préparation avant d'être plongés dans l'Eau-de-vie. D'autre part l'aromate de ces fruits, qui pour la plupart réſide dans leur peau, & eſt de nature à peu-près réſineuſe ; cet aromate ſe diſſout dans l'Eau-de-vie ſurabondante, & lui concilie tout le parfum du fruit ; en ſorte que ſi cette Eau-de-vie ſe trouve chargée de ſucre, il en réſulte ces deux avantages : on a le plaiſir de manger le fruit, & de boire la Liqueur aromatique qu'il a fait naître ; & c'eſt cette double conſidération qui nous a déterminé à traiter de cette partie de l'Art du Liquoriſte, à laquelle prétendent auſſi les Confiſeurs, dont cependant il n'eſt pas queſtion dans cet Ouvrage.

De ce qui précéde il réſulte trois manipulations différentes pour la préparation des fruits à l'Eau-de-vie. La premiere, qui eſt la plus ſimple, & pour laquelle les ceriſes nous ſerviront d'exemple, conſiſte à prendre ce fruit bien mûr & bien entier ; on en coupe la queue à la moitié de ſa longueur, & l'on fait avec une aiguille un petit trou vers l'œil du fruit : on arrange ces fruits dans des bouteilles de large orifice ; on verſe deſſus de l'Eau-de-vie, de maniere à les ſurnager, & ſi l'on a employé deux pintes d'Eau-de-vie, on y ajoute quatre onces de ſucre & deux ou trois géroſles : on bouche l'orifice avec un parchemin mouillé ; on expoſe la bouteille pendant quinze jours ou davantage au ſoleil, & enſuite on la ſerre pour en uſer au beſoin. En donnant cette maniere de préparer les ceriſes, je ne dis pas qu'on ne puiſſe les préparer par quelques-unes des méthodes qui vont ſuivre.

En général, par ce premier procédé, la ceriſe eſt entiérement décolorée, & lorſqu'on la mâche, elle eſt ſouvent tellement remplie d'Eau-de-vie, que le palais en eſt diſgracieuſement affecté ; auſſi cette préparation, qui eſt la plus commune, n'eſt-elle guere pratiquée que par & pour ceux qui, accoutumés à boire de l'Eau-de-vie pure, veulent quelquefois rafiner sur leur boisson.

Le second procédé pour confire les fruits à l'Eau-de-vie; & nous prendrons pour exemple les abricots ou les prunes de Reine-Claude, consiste à prendre ces fruits médiocrement mûrs; on les essuie avec un linge doux; quelques-uns les fendent, d'autres se contentent de les piquer profondément jusqu'au noyau avec un poinçon. On a de l'eau bouillante, on y jette ces fruits, & dès qu'ils perdent leur couleur on les retire promptement; c'est ce qu'en terme de l'Art on appelle *Blanchir*: on les retire, & on les trempe si l'on veut dans de l'eau bien fraîche, ce qui leur restitue une partie de leur couleur; on les met sur des tamis ou sur des claies pour égoutter. Pendant ce temps on prépare les bouteilles dans lesquelles on veut les mettre, & l'on a de l'Eau-de-vie de la meilleure espece, à laquelle on a ajouté quatre onces de sucre par pinte, fondu dans le moins d'eau possible; on range les fruits dans les bocaux, qui doivent être de large ouverture, pour ne pas froisser ces fruits. On verse dessus l'Eau-de-vie en question, jusqu'à ce qu'elle surnage, & du reste on se comporte comme dans le premier procédé, dont celui-ci ne differe, comme l'on voit, qu'en ce que les fruits sont amollis & mûris dans l'eau bouillante avant d'être mis à l'Eau-de-vie. Cette espece d'infusion supplée à ce qui manque de maturité au fruit; & cependant il est essentiel de ne les pas choisir mûrs, parce que l'expérience démontre que la saveur du fruit, ainsi mûri par l'eau bouillante, a quelque chose de plus agréable & de moins fade, & que d'autre part s'ils se trouvent trop mous, ils se dépecent, ce qui leur fait perdre une partie de leur agrément dans le service de table; d'autre part la peau de la plupart de ces fruits porte, comme toutes les écorces, de quelqu'espece qu'elles soient, une âcreté, une sorte de virulence qu'on apperçoit en les goûtant, & dont cette infusion à l'eau bouillante les débarrasse, en sorte que par ce moyen leur aromate plus à nud se développe plus agréablement dans l'Eau-de-vie.

Le troisieme procédé a lieu pour les fruits d'une consistance plus ferme, telles que les poires de rousselet: on essuie ces fruits, que l'on a pareillement choisis à l'époque prochaine de leur maturité; on les perce avec un poinçon, de maniere à pénétrer tout leur intérieur; cela fait, on les blanchit & reverdit comme dans le second procédé, mais avant de les mettre dans l'Eau-de-vie: on prépare un syrop fait avec six onces de sucre par livre de fruit; on le cuit en petit syrop, c'est-à-dire de maniere à ne point se rapprocher facilement lorsqu'on l'étend sur une assiette; on y fait passer le fruit bien égoutté, & au premier bouillon on le retire du feu pour le laisser reposer jusqu'au lendemain dans des terrines de grès; le lendemain on prend le syrop, qui se trouve toujours décuit; on lui rend sa premiere consistance; on y fait passer de nouveau les poires, & lorsqu'elles sont couvertes par le bouillon, on les retire pour les ranger dans des cruches, en versant le syrop par dessus, puis on y ajoute une pinte d'Eau-de-vie par deux

deux livres de fruit qu'on a employé, & on laiſſe le tout, en remuant légérement pendant les quinze premiers jours. Dans ce procédé, les fruits ſont préparés par la double coction; l'âcreté de leur écorce, & même celle de leur parenchyme, eſt ou enlevée ou corrigée par leur immerſion ſoit dans l'eau bouillante, ſoit dans le ſyrop chaud; & l'Eau-de-vie trouve plus facilement occaſion de les pénétrer de toute part, ſans les altérer, comme elle feroit ſi elle étoit pure. Cette opération des Liquoriſtes tient de ſi près à celle des Confiſeurs qui préparent des confitures ſéches, qu'il n'y a preſque plus qu'un mot à dire pour développer cette partie de leur Art; mais il ne doit pas s'en agir ici: c'eſt pourquoi nous nous ſommes diſpenſés de parler de la leſſive dans laquelle on eſt obligé de plonger les petits citrons, par exemple, & leurs analogues, pour le trop grand défaut de maturité ou pour l'excès d'amertume, parce qu'il eſt rare qu'on prépare ces fruits à l'Eau-de-vie.

Quoique nous n'ayons pris pour exemple que trois ou quatre fruits le nombre de ceux que l'on peut confire de cette maniere eſt beaucoup plus conſidérable; les groſſes eſpeces de raiſins, la mirabelle, beaucoup d'eſpeces de poires, les pêches, & pluſieurs autres peuvent être traités de la même maniere.

Pour conſerver ces ſortes de fruits, il faut bien obſerver qu'ils ſoient toujours couverts par la Liqueur; malgré l'Eau-de-vie qui les a pénétrés, ils ſeroient bien-tôt altérés s'ils reſtoient expoſés à l'air.

Il n'y a encore qu'un pas de cette préparation au procédé des Naturaliſtes, pour conſerver dans les Liqueurs les morceaux d'Hiſtoire Naturelle, tirés du régne végétal. Ces Liqueurs conſervatrices ſont quelquefois elles-mêmes des Liqueurs ſucrées; elles ſont toujours ſpiritueuſes, mais tempérées avec de l'eau, pour ne point endommager le tiſſu ni les couleurs des plantes.

Quelque variées que ſoient les preſcriptions de ces Liqueurs, aucune ne paroît avoir rempli les intentions des Naturaliſtes auſſi parfaitement que celle dont feu M. le Comte d'Ons-en-bray faiſoit uſage dans ſes cabinets, & dont la recette eſt dépoſée à l'Académie des Sciences. J'ai vu dans cette Liqueur les plantes les plus délicates, ſoit pour leur tiſſu, ſoit pour leur couleur, telles que des champignons, de la fleur de vigne, des violettes conſervées pluſieurs années de ſuite ſans aucune altération ſenſible. En attendant que la recette de cette Liqueur ſoit publique, le commun des Naturaliſtes eſt aſſez dans l'uſage de faire ſa Liqueur conſervatrice avec partie égale d'eſprit-de-vin & d'eau. Je prie qu'on me pardonne cette digreſſion; je l'ai faite à deſſein de prouver de plus en plus que les Arts les moins ſcientifiques en apparence peuvent cependant tenir par quelques branches à d'autres Arts qu'on ne ſoupçonneroit pas ſuſceptibles de cette eſpece de parenté, & que par conſéquent aucun de ces Arts n'eſt indigne de l'attention du Phyſicien.

CHAPITRE SIXIEME.

Des ſoins qu'exigent les Liqueurs, ſoit pour leur perfection, ſoit pour leur conſervation.

DANS le cours des Chapitres précédents, on a pu voir que les Liqueurs étant ſujettes à différents accidents, il ne s'agit pas toujours d'y remédier ; la choſe ſeroit ſouvent impoſſible ; il y a même telle circonſtance où la perfection des Liqueurs devient une cauſe indiſpenſable d'un accident : par exemple, c'eſt pour la plus grande perfection de l'Art du Liquoriſte, qu'à l'uſage de faire fondre le ſucre dans la Liqueur toute mélangée, on a ſubſtitué celui de faire avec l'eau qui doit entrer dans la Liqueur & ce ſucre, une eſpece de ſyrop, à l'aide de la chaleur. Il eſt certain que le ſucre ainſi diſſout ſe marie bien plus exactement avec les aromates, & couvre mieux la ſaveur de l'Eau-de-vie ; mais auſſi il en réſulte toujours un ton jaunâtre dans la Liqueur, ton qui va toujours en augmentant d'intenſité, à meſure que la Liqueur vieillit. Prétendre remédier à cet inconvénient, c'eſt prétendre à une chimere : il en eſt de même de celui que ſouffrent d'autres Liqueurs colorées en rouge ; aucun moyen ne peut leur reſtituer cette couleur lorſqu'elles l'ont perdu. Il ne ſe doit donc pas agir ici de ces accidents ; mais pour avoir été mal conſervée une Liqueur aura perdu de ſon ſpiritueux, ou bien par une erreur involontaire l'Artiſte aura forcé les doſes, ou d'eſprit, ce qui rend ſa Liqueur âcre, ou d'eau, ce qui la rend plate. Ce que nous avons dit dans le cours de cet Ouvrage de la néceſſité d'avoir des teintures aromatiques de toute eſpece, des diſſolutions ſpiritueuſes d'huiles eſſentielles, des Eſprits-de-vin chargés par la diſtillation de tout ce qu'ils peuvent contenir d'aromatique ; ces différentes précautions fourniſſent les moyens de remédier aux accidents dont eſt queſtion. Le palais eſt alors le juge pour déterminer ſi on a ajouté aſſez de ſyrop, ou d'aromate, ou d'eſprit ; & lorſqu'on eſt parvenu à corriger ce défaut d'attention, en quelqu'état que ſe trouve la Liqueur, il faut la filtrer de nouveau. Il eſt deux autres inconvénients preſqu'indiſpenſables à toute Liqueur. Le premier eſt un goût de feu qu'ont toutes celles qui ont été faites avec des eſprits chargés d'aromates par la diſtillation, eſpece de goût qu'il ne faut pas confondre avec l'empyreume ou le goût de brûlé. Celui-ci, toujours dû à un excès de chaleur qui a réellement détruit l'état naturel des ſubſtances qui diſtillent, ne ſe perd jamais, quelque ſoin que l'on prenne ; le goût de feu au contraire eſt la ſaveur plus âcre que contractent les Liqueurs diſtillées pour avoir été développées ſous l'état vaporeux avant de reprendre leur fluidité ordinaire, eſpece d'état qui, ayant mis les parties conſtituantes d'un fluide dans une très-grande expanſion, les a rendues plus ſenſibles à nos organes ; auſſi ce dernier ſe diſſipe-t-il avec le temps, qui permet à ces molécules de reprendre leur état naturel.

Le ſecond inconvénient, c'eſt le peu d'exactitude dans la combinaiſon que portent avec elles les Liqueurs nouvelles. Ce défaut ſe diſſipe bien, ainſi que le premier, à la longue ; & nous avons vu par l'exemple de l'huile de Vénus, que le temps étoit en effet à cet égard le meilleur Artiſte ; mais on eſt le plus ſouvent impatient de jouir ; on veut, s'il eſt poſſible, faire en quinze jours ce que le temps n'exécute qu'en une couple d'années ; & ce ſont les moyens de ſe procurer cette jouiſſance, dont il nous reſte à parler.

Une des plus ſimples méthodes conſiſte à tenir le vaiſſeau dans lequel eſt la Liqueur un peu moins que plein, à le boucher exactement, & à l'expoſer en cet état en un lieu d'une chaleur plus que tempérée ; il s'excite un mouvement combinatoire qu'il ne faut pas confondre avec la fermentation ; c'eſt, en terme de Chimiſtes, *une circulation* qui s'exécute d'autant plus facilement, qu'il y a du vide dans le vaiſſeau, ce qui accélere cette combinaiſon deſirée. On peut appliquer à ce moyen un uſage fort ſimple lorſqu'on débite la Liqueur dans des bouteilles de pinte, & qu'elle ne doit pas faire un long trajet : on laiſſe la totalité du goulot vide, & l'on bouche chaque bouteille avec exactitude ; par ce moyen les Liqueurs acquierent leur degré de perfection beaucoup plus promptement.

Depuis que M. Geoffroy, l'Apothicaire, eut découvert qu'une eau de fleur-d'orange avoit perdu ſon goût de feu pour avoir été gelée, on a appliqué ce moyen aux Liqueurs, ſoit lorſqu'on veut les boire promptement, ſoit à l'inſtant où on veut les ſervir ſur table. Il s'agit donc d'expoſer au grand froid, ou même de frapper de glace la Liqueur que l'on veut perfectionner ; ce qui ſe paſſe alors, pourroit ſuffire ſeul aux incrédules pour démontrer que le froid eſt le réſultat d'un mouvement, & qu'il en occaſionne un évident dans les fluides qui y ſont expoſés.

Je mets en dernier lieu le moyen ſuivant pour perfectionner les Liqueurs ; il conſiſte à les expoſer dans un bain-marie, à la chaleur de l'eau tiede, avec les précautions que nous avons indiquées dans ce Chapitre : celle de tenir le vaſe un peu vide, & de le boucher exactement ; puis, immédiatement après, de mettre les vaiſſeaux qui les contiennent, dans de l'eau la plus froide poſſible : ce paſſage ſubit de l'état de dilatation, occaſionné par le bain-tiede, à celui de rapprochement que fait naître l'eau très-froide, donne dans l'eſpace d'une journée une perfection inattendue aux Liqueurs. Mais, je le répete, tous ces moyens ne valent pas ce que le temps y peut faire : en effet, on obſervera que dans toutes les Liqueurs il y a du ſucre, eſpece de corps ſuſceptible de la fermentation lorſqu'il eſt diſſous ; que pluſieurs de ces Liqueurs contiennent des ſucs fermenteſcibles extraits des fruits : ſi la quantité ſinguliere de liquide ſpiritueux, si la trop grande abondance d'eau fait un obstacle à ce que ce mouvement fermentatif se passe aussi promptement & avec autant d'énergie que dans les fermentations ordinaires, ils ne mettent pas un obstacle absolu à la marche lente de cette fermentation, & c'est à elle qu'il faut attribuer l'espece de perfection lente que le temps apporte à nos Liqueurs.

Je terminerai ce Chapitre en faisant voir comment un Liquoriste peut exécuter sur le champ une infinité de Liqueurs nouvelles, & je rapprocherai ici ce qui peut être épars dans les Chapitres précédents. Je supposed onc qu'à l'exemple des Confiseurs, un Liquoriste ait du syrop de sucre tout fait, de maniere à savoir combien de sucre entre dans une mesure donnée de ce syrop, qui pour se conserver long-temps doit être au moins cuit comme les syrops des Pharmaciens; je suppose encore qu'il n'imitera pas les Confiseurs en tenant son syrop ailleurs que dans des cruches. Ces derniers ont une vaste bassine de cuivre qui ne désemplit jamais, & l'on conviendra que c'est au moins une grande imprudence de leur part. D'autre part notre Liquoriste aura des provisions d'excellent Esprit-de-vin & de bonne Eau-de-vie de Cognac. Je ne parle pas de sa provision d'eau, parce que cette espece d'ingrédient s'obtient & se purifie aisément. Dans trois armoires différentes, il aura d'une part des Esprits-de-vin chargés par la distillation des différents aromates, tels que de l'esprit de badiane, de l'esprit de citron, de l'esprit de bois de Rhodes, &c. je suppose que sa provision peut être d'une quarantaine de flacons; dans la seconde armoire, il aura dans des petits flacons les huiles essentielles de tous les genres, & à côté de chacune, ces mêmes huiles dissoutes jusqu'à saturation dans des doses connues d'Esprit-de-vin; enfin dans la troisieme armoire, il aura les teintures de presque toutes les substances dont il aura les Liqueurs distillées, & même de plusieurs autres, telles que le musc, l'ambre & la vanille, qui ne donneroient rien par la distillation. Il peut encore avoir des teintures de safran, de cochenille & de tournesol toutes prêtes. Il peut encore tenir toutes faites & l'espece d'Eau-divine décrite *page* 77, & une base aux huiles des Liquoristes, c'est-à-dire, un mélange de cinq parties d'excellente Eau-de-vie sur neuf parties de syrop légérement cuit; & avec cette espece de magasin & un goût délicat, pour peu qu'on veuille réfléchir à tout ce qui est dit dans cette seconde Partie, il en sera presque des productions du Liquoriste, ainsi que nous le disions *page* 84, comme de celles du Musicien, qui diversifie si singuliérement ses chants & son harmonie, en employant un moindre nombre de secours primitifs.

CHAPITRE

CHAPITRE SEPTIEME.

Notice & Réflexions sur les Liqueurs Etrangeres dont on a quelque connoiſſance.

On doit bien ſentir que le luxe des Liqueurs n'eſt pas uniquement dû à nos Artiſtes François : plus l'eſprit de ſociabilité s'eſt répandu, plus les connoiſſances de tout genre ont dû ſe multiplier; ainſi indépendamment des ſecours que prêtent à nos Liquoriſtes les aromates apportés par les premiers Voyageurs, les Nations auxquelles ils appartenoient ont pu & dû faire les premiers des Liqueurs particulieres, d'autant plus agréables à ceux qui les recherchent, que ces Liqueurs venoient de loin ou étoient préparées avec des ſubſtances peu connues. C'eſt ainſi que les Hollandois ne furent pas plutôt les maîtres du commerce excluſif de la canelle, que des Provinces-Unies on vit ſe répandre dans tout le reſte de l'Europe, non-ſeulement cette écorce aromatique, mais encore une Liqueur précieuſe connue ſous le nom de *Cinnamome.* C'eſt ainſi encore que les premiers poſſeſſeurs des Iſles nommées *Barbades*, faiſant uſage des aromates connus dans ces Iſles, répandoient dans le reſte de l'Europe la liqueur ou crême dite *des Barbades.* Les Anglois poſſeſſeurs pendant long-temps du petit ſecret qu'on leur a enfin arraché depuis en France, de cultiver avec ſuccès le ſafran, diſtribuoient leur *Scubac* blanc & rouge.

Nos Colons d'Amérique plus inſtruits que les premiers Conquérants de ce nouveau monde de la quantité prodigieuſe d'aromates différents qui y croiſſoient, & profitant de la préoccupation dans laquelle on étoit que leur Eau-de-vie étoit celle du ſucre, ont de leur côté établi un commerce conſidérable de Liqueurs, toutes connues ſous le nom de *Liqueurs des Iſles*, ou quelquefois ſous le nom du Fabriquant qui les préparoit ou les vendoit avec le plus de ſuccès : le Fabriquant eſt actuellement une veuve nommée Mad. Amfout, dont les Liqueurs diverſes ſont encore très-peu connues. Comme la plûpart des autres Liqueurs, le Cinnamome, le Scubac & la Liqueur des Barbades, ſont parvenues à être du nombre de celles que nous préparons en France avec autant de ſuccès que leurs premiers inventeurs, nous ne parlerons ici que des Liqueurs des Iſles.

On a cru que ces Liqueurs ne devoient leur excellence qu'à l'eſpece d'Eau-de-vie plus ou moins rectifiée, appellée *Taſſia* ou *Rum*; mais ce premier préjugé s'eſt bien-tôt évanoui : les Liqueurs faites avec cette eſpece d'Eau-de-vie conſervent une odeur empyreumatique & n'ont point le ſavoureux des Liqueurs des Iſles. On a ſû que les Fabriquants de Liqueurs Américaines ne parvenoient à compoſer leurs Liqueurs auſſi parfaites qu'en employant de l'Eau-de-vie de France de la meilleure eſpece, telles que les bonnes Eaux-de-vie de Cognac, &c.

Une ſeconde découverte a été celle-ci: les Eaux-de-vie durant la traverſée acquierent un velouté que le ſéjour le plus long ne peut pas leur donner; c'eſt ainſi que les vins durs de nos contrées méridionales ſe trouvent potables après avoir long-temps voyagé ſur mer. La chaleur du climat dans lequel ſe compoſent les Liqueurs, eſt une autre cauſe concurrente de la bonté de leur compoſition; car on n'a pas perdu de vue ce que nous avons dit ſur les moyens de perfectionner ces ſortes de compoſitions; ajoutez à cela que les mêmes cauſes qui donnent à l'Eau-de-vie de France que l'on tranſporte aux Iſles cette ſupériorité que nous venons de remarquer, donne aux Liqueurs qui en réſultent & qui ont été fabriquées aux Iſles, un ton de ſupériorité de plus par leur tranſport des Iſles en France. Voici pour ce qui regarde la manipulation; & toutes les fois qu'on aura les mêmes circonſtances ou leur équivalent, on eſt bien ſûr d'obtenir des Liqueurs qui équivaudront à celles des Iſles.

Il n'en eſt pas de même de la partie aromatique; c'eſt juſqu'à ce jour un ſecret preſque impénétrable pour quelques-unes de ces Liqueurs: car on a bien découvert celle dont le Cinnamomum fait la baſe; on conçoit quelle eſt la Liqueur des cinq fruits de ce pays; on ſait que c'eſt le réſultat d'un mélange heureux du poncire, du limon, du cédra, de la bergamote & de l'orange amere ou bigarade: on ſait encore que l'eſpece de graine qui a une odeur mélangée de muſcade, de géroſle & de poivre que l'on connoît ſous le nom de *graines d'épices*, eſt la baſe d'une autre Liqueur: mais il en eſt un grand nombre dont l'aromate, pour être agréable, n'en eſt pas moins ignoré. Je ne puis mieux faire connoître juſqu'où va l'intelligence des Fabriquants, qu'en rapportant ce qui m'eſt arrivé à moi-même dans une circonſtance ſinguliere.

Un particulier m'ayant fait goûter après le repas, d'une des Liqueurs de Mad. Amſout, en me priant de lui dire ſi j'en découvrirois la baſe aromatique: j'avouai mon inſuffiſance. La nuit ſuivante, je fus travaillé de coliques qui me firent craindre ſeulement d'être peut-être ſorti par extraordinaire de mon régime de vivre. On devoit ſe retrouver huit jours après, & je me promis bien d'être encore plus réſervé que je ne l'avois été: je me tints parole, & n'en terminai pas moins mon repas par goûter de nouveau cette Liqueur des Iſles. La nuit ſuivante fut cruelle, j'eus des rapports ſans nombre & des évacuations douloureuſes; comme ces rapports me préſentoient toujours la ſaveur de la Liqueur que j'avois bue, je crus y découvrir une analogie avec un certain ſyrop qui nous vient pareillement des Iſles. Dès le lendemain matin je vérifiai mon ſoupçon, & trouvai tant de reſſemblance entre la ſaveur du ſyrop de calebaſſe & celle de la Liqueur en queſtion, que je ne fais aucun doute que la fleur de calebaſſe qui a une odeur très-ſuave dans le pays, ne ſoit la baſe d'une des Liqueurs de Mad. Amſout. Combien faudroit-il d'expériences ſemblables à la mienne pour découvrir toutes les variétés de fleurs aromatiques que trouve ſous ſa main & que peut employer un Liquoriſte dans ce nouveau monde?

Si je ne m'étends pas davantage ſur les Liqueurs étrangeres, c'eſt que leur nombre eſt ſinguliérement reſtraint ; que d'ailleurs un plus grand nombre des anciennes, en ſe naturaliſant, pour ainſi dire, parmi nous, ceſſe d'y être connues comme Liqueurs étrangeres. Il m'a ſuffi en comparant celles de ces Liqueurs étrangeres qui peuvent encore être en vogue parmi nous, avec les Liqueurs fabriquées en France, de montrer d'où dépendoit l'eſpece de ſupériorité qu'on ne peut refuſer aux premieres.

Comme juſqu'ici il s'eſt moins agi des ingrédients propres à telles ou telles Liqueurs, que de développer la méthode ou la plus uſitée ou la plus conforme à la ſaine phyſique pour bien faire les différentes eſpeces de Liqueurs, claſſées comme nous avons fait ; nous croyons devoir à nos Lecteurs une eſpece de Dictionnaire, qui, dénué de tout détail relatif à la nature des ingrédients ou à la manipulation quelconque, lui procure la ſatisfaction de mettre avec un certain ſuccès en pratique tout ce qui eſt dit dans cette ſeconde Partie. Nous ne nous engageons cependant pas à donner toutes les formules connues, mais ſeulement à en indiquer un aſſez bon nombre de chaque eſpece, pour ſatisfaire amplement la curioſité des Lecteurs. Je garantis bien la bonté des recettes que je donnerai ; mais je ne m'engage pas à faire croire qu'il n'y en ait pas de meilleure. On trouvera cette liſte de recettes à la fin de tout l'Ouvrage.

TROISIEME PARTIE.

Du Débitant de Liqueurs, plus connu ſous la dénomination de *Caſetier-Limonadier.*

CHAPITRE PREMIER.

Du Commerce des Eaux-de-vie & Liqueurs, fait par les Débitants.

NOUS avons annoncé dans l'Introduction, qu'au nombre des perſonnes qui prétendent avoir droit à la diſtillation, ſe trouvoient les Limonadiers. Cette Communauté, une des plus nombreuſes, eſt cependant de très-nouvelle inſtitution : nos bons Aïeux ſe raſſembloient chez des Marchands de Vin ; on appelloit cela *aller à l'Eſtaminet* : pour peu qu'on liſe l'hiſtoire anecdote, on voit que les grands Seigneurs avoient eux-mêmes leur taverne favorite ; que les gens d'eſprit avoient la leur, & qu'il n'y avoit preſque pas de honte à s'annoncer pour bon & grand buveur. Pluſieurs de nos Provinces ont conſervé ce goût antique ; la Flandre ſur-tout ne l'a point perdu. Soit qu'on ſe laſsât de cette eſpece de rendez-vous où il s'étoit gliſſé des abus, la débauche & même le libertinage ; ou que le goût pour la nouveauté ait travaillé avec plus d'énergie ſur les têtes Françoiſes ; à l'époque d'une premiere Ambaſſade que reçut Louis XIV de la part du Grand-Seigneur, un Turc de la ſuite de l'Ambaſſadeur établit dans le quartier le plus paſſager de cette Ville une boutique dans laquelle il donnoit à boire du Café, eſpece de Liqueur favorite aux Levantins. La propreté de cette boutique, la nouveauté des vaſes dans leſquels on ſervoit cette Liqueur, l'excellence de cette boiſſon, peut-être auſſi le dégoût pour l'eſpece de débauche devenue trop fréquente chez les Marchands de Vin ; tout concourut à donner à l'établiſſement du Turc une vogue ſinguliere. Non-ſeulement il fit fortune ; mais le très-grand nombre de ſes rivaux qui s'établirent preſque ſur le champ, s'en trouva bien. Les Cafés devinrent le rendez-vous des honnêtes gens ; on déſerta les Eſtaminets ; & devenus nombreux & riches, les Limonadiers ſe firent accorder des Statuts, une Confrairie & des Priviléges. Il eſt fâcheux qu'ils n'ayent pu prendre pour leur Patron leur premier Inſtituteur ; mais il eſt mort Muſulman.

En demandant des Réglements, les Limonadiers ſe firent attribuer le débit & même la compoſition de toutes les Liqueurs compoſées ; & ils ont tellement joui de ce Privilege qu'on les a vus ſoutenir avec intrépidité, & gagner contre

contre les plus riches & les plus entreprenants Marchands, le droit exclusif de les débiter. Soit que les Vinaigriers n'ayent pas apperçu dans le temps jusqu'où cette nouvelle concurrence pouvoit nuire à leur commerce, ou qu'ils ayent cru devoir en négliger cette branche, ils se sont trouvé avoir les Limonadiers pour rivaux dans la partie de la distillation. Le Limonadier est donc par état vendeur de toute Liqueur chaude, de toutes celles qui, préparées avec des sucs de fruits & du sucre, sont connues généralement sous les noms de *Liqueurs fraîches* & de *Glaces*, & enfin distillant, fabriquant & débitant les Liqueurs fortes depuis l'Eau-de-vie jusqu'à la Liqueur la plus composée : c'est à ce dernier titre que nous parlons d'eux dans cet Ouvrage ; mais il faut observer que le débit de l'Eau-de-vie proprement dite, ne se fait que par ceux des Cafetiers qui ont le moins d'occasion de vendre les Liqueurs chaudes ; on pourroit les regarder comme des Regratiers, espece de petits Marchands, qui, sous une simple permission de Police, appellée *Lettre de Regrat*, ont la faculté de vendre à petit poids & à petite mesure une infinité de substances à l'usage du menu peuple. Le débit de l'Eau-de-vie est encore en concurrence avec les Vinaigriers & les Epiciers détailleurs. Dans beaucoup de nos villes de Provinces ce sont même encore les Vinaigriers qui seuls donnent à boire chez eux l'Eau-de-vie.

Rien de plus simple en apparence que ce commerce. Il s'agit d'avoir de bonne Eau-de-vie marchande, & de la distribuer en détail, de maniere à ce que, & pour la mesure & pour le prix, le Débitant n'y perde pas : ainsi je suppose une pinte d'Eau-de-vie de vingt-huit sols, le Débitant la distribuant en petite mesure du prix de six liards la mesure, il faut qu'il retrouve dix-neuf mesures dans sa pinte, afin d'avoir l'équivalent de cette même pinte s'il la vendoit à la fois. Mais ici commence un premier abus ; les petites mesures sont arrangées de maniere à avoir un extérieur grand, mais par le fait une capacité telle qu'au lieu de dix-neuf mesures, la pinte peut en fournir jusqu'à vingt-quatre, ce qui donne l'Eau-de-vie à trente-huit sols au lieu de vingt-huit sols. Ce ne seroit presque rien, attendu la perte nécessaire dans tout détail ; mais une foule d'abus d'autant plus graves que c'est toujours le manœuvrier qui en est la victime, se présente dans la vente au détail de l'Eau-de-vie, sur-tout depuis l'introduction de ces Eaux-de-vie fortes que le Débitant doit mêler avec de l'eau pour en faire de l'Eau-de-vie potable. Les proportions de l'eau sont connues & déterminées entre Négociants ; mais tel homme qui se feroit scrupule de tromper son confrere, ou plutôt qui ne le pourroit point, parce que celui-ci s'en appercevroit, n'hésite pas à tromper le malheureux qui vient boire l'Eau-de-vie chez lui, en outre-passant la proportion dûe de l'eau dans son Eau-de-vie ; ensorte qu'ayant de l'Eau-de-vie $\frac{4}{7}$, c'est-à-dire, telle qu'il faille ajouter trois pintes d'eau pour faire sept pintes d'Eau-de-vie potable, le Débitant ne craint pas d'ajouter quatre pintes au lieu de trois, ce qui, par le fait lui fait vendre au détail une pinte d'eau ſur le pied de vingt-huit ſols la pinte; mais le Débitant ſait trop bien que ces Eaux-de-vie factices perdent à la longue de leur bonté, & que d'autre part les gourmets déſirent que l'Eau-de-vie ſoit vieille. Comme plus l'Eau-de-vie eſt vieille, plus elle eſt colorée, la racine de curcuma, eſpece de gingembre, eſt une reſſource qui leur donne le double avantage de donner à leur Eau-de-vie une teinte très-foncée, & de lui communiquer une âcreté que le Journalier qui la boit confond avec la force ſpiritueuſe. De Commerçant à Commerçant rien n'eſt plus aiſé à découvrir que ces fraudes ; le peſe-liqueur eſt une reſſource qu'aucun d'eux ne néglige, & le coup-d'œil leur ſuffit pour découvrir ſi l'Eau-de-vie eſt colorée artificiellement ou non ; en la goûtant d'ailleurs, quelque peu de matiere âcre qu'on y ait mis, elle n'échappe point à leur palais ; mais ce malheureux que le beſoin, l'habitude, le préjugé, la médiocrité de fortune porte à croire qu'une petite doſe d'Eau-de-vie le ſoutiendra autant qu'une quantité de vin plus conſidérable & plus chere, à quels ſignes reconnoîtra-t-il ces abus dont il eſt la dupe ? J'avoue que je n'en connois aucun qu'on puiſſe lui indiquer, à moins qu'il ne veuille employer un certain moyen ridicule en apparence, & qu'il met en uſage plus par habitude qu'à deſſein prémédité. Il eſt rare qu'un buveur d'Eau-de-vie n'égoutte dans ſa main le verre qui contenoit cette Liqueur ; il l'échauffe en frottant ſes mains ; & en les portant à ſon nez, veut au moins par cette action rendre cet organe complice des excès de ſon palais. Alors s'il vouloit y faire attention, il reconnoîtroit & la foibleſſe de l'Eau-de-vie qu'il auroit bue, par la difficulté qu'elle auroit à s'évaporer, & par l'odeur qu'elle exhaleroit, les ſubſtances étrangeres qu'on y auroit ajoutées. Mais pourquoi inſiſter ? Seront-ce les buveurs d'Eau-de-vie qui liront cet Ouvrage ?

En développant les abus qui ſe commettent dans ce détail, je n'ai pas eu intention d'inculper tous les Détailleurs. Il en eſt que des ſentimens honnêtes empêchent de commettre aucune fraude ; je me plais même à croire que c'eſt le plus grand nombre : mais devois-je parler de cette eſpece de commerce ſans donner le tableau des malverſations dont il peut être ſuſceptible ? Pour ce qui eſt du débit des Liqueurs proprement dites, elles ſe ſervent de deux manieres chez le Limonadier ; ou bien au petit verre, & alors on les y verſe d'une bouteille quelconque, en tenant ces verres ſur des ſoucoupes ; ou bien à la *Taupette*, eſpece de nom donné à des bouteilles courtes, tenant à-peu-près demi-ſeptier. Les Limonadiers les ſervent, en été ſur-tout, dans une petite boîte de fer-blanc remplie d'eau glacée : ce ſont les Liqueurs fines qui ſe diſtribuent le plus ordinairement ſous cette derniere forme. Je ne parlerai pas ici des Liqueurs communes qui ſont toutes ſuſceptibles des abus que nous avons reprochés à l'Eau-de-vie détaillée, & dont le débit n'appartient qu'à la derniere claſſe des Limonadiers proprement dits. J'ai expoſé ailleurs comment on contrefaiſoit l'Eau-de-vie d'Andaye ; l'eſpece de contrefaction dont ſeroit ſuſceptible le vin d'Alicante, eſpece de vin de Liqueurs d'un débit très-commun chez le Limonadier, cette contrefaction tient à l'art & commerce des Vins.

CHAPITRE SECOND.

Du Café.

C'est à l'uſage de la boiſſon communément appellée *Café*, que doivent leur dénomination les Artiſtes qui nous occupent dans cette troiſieme Partie. On a de toutes parts des deſcriptions de la plante, qui eſt une eſpece de jaſmin, de ſa feve proprement dite, de la maniere de récolter, de la culture & du commerce du Café. Cette plante n'eſt connue en France que depuis un ſiecle au plus : elle ne venoit autrefois que de l'Arabie ; les Levantins ſeuls en faiſoient uſage. Non-ſeulement elle a proſpéré dans nos Colonies de l'Amérique, mais elle y eſt devenue un objet de commerce important pour toute l'Europe, & ſi conſidérable pour quelques contrées, que l'on a été obligé d'y faire des Réglements, ſoit pour en limiter la culture, ſoit pour en défendre l'uſage. Les différentes contrées d'où ſe retire le Café peuvent réduire à quatre claſſes générales celui qu'on achette : le Café Mocka, le Café Bourbon, le Café des Iſles & le Café de Cayenne. Ils différent tous entr'eux, ſoit pour la groſſeur, ſoit pour la couleur. Le Mocka eſt plus jaune que verd ; le Bourbon eſt petit & verd ; le Cayenne reſſembleroit au Mocka s'il n'étoit pas plus gros que lui, comme celui des Iſles reſſemble au Bourbon, à cela près qu'il eſt plus gros. On obſerve que le Café ne conſerve une teinte verdâtre que parce qu'il eſt trop nouvellement recueilli. Auſſi des gourmets ſuſpendent-ils leur Café dans un endroit ſec & chaud pour achever de le deſſécher.

Quel que ſoit le choix du Café, le Cafetier le torréfie en le mettant dans une eſpece de boîte ronde faite en tôle forte, & qui eſt traverſée par un axe ou broche de fer, dont une des extrémités eſt en pointe, tandis que l'autre ſe termine en manivelle. Cette boîte ou cylindre de tôle eſt garnie dans ſon milieu d'une porte à loquet par laquelle on vuide & emplit le cylindre. On a un fourneau carré pareillement en tôle, aſſez profond pour qu'entre la grille & le cylindre, lorſqu'il eſt poſé, il ſe trouve trois à quatre pouces d'eſpace. Ce fourneau monté ſur quatre pieds de fer reçoit dans deux échancrures les deux extrémités de l'axe dont nous venons de parler ; d'où il ſuit que ce cylindre peut être tourné à l'aide de la manivelle qui dépaſſe un des côtés du fourneau : on n'emplit le cylindre de Café que juſqu'à la hauteur de l'axe qui le traverſe, parce qu'on a remarqué qu'en ſe torréfiant le Café augmentoit aſſez de volume pour remplir preſque la totalité du cylindre.

Le tout en état, on met dans le fourneau, du charbon que l'on allume; l'action de tourner le cylindre faisant l'effet d'un soufflet, le Café commence par répandre une vapeur obscure qui n'a aucune odeur, & qui mouille l'intérieur du cylindre; le Café devient jaune petit à petit: on entend un bruit comme de décrépitement; le Café se gonfle singuliérement, & quitte une pellicule très-fine, dont nous allons parler incessamment. On sent une odeur agréable; peu à peu il s'éleve des vapeurs blanchâtres: lorsque cette odeur commence à être accompagnée d'un petit goût de feu, il est temps de retirer le cylindre, & de continuer à le tourner en appuyant son axe sur toute autre chose que sur le fourneau. Lorsque la vapeur commence à diminuer, on ouvre le cylindre; on y trouve le Café d'une couleur rousse tirant sur le brun: on le verse promptement dans une caisse que l'on puisse fermer. Le point essentiel du grillage de Café, c'est que le cylindre soit remué uniformément, parce qu'alors les grains sont uniformément bruns. Quant à la durée de cette opération, elle dépend de l'espece de Café que l'on brûle; mais elle a toujours pour indice de sa suffisance, l'odeur agréable qui s'exhale, & la couleur plus rousse que brune, parce qu'il ne s'agit pas ici de détruire ou de mettre en charbon, mais de développer un commencement d'huile d'où dépendra la bonne qualité de la Liqueur *Café*.

Lorsque le Café est bien brûlé, il se trouve une quantité plus ou moins considérable de ces pellicules dont nous avons parlé, & dont on dit que les Sultanes se servent uniquement pour faire leur Café: toujours est-il vrai que ces pellicules, qui ont appartenu à la partie de la feve, qu'on peut en appeller l'enveloppe immédiate, étant d'ailleurs moins torréfiées que la feve même, fournissent une boisson plus aromatique & moins âcre; mais pour dire la vérité, on n'est pas dans l'usage de les séparer de la feve, & l'on met le tout dans un moulin, pour y être réduit en poudre grossiere.

J'ai une fois observé que du Café qui n'avoit pas été assez brûlé, mêlé avec dose égale du même suffisamment grillé, avoit fourni une Liqueur plus agréable que chaque espece de Café seule & isolée n'en avoit produit.

Le moulin du Cafetier est ordinairement en fer, composé d'une boîte en forme de trémie ronde ou quarrée, posée sur une portion de cylindre d'acier, lequel cylindre est creux, & divisé en sa surface intérieure par une infinité de sillons dont les côtes sont saillantes; leur profondeur est au plus d'un huitieme de ligne: la cavité du cylindre est remplie par une noix demi-ovoïde, pareillement de bon acier, dont la surface est sillonnée un peu plus profondément que celle du cylindre, & quelquefois en demi-spirale. La portion elliptique de cette noix est la partie supérieure: elle est traversée par un axe qui, d'une part, pose sur une traverse de fer placée à la base du cylindre, & de l'autre passe par une autre traverse pareillement de fer, qui occupe la base de la trémie; cet axe est assez allongé pour être un peu plus long que la hauteur de

la

la trémie : là son extrémité est équarrie pour recevoir une manivelle, à l'aide de laquelle on fait tourner la noix dans le cylindre. Plusieurs Artistes intelligents font adapter à cette tige ou axe, vers le milieu de la trémie, deux petits ailerons de fer battu plus ou moins longs & larges, suivant la capacité de la trémie, placés tous deux obliquement, c'est-à-dire, que de son point d'attache, l'un de ces ailerons tend vers le fond de la trémie, tandis que l'autre s'éleve. Cette précaution, en remuant constamment le grain qu'on va mettre dans la trémie, empêche qu'il ne s'engorge vers sa base, & rend le service du moulin plus prompt & plus égal.

Il est inutile de dire que dans quelques moulins cette noix & la manivelle sont horisontales, que même celle-ci est double, & qu'au-dessous de la noix on place un vaisseau capable de recevoir la matiere qui y tombera ; mais il ne l'est pas d'avertir que le jeu de la noix dans le cylindre doit être tel, que la poudre qui en sortira soit plutôt trop grosse que trop fine. Tout le monde sent ce qui doit résulter lorsqu'ayant mis du Café brûlé dans la trémie, on fera mouvoir la noix ; le grain écrasé entre cette noix & le cylindre, s'échappera par les rainures de l'une & de l'autre, & fera ce qu'on appelle le *Café moulu.*

C'est avec ce Café moulu que l'on prépare la Liqueur appellée *Café.* Comme je parle ici de ce travail en grand, je ne discuterai point lequel est plus avantageux de moudre à la fois tout le Café brûlé, ou de ne le moudre qu'à mesure qu'on en a besoin. Je ne parlerai pas non plus des précautions plus ou moins minutieuses, employées par certains Particuliers, pour se rendre cette boisson plus agréable.

On fait bouillir dans une grande cafetiere la quantité d'eau d'où doit résulter le nombre de tasses qu'on veut préparer ; cette quantité est estimée à un demi-septier environ pour chaque tasse, comme la quantité de Café moulu est estimée à deux ou trois gros ; lorsque cette eau est bouillante, on éloigne la cafetiere du feu, on en retire à peu-près le quart : on y met la quantité de Café nécessaire, & on approche un tant soit peu du feu. Le premier effet de cette nouvelle chaleur, est de faire monter la Liqueur ; on affaisse le bouillon en y versant, petit à petit, le quart d'eau qu'on avoit retiré de la cafetiere. Dès l'instant où la Liqueur cesse de monter, il faut retirer le tout du feu, boucher exactement la cafetiere, & la laisser, dans un endroit voisin du feu, se clarifier. Cette clarification, qui se fait lentement, à la vérité, lorsqu'on l'abandonne à elle-même, s'exécute beaucoup plus promptement chez les Limonadiers. Voici les différents moyens dont on se sert ; les uns placent la cafetiere sur un marbre ou sur quelque corps très-froid : le fond se refroidissant très-promptement, donne occasion au marc de se précipiter avec plus de vîtesse. D'autres ajoutent une certaine quantité d'eau très-froide, qui, en vertu des loix connues de l'hydrostatique, fait le même effet en se précipitant vers le fond de la cafetiere. D'autres enfin jettent un peu de colle de poissson battue & effilée ; cette colle devient un reseau, qui, en se précipitant, entraîne tout le marc qui se trouve en son chemin ; la Liqueur est, par ce moyen, beaucoup plus claire ; mais il faut convenir aussi qu'elle a beaucoup perdu, soit pour la couleur, soit pour la saveur. Certains Limonadiers sont alors dans l'usage de mettre dans leur cafetiere un peu de caramel délayé ; mais les gourmets ne s'y méprennent pas.

On sert le Café de deux manieres, ou à l'eau, ou avec le lait. La méthode la plus certaine & la moins sujette à soupçon pour cette derniere façon de le prendre, c'est de servir séparément le Café & le lait, ainsi que le font les plus célebres Limonadiers. Ce n'est pas qu'en les mêlant ensemble dans le laboratoire, il ne soit tout aussi bon ; mais il suffit qu'il y ait des gens capables de ne pas bien procéder en faisant leur Café tout préparé au lait, pour que la méthode que je viens d'annoncer soit préférable. En effet, il y a tel laboratoire de Limonadier, dans lequel on ne jette jamais le marc de Café qu'après l'avoir épuisé par les ébullitions réitérées. Ces décoctions, qui ont perdu toute la saveur agréable que le Café donne dans une premiere infusion, & qui ont acquis en échange toute l'âcreté des extraits faits à force de feu ; ces décoctions, dis-je, sont mises à évaporer en consistance d'un syrop très-épais, dont on met une cuillerée dans une tasse de lait bouillant, pour faire sur le champ du Café au lait. Après ce qui précede, je n'ai rien à dire sur cette mauvaise manipulation.

De toutes les méthodes bourgeoises imaginées pour préparer le Café, je ne parlerai ici que de la derniere : elle consiste à avoir un entonnoir de fer-blanc fait en petit, comme est celui dont nous parlions pour la filtration des Liqueurs ; cet entonnoir ou est garni vers sa base & en dehors d'une plaque horizontale qui permet de le poser sur une cafetiere, ou bien il pose sur un cercle de fer-blanc monté sur trois pieds, qui permettent de placer entr'eux une tasse. Cet entonnoir garni d'une mousseline en forme de chausse, & placé ainsi que nous venons de le dire, on met dans la chausse le Café en poudre, & d'ordinaire on en double la dose pour chaque tasse. On verse dans la chausse l'eau bouillante, qui ne tarde pas à pénétrer le Café, & à se filtrer à travers la mousseline ; on fait passer cette eau trois à quatre fois sur le Café & à travers la mousseline, après quoi on la boit. Je laisse aux gourmets à donner leur jugement sur le degré de mérite de cette préparation ; car il faut distinguer dans le Café deux choses très-différentes l'une de l'autre ; l'odeur, qui ne lui vient que de la partie de sa substance, qui, légérement torréfiée, a acquis la propriété d'être odorante, à peu-près comme le sont les substances résineuses artificielles ; cette odeur seroit bientôt dissipée, si la torréfaction, continuée trop long-temps, convertissoit cette substance en une espece d'huile empyreumatique. La seconde chose à observer dans le Café, c'est sa partie colorante, ou une matiere extractive toujours torréfiée, qui, plus elle l'est, plus elle donne d'intensité & d'âcreté à la Liqueur.

Je crois fermement que la premiere propriété eſt tellement particuliere au Café, que toute ſubſtance qu'on voudroit lui ſubſtituer, ſi elle eſt torréfiée avec ſoin, pourra bien avoir une odeur; mais cette odeur ne ſera jamais bien le parfum du Café. Quant à la ſeconde propriété, toute ſubſtance végétale un peu ſolide, torréfiée comme lui, donnera comme lui à l'eau de la couleur. Il eſt vrai que l'eſpece d'acrimonie qui en réſultera, ſera encore particuliere à l'eſpece de corps torréfié. Ainſi pour bien juger le Café, il faut être bien accoutumé à l'eſpece de parfum qu'il exhale lorſqu'on le boit: parfum qui frappe l'odorat, moins encore par les trous naſeaux extérieurs, que par les trous naſeaux intérieurs; puis bien accoutumer ſon palais à développer l'eſpece d'âcreté que doit avoir néceſſairement ce même Café, parce qu'il eſt torréfié.

Ici ſe préſentent en foule les ſubſtances imaginées pour ſuppléer au Café. On ſait avec quelle ſorte de ſuccès la racine de chicorée, torréfiée & priſe en infuſion, a été adoptée ces années dernieres, dans un Royaume où des conſidérations politiques ont fait défendre l'importation du Café, & par conſéquent ſon uſage; mais cet exemple n'autoriſe pas davantage ceux qui, ayant la liberté d'acheter du Café, s'annonçant pour débiter le Café en Liqueur, donneroient en place une Liqueur de riz, de féves, de ſeigle, de lentilles, d'orge, enfin de preſque toutes les ſemences farineuſes torréfiées, en place de cette boiſſon; parce que c'eſt du Café qu'on leur demande, & non point des Liqueurs de ce genre. Que dans quelques Provinces, où le Café eſt rare, on lui ſubſtitue avec connoiſſance de cauſe quelqu'eſpece de matiere que ce ſoit; c'eſt une maniere de ſatisfaire le luxe priſe pour une autre: ainſi nous avons vu les pommes de terre bouillies & coupées, ſéchées d'abord, puis torréfiées & préparées à la maniere du Café, remplacer cette boiſſon.

Je ne dirai qu'un mot ſur l'uſage du Café; je crois n'être pas le ſeul qui ait remarqué que depuis que cette boiſſon, toujours mal préparée, & avec de mauvais lait, eſt devenue le déjeûner favori de nos femmes de marché, elles ont perdu ce teint vigoureux & de bonne ſanté qu'elles avoient lorſqu'elles prenoient un déjeûner plus groſſier. Ce ſera toujours pour un Philoſophe, un ſingulier ſpectacle que celui d'une femme du grand monde, d'une part, qui, mollement couchée dans ſa bergere, prend ſur un cabaret bien verni, dans une taſſe de porcelaine plus ou moins enrichie, avec du ſucre bien rafiné & de bonne crême, un déjeûner ſucculent, auquel le mocka a joint ſon parfum; & de l'autre, ſur ſon inventaire d'oſier, dans un méchant pot de fayence fort éloigné d'être neuf, une vendeuſe de légumes qui trempe un mauvais pain d'un ſol dans une Liqueur déteſtable, qu'on lui dit être du Café au lait; ſur-tout lorſque ce Philoſophe réfléchira que ce déjeûner eſt au moins ſuperflu pour toutes deux.

CHAPITRE QUATRIEME.

Du Chocolat.

La conquête du Nouveau Monde a valu quelques biens à l'Europe, qui ne compenſeront jamais les maux que l'Europe a cauſés à cette contrée. Du nombre de ces biens, eſt la découverte que firent les Eſpagnols de la boiſſon dont les Mexicains faiſoient leurs délices : ils lui attribuoient des propriétés merveilleuſes. Les Eſpagnols crurent leurs nouveaux ſujets, & ſe hâterent de tranſporter dans leur pays, ce qui étoit néceſſaire pour préparer le Chocolat. Laiſſons de côté les vertus merveilleuſes qu'on y a recherchées avec aſſez d'enthouſiaſme pour ne les y pas trouver. Tout le monde eſt d'accord que la boiſſon du Chocolat eſt une ſorte d'aliment qui convient ſur-tout aux eſtomachs pareſſeux, & dont par conſéquent les vieillards font un uſage ſalutaire. Bientôt les autres Nations de l'Europe parvinrent à découvrir le ſecret des Eſpagnols, & l'on prépara de toutes parts du Chocolat auſſi bon que celui qu'ils vendoient.

Ce ſont nos Limonadiers qui ſont dans l'uſage de préparer la boiſſon appellée *Chocolat* ; mais la fabrication de la pâte avec laquelle on fait cette boiſſon, eſt demeurée le partage de quelques Ouvriers ambulants, qui ſe tranſportent avec leurs appareils chez celui qui deſire en vendre ; car à cet égard, Limonadier, Epicier, Pharmacien, Vinaigrier, beaucoup d'individus encore, outre ces quatre eſpeces de Négociants, s'annoncent pour Fabriquants de Chocolat. Il n'y a pas juſqu'à de pieux Solitaires, qui, dans Paris, n'en faſſent un débit conſidérable.

Avant de parler de la fabrication du Chocolat, il eſt juſte de dire un mot de ſes ingrédients. Le cacao en eſt la baſe ; le ſucre en eſt l'aſſaiſonnement ; la vanille & la canelle en ſont les aromates. Le cacao eſt une amande brune, compoſée de pluſieurs lobes irréguliers recouverts d'une double écorce, dont l'extérieur eſt chagriné. Ces amandes ſont la ſemence que donne un arbre appellé le *Cacaotier*, dont la deſcription botanique ſe trouvant dans preſque tous les Livres, ſeroit ſuperflue ici. On diſtingue dans le Commerce pluſieurs eſpeces de cacao ; la premiere & la plus renommée, eſt le cacao appellé *gros Caraque*, parce que c'étoit une groſſe eſpece que l'on tiroit de Caraque. Ce cacao eſtimé, devenu très-rare, a preſque toujours l'inconvénient d'être taché de moiſiſſure dans ſon intérieur. Le *moyen Caraque* eſt le plus en uſage ; il eſt plus petit, mais applati comme le gros caraque : il eſt fort ſec, & a beſoin d'être broyé long-temps. Ces deux eſpeces ſont preſque tombées en déſuétude dans nos Fabriques, depuis que nos Colons de Saint-Domingue & des autres Iſles, ſont parvenus à faire réuſſir le cacaotier dans leurs plantations. Le cacao des

des Isles est plus renflé, d'un brun plus rougeâtre. Il le faut choisir bien mûr, ce que l'on reconnoît lorsqu'en le mâchant il ne donne pas d'amertume. Enfin il y a dans le Commerce une quatrieme espece de cacao, qu'on appelle *Cacao de Cayenne*, qui approche plus pour la grosseur du cacao caraque, mais qui conserve toujours une certaine amertume. La plûpart de nos Fabriquants ne prennent que l'une ou l'autre de ces deux dernieres especes ; & quoi que l'on dise du prétendu secret des Moines qui vendent du Chocolat dans Paris, ce secret ne consiste que dans le bon choix du cacao. Nous ne dirons rien ici sur le sucre qui ne soit connu. On prend de préférence dans les Isles du sucre terré, & en France de belle cassonade.

La vanille est le plus ancien aromate que l'on emploie dans le Chocolat : elle est encore une production du Mexique ; ce sont des gousses d'un brun luisant, longues de 4 à 5 pouces, ridées à l'extérieur, souvent garnies de petits flocons salins & neigeux, & pleines, dans l'intérieur, d'une quantité innombrable de petits grains noirs, qui sont attachés les uns aux autres par des filets imperceptibles : telle doit être la bonne vanille, dont tous les Dictionnaires d'Histoire Naturelle & de matiere Médicale, donneront d'ailleurs une plus ample description. Il suffit ici, ainsi que pour le cacao, de mettre le Fabriquant à portée de distinguer la matiere qu'il veut employer. C'est pour cette raison que nous ne dirons rien non plus de la canelle.

Les instruments nécessaires pour la fabrication du Chocolat, ne sont ni nombreux ni difficiles à comprendre. On établit une espece de pied de table quarré, long de trois pieds, large de deux, & haut de deux pieds & demi; les montants sont arrêtés haut & bas par des traverses ; sur celles d'en-bas pose une planche, sur laquelle on placera, lorsqu'il le faudra, une poële de fer avec du feu allumé. Cette partie de la table est le plus souvent en forme de caisse, ayant une porte pour poser & ôter la poële ; cet encaissement conserve plus de chaleur, & la répand plus uniformément sous la pierre à broyer. Sur les traverses supérieures se pose, d'une maniere solide, une pierre de trois pouces d'épaisseur, creuse dans son milieu, c'est-à-dire, que si les deux extrémités ont trois pouces, le milieu ne doit avoir que deux pouces, ce qui fait une espece de double pupitre, dont les parties les plus hautes forment les deux extrémités. D'autres Artistes ne tiennent pas leur pierre creuse, mais la posent en pente sur la table, de maniere que le côté le plus haut se trouvera près de la poitrine de l'Ouvrier, lorsqu'il travaillera sa pâte. Du côté où il travaille il y a une planche de traverse plus haute que la pierre, sur laquelle il appuye le ventre lorsqu'il promene sa lame ou *rouleau*.

On a d'autre part une barre de fer bien arrondie, ayant en longueur la largeur de la pierre ; on donne à cette barre un pouce & demi de diametre, & on la tient emmanchée, par ses extrémités, à deux morceaux de bois arrondis, un peu moins gros qu'elle, & portant chacun deux ou trois pouces de long. Quelques Artistes négligent ce dernier soin, & tiennent seulement leurs barres plus longues que la pierre n'est large. On a d'autre part des couteaux à lames larges & ployantes à peu-près comme ceux dont les Peintres broyent leurs couleurs, ou une planche platte qu'on appelle *Amassette*. Quelques Fabriquants ont une seconde pierre qui est une plaque platte de fer fondu, sur laquelle ils affinent leur pâte avec un rouleau de cuivre.

Je ne parlerai pas des machines imaginées pour mouvoir ces rouleaux sans le secours des bras, les Fabriquants ne les ayant pas adoptés.

Le Fabriquant grille son cacao dans une poële de fer, en le remuant constamment jusqu'à ce qu'il s'apperçoive que l'écorce se détache facilement de l'amande; alors on verse le cacao sur un van, pour séparer exactement cette écorce d'avec l'amande; on sépare par la même occasion, celles des amandes qui paroissent gâtées; & on remarque que trois livres de cacao caraque, donnent deux livres tout épluchées, ce qui augmente son prix du tiers; en sorte que si le Caraque coûte 2 livres 10 sols la livre, il revient tout épluché à 3 livres 7 à 8 sols. Le cacao des Isles, au contraire, ne perd qu'un quart; en sorte que lorsqu'il coûte 17 sols la livre, il revient, tout épluché, à 21 sols 6 deniers.

On a mis sous la pierre assez de feu pour pouvoir l'échauffer au point d'y poser la main sans souffrir. On met le cacao qu'on a quelquefois commencé à piler dans un mortier de fer, on le met, dis-je, ou entier ou déja écrasé sur cette pierre, & on l'écrase à l'aide de la barre que l'on y fait rouler, en ayant soin de rapprocher avec le couteau ce qui s'écarteroit. Si la pierre devenoit, par hasard, trop chaude, on retire la poële pour quelques instants, ou bien on en recouvre la braise avec des cendres, le point essentiel étant que cette chaleur soit douce, égale & continue. Lorsque le cacao commence à devenir pâteux & doux sous la barre, on y ajoute, petit à petit, la quantité de sucre bien en poudre, qu'on a dessein d'employer; je dis qu'on a dessein, parce que sur cet article les Fabriquants ne sont pas d'accord; les uns mettant livre pour livre; les autres, au contraire, ne mettant qu'un quarteron de sucre par livre de pâte. S'il est possible, dans une diversité si grande, d'établir quelque regle à l'aide de laquelle le Fabriquant puisse se déterminer, ce sera la nature du cacao qu'il aura employé, qu'il consultera; pour en couvrir l'amertume, il surchargera la dose du sucre. A plus forte raison, comme nous le dirons par la suite, augmentera-t-il cette dose, lorsqu'il voudra suppléer au cacao d'autres substances qui n'y ont aucun rapport.

Il est bon que l'on sache, avant de passer plus loin, que l'opération par laquelle on fabrique le Chocolat, consiste à développer, à l'aide de la chaleur, une substance onctueuse que contient le cacao, à la rendre miscible à l'eau, en faisant ce que les Pharmaciens appellent un *oleo-saccarum*, c'est-à-dire, en combinant avec le sucre cette matiere grasse; puis à remêler ce nouveau composé de sucre & d'huile avec le parenchyme du cacao. Le sucre bien incorporé, on continue de le broyer toujours uniformément & par parties.

Lorsque la pâte est de toute finesse, qu'on ne sent plus de grumeaux, il est temps d'y ajouter les aromates; & leur quantité, celle de vanille, sur-tout, qu'on y ajoute, sert à déterminer le prix marchand du Chocolat: on dit *du Chocolat de santé* ou *sans vanille*, du *Chocolat à une*, *deux*, *trois & quatre vanilles*, ce qui signifie que dans une livre de Chocolat il y a depuis un scrupule jusqu'à quatre scrupules de vanille. Cette vanille, ainsi que la canelle, dont on met toujours une petite quantité, telle qu'un demi-gros par livre, doit être au préalable pilée & broyée avec le double de leur poids de sucre; on les joint à la pâte: on broie de nouveau; & lorsque le tout est bien mélangé, on dresse le Chocolat de deux manieres; les uns dans des moules de fer-blanc, arrangés de maniere à diviser la demi-livre qu'on y mettra en huit parties égales. Ces moules sont une caisse de fer-blanc haute d'un demi-pouce, large d'un & demi ou deux; le fond de ces moules, au lieu d'être tout plat, est garni d'une rigole saillante, coupée par quatre petites rigoles transversales. L'Ouvrier se dispense assez ordinairement de peser; si cependant il veut le faire pour plus de justesse, il tare ses moules dans sa balance. Autrefois on étoit dans l'usage de mettre un cachet qui prouvoit que le cacao venoit de l'Espagne; ce cachet n'est plus actuellement qu'un usage qui ne sert même pas à faire connoître le Fabriquant, puisque ce Fabriquant est le plus souvent un homme ignoré.

D'autres ont des feuilles de papier sur lesquelles ils versent leur pâte par morceaux d'une once; cette pâte s'applatit, & forme un pain rond qu'on appelle *tablette*. La liquidité de cette pâte est dûe à la chaleur de la pierre, l'espece de beurre ou huile de cacao, ayant la double propriété de se liquéfier à une très-douce chaleur, & d'être singuliérement dure lorsqu'elle refroidit. La pâte versée dans les moules ou en tablettes, s'en détache très-aisément, & forme des masses brunes, luisantes d'un côté, & mates de l'autre, qu'on enveloppe avec soin dans des papiers bien blancs, pour les vendre à titre de Chocolat de l'espece de santé ou autres.

Ce n'est pas seulement en France que l'on prépare des pâtes de Chocolat; il nous vient des Isles un Chocolat brut sans sucre & sans aromate, qui n'est autre chose que le cacao seul broyé & mis en une masse ou espece de bâton long, & du poids d'environ une livre & demie. Ceux qui désireroient acheter de ce Chocolat, doivent le goûter bien attentivement. On en trouve qui est d'une amertume insoutenable, pour avoir été fait avec du cacao trop verd. Il y en a d'autre qui est à peine gras, pour avoir été privé en partie de son huile ou beurre, qui, seul & à part, fait un objet de commerce. Ce n'est pas que dans l'Europe, depuis, sur-tout, que la boisson du Chocolat est devenue si commune, il ne se commette, sur la fabrication du Chocolat, des abus équivalents.

Le plus connu de ces abus, c'est de tirer une partie du beurre ou huile de cacao ; on broie la masse restante, que l'on surcharge de cassonade & de canelle, & l'on vend cela pour du Chocolat. D'autres mêlent des amandes grillées & de la farine à une petite quantité de cacao ; d'autres se contentent de joindre à ces amandes une portion de cacao en poudre. En goûtant ces différents Chocolats, il sera aisé de ne s'y pas méprendre : plus ils sont âcres en canelle & sucrés, plus il faut s'en défier ; d'ailleurs le Chocolat bien fait, lorsqu'on le goûte, laisse dans la bouche une fraîcheur qu'il doit à l'abondance de son beurre ; c'est même un caractere distinctif du beurre ou huile de cacao, que rien ne peut suppléer. Ajoutez à cela que le Chocolat mal fait n'a point de vanille, mais est aromatisé avec le storax en pain, ce qui, quand on le mâche, rend une odeur approchante de celle de l'encens qu'on brûle dans les Eglises ; au lieu que l'odeur de la vanille est douce, & n'a rien d'amer.

Il y a enfin un moyen certain pour n'être pas trompé ; c'est ou de faire faire le Chocolat sous ses yeux, ou de le prendre dans ces magasins tellement famés, que le plus léger soupçon ne puisse s'y glisser légitimement. C'est avec cette pâte que se prépare la Liqueur appellée *Chocolat*, mot Mexicain, que les Espagnols ont conservé.

On prend une tablette ou une once de pâte, on la rape sur une rape de fer-blanc ; on fait bouillir de l'eau, & lorsqu'elle est bouillante, on y verse le Chocolat rapé : aussi-tôt l'on remue exactement sa Liqueur, afin de diviser le Chocolat à mesure qu'il se fond. Dès qu'il est fondu, on le retire du feu, & on le tient seulement dans un endroit chaud, parce que la continuité de l'ébullition, quelque bien faite que soit d'ailleurs la pâte, en détacheroit bientôt un peu de l'huile ou beurre, ce qui rendroit la Liqueur détestable. A l'instant de servir le Chocolat, on le verse dans une cafetiere particuliere, appellée *Chocolatiere*, dont le couvercle est troué pour laisser passer le manche d'un moussoir de buis, composé de cinq à six rondelles de ce bois, échancrées comme une roue dentée oblique ; ces rondelles sont percées par le centre pour être introduites dans un bout du manche, dont le diametre est plus étroit à cet endroit que dans le reste de sa longueur. Ces rondelles sont assujéties par une petite vis & un petit écrou : en roulant la portion du manche qui passe à travers le couvercle de la cafetiere, on fait naître dans la Liqueur un mouvement assez considérable qui la fait mousser ; & c'est dans cet état qu'on la verse dans les tasses. Celles-ci different des tasses à café, en ce qu'elles sont hautes & tiennent au moins le double. L'action du moussoir remêle le peu de beurre de cacao qui pourroit s'être séparé, & empêche la précipitation du parenchyme ; elle devient plus essentielle au mauvais Fabriquant, qui auroit acheté du Chocolat préparé avec des substances étrangeres au cacao, ou avec du cacao déja privé de son beurre. La boisson du Chocolat, pour être bien faite, doit être d'un brun clair, bien uniforme, & ne laissant que difficilement précipiter très-peu de matiere lourde. Si, par hazard, on la laisse refroidir, on doit appercevoir

appercevoir quelques gouttes rondes ſur ſa ſurface.

Le Chocolat au lait ne differe de celui dont il vient d'être queſtion, qu'en ce qu'ayant fait fondre le Chocolat rapé dans une très-petite quantité d'eau, comme 2 onces au plus par tablette, on y verſe le lait bouillant à l'inſtant de ſervir, en ayant grand ſoin de le faire mouſſer un peu plus long-temps que le Chocolat à l'eau. Le mauvais Chocolat ſe ſoutient plus facilement dans le lait que dans l'eau ; & comme l'uſage de boire le Chocolat à l'eau, eſt preſqu'anéanti dans les Cafés, il eſt plus facile à ceux qui en auroient de mal fabriqué de l'employer dans cette circonſtance. Comme je ſuis porté à croire que le Limonadier qui ne fabrique pas ſa pâte de Chocolat, eſt le premier trompé dans l'achat qu'il en pourroit faire, j'indique volontiers les ſignes auxquels on reconnoîtra de la pâte de Chocolat bien ou mal faite. La couleur de la tablette doit être d'un brun rouge ; plus cette couleur eſt mate, moins le Chocolat eſt bon. Sa ſurface doit être liſſe & même luiſante ; ſi ce luiſant ſe diſſipe ſeulement au toucher, c'eſt une preuve qu'il y a de la mixtion. Lorſqu'on caſſe du Chocolat, il doit être uni dans la fracture, point graveleux, & ſur-tout n'ayant aucun point luiſant ; car, nous l'avons déja obſervé, c'eſt avec le ſucre que le Fabriquant cherche à déguiſer ſa mal-façon. Enfin en mâchant un peu de Chocolat, il doit ſe fondre doucement dans la bouche, ne laiſſer appercevoir ſur la langue aucune aſpérité, y répandre un frais agréable, & ſe diſſoudre entiérement dans la ſalive. Il faut abſolument rejetter tout Chocolat qui laiſſe un dépôt ; c'eſt, ſur-tout pour les palais bien exercés, la meilleure méthode de diſtinguer les Chocolats falſifiés, parce qu'en mâchant ce dépôt, la ſaveur âpre ou amandée, la ſéchereſſe du cacao épuiſé, enfin la ſaveur particuliere des ſubſtances qu'on a pu y joindre, ſe développe & ſe décele aux gourmets.

Nous avons dit qu'après avoir grillé le cacao, on le verſoit ſur un van pour l'éplucher ; nous avons engagé, dans la Seconde Partie, les Liquoriſtes à eſſayer ſi les coques réſultantes de cet épluchement, ne contiendroient pas une partie de l'aromâte du cacao : c'eſt ici le lieu de dire l'uſage qu'en font quelques perſonnes diſtinguées, mais ſur-tout beaucoup de femmes de marché, qui ne croiroient pas avoir fait un bon déjeûner, ſi elles ne prenoient la décoction d'une once de ces coques dans une taſſe d'eau mêlée avec autant de lait : c'eſt pour les premieres un régal, pour les autres une économie. Cette marchandiſe vaut 8 ſols la livre, & eſt, pour Paris, d'une telle conſommation, qu'on l'y envoie par balots, de nos villes, maritimes entre autres.

CHAPITRE QUATRIEME.

Des Liqueurs chaudes qui ſe préparent chez le Limonadier.

Je ne connois que les Bavaroiſes & le Punch, en tant que Liqueurs chaudes, qui ſe fabriquent par nos Limonadiers ; encore la derniere de ces deux Liqueurs eſt-elle une innovation très-récente, qui pourra concourir à rendre à nos boutiques de nos Limonadiers, le même ſervice que l'abus du vin a rendu à celles des Marchands de vin. On les abandonna, parce que les fumées du vin, les haleines des Buveurs rendoient leurs maiſons dégoûtantes aux perſonnes les moins délicates ; on fuira les Cafés pour éviter cette odeur plus déteſtable encore de l'Eau-de-vie échauffée, ou du moins on ne fréquentera que ceux chez leſquels l'uſage du Punch ſera le moins connu.

La Bavaroiſe n'eſt autre choſe que l'infuſion du thé, à laquelle, au lieu de ſucre, le Limonadier ajoute du ſyrop de capillaire. Le thé eſt la feuille d'un arbriſſeau que les Chinois cultivent, & que l'on croit être de la claſſe des véroniques. Indépendamment des eſpeces du même arbriſſeau, il y a des variétés dans le thé qui dépendent uniquement de ſa préparation ; de ce nombre, ſont les eſpeces connues ſous le nom de *thé verd* & *thé bou*. Le thé verd a été ſéché immédiatement ſans aucune préparation ; le thé bou a perdu, ſoit par la trop grande ſéchereſſe, ſoit par une trop longue infuſion, la plus grande partie de ſes propriétés. Le premier, avant de développer ſon parfum, eſt âcre ; le ſecond a beſoin de bouillir pour développer plutôt ſa couleur que ſon odeur : car c'eſt une choſe que j'ai obſervée ſur beaucoup de plantes aromatiques, celles, ſur-tout, qui ſont d'une conſiſtance ferme, telles que l'hyſſope, la ſarriette, la véronique & toutes les plantes qui leur reſſemblent ; que leur premiere infuſion eſt âcre & déſagréable, tandis que la ſeconde porte avec elle un parfum qui fait plaiſir. Le thé le moins cher eſt, ſans contredit, celui qu'emploient la plûpart de nos Limonadiers : mais l'infuſion qu'ils en font, ſoit parce qu'elle eſt gardée long-temps avant d'être débitée, ſoit parce qu'ils mettent une trop grande quantité de thé, ſoit encore parce que négligeant le ſoin de verſer leur infuſion une fois faite, pour n'y pas laiſſer ſéjourner les feuilles de thé, ils donnent occaſion à ces feuilles de développer une partie extractive âcre & colorante ; cette infuſion de thé n'a aucune reſſemblance avec celle que les habitants de toutes nos contrées ſeptentrionales boivent avec tant de délices, en ſe contentant de tenir dans leur bouche un morceau de ſucre de très-petit volume. Nos Limonadiers ſont, au contraire, dans l'uſage de mettre ſur chaque caraffe de Bavaroiſe une once & demie de ſyrop de capillaire ; ce fyrop, lui-même, que la plûpart d'entr'eux ne prennent pas la peine de faire, eft extrêmement rouge, non à caufe de la quantité de capillaire qui y eft entrée, mais à caufe de la forte décoction qu'on en a faite, ou encore de la mauvaife caffonade qu'on a employée, ces fyrops étant fouvent faits par des Confifeurs avec tous les ramaffis des autres fyrops. De ce mélange d'infufion forte de thé & de fyrop très-coloré, réfulte une Liqueur dorée, plus fucrée qu'aromatique, qui fe fert chaude dans des caraffes qui peuvent tenir à peu-près trois poiffons. Si c'eft une Bavaroife au lait, on a la décoction de tous les marcs de thé, dont on met deux fortes cuillerées au fond de la caraffe, avec deux onces de fyrop de capillaire, & l'on emplit le tout avec du lait chaud. Une bonne Bavaroife au lait doit être faite avec moitié infufion de thé, & moitié lait ou crême : alors le parfum du thé fe fait fentir ; au lieu que dans les Bavaroifes ordinaires, la faveur fucrée du lait a bien de la peine à fauver l'amertume du thé.

Puifque rien n'eft fi commun que l'ufage des Bavaroifes dans les Cafés, je vais donner ici la recette d'un fyrop avec lequel on pourra faire fur le champ des Bavaroifes : il fuffira de verfer fur le fyrop de l'eau ou du lait chauds.

Prenez fix livres de caffonade, par exemple, mettez-les dans une baffine avec trois pintes d'eau, & environ une once de capillaire ; faites bouillir, après y avoir délayé deux œufs qu'on a caffés & fouettés dans leur totalité, blancs, jaunes & coquilles, avec une partie de l'eau en queftion. Lorfque le tout eft bouillant à un feu clair, vous l'entretenez en cet état jufqu'à ce que vous apperceviez nettement le fond de la baffine, ce qui annonce la parfaite clarification ; alors vous paffez à travers un feutre de drap, & vous remettez votre fyrop fur le feu ; lorfqu'il eft à fa cuite, vous avez dans un vaiffeau d'étain qui puiffe fe boucher d'un couvercle, une once & demie de capillaire bien épluché, & fix gros de thé de la meilleure qualité, que vous avez eu le foin de tremper pendant un quart-d'heure dans très-peu d'eau chaude ; vous verfez votre fyrop bouillant fur ces deux ingrédients, & vous les laiffez enfemble vingt-quatre heures. Au bout de ce temps vous placez ce vafe au bain-marie ; pour rendre votre fyrop plus liquide ; vous y ajoutez à peu-près trois onces de bonne eau de fleur-d'orange double, & vous verfez ce fyrop dans des bouteilles, à l'aide d'un entonnoir de verre garni d'une étamine bien nette. Ce fyrop mêlé enfuite avec de l'eau bouillante, forme une Bavaroife exquife & commode à préparer.

Je ne parle pas ici de fon prix ; fa médiocrité étonneroit : car il eft bon que l'on fache qu'avec les dofes que nous venons de prefcrire, on a neuf livres de fyrop, c'eft-à-dire, de quoi faire à peu-près 72 Bavaroifes.

Le Punch eft une boiffon Angloife que l'on a adoptée avec fureur, & dont l'ufage a fouvent été caufe de difputes. C'eft un mélange de thé ou d'eau chaude, de fucre, de jus de citron & d'Eau-de-vie. La méthode de le préparer n'eft pas la même par-tout. Voici cependant la plus fimple. Dans une grande jatte, car on ne fait pas le Punch pour peu, on met à peu-près six onces de sucre, & on y exprime fortement le suc de huit gros citrons, ou de douze petits, en ayant soin de frotter légérement leur écorce sur quelques morceaux de sucre; on verse à peu-près trois demi-septiers de thé ou d'eau très-bouillante : on remue bien exactement; & lorsque le tout est bien fondu, on y ajoute de l'Eau-de-vie appellée *Rack*, ou de celle appellée *Rhum*, dont il a été fait mention dans la premiere Partie; & cette Liqueur toute chaude se distribue aux Buveurs en puisant dans la jatte avec une cuiller de bois; car il a fallu pousser la singerie jusqu'à imiter les Anglois dans l'appareil qui leur sert à distribuer le Punch : une cuiller d'argent ne vaudroit rien; une jatte qui ne seroit pas de porcelaine, ne seroit pas de bon goût.

Quelques gourmets, pour gâter encore mieux les bonnes choses, mettent moitié vin de Champagne & moitié rack.

Comme on boit cette Liqueur toujours chaude, il est aisé de sentir avec quelle facilité s'élevera dans l'atmosphere la partie la plus volatile de l'Eau-de-vie; combien facilement les cerveaux seront échauffés par une telle boisson. Mais enfin elle est de mode; & jusqu'à ce que cette mode ait fait place à une autre, les réflexions les plus solides n'en arrêteroient pas l'usage. Laissons donc l'Anglomanie s'user par le temps, & espérons que cette Liqueur traîtresse sera bientôt oubliée du François, qui rougira d'être une copie, quand il peut servir de modele.

Je prie qu'on me permette d'ajouter ici quelques réflexions sur le Rhum & le Rack. Je m'en suis procuré de toutes les qualités. Le Rack de Batavia, qui passe pour le meilleur; celui de la Caroline; le Rhum Anglois & celui de nos Colonies. Ils ont la réputation d'être la meilleure Liqueur du genre des Eaux-de-vie; cette excellence n'est certainement pas dans la spirituosité; je les ai trouvés tous à cet égard, & avec tous les pese-liqueurs connus, inférieurs à nos Eaux-de-vie de France, même factices, & égales seulement à l'Eau-de-vie de poiré. Si leur supériorité est fondée sur le goût, j'en suis fâché pour nos gourmets; mais je ne connois rien qui rapporte mieux le goût des Racks sur-tout, que l'impression que laissent les cuirs sortant de la fosse du Tanneur; & pour n'être pas seul à le juger ainsi, j'ai mis un morceau d'un pareil cuir infuser un jour dans un verre d'Eau-de-vie de poiré, & ceux qui en ont goûté lui ont tous fait l'honneur de la prendre pour de très-bon Rack.

CHAPITRE

CHAPITRE CINQUIEME.

Des Liqueurs fraîches.

LA plus abondante des Liqueurs fraîches qui se distribuent chez les Limonadiers, est la Bierre ; mais comme il ne s'agit pas ici de l'Art du Brasseur, nous ne parlerons pas de cet objet du commerce des Limonadiers, autrement que pour avertir de deux abus qui s'y glissent : le premier est de distribuer la Bierre dans des petits cruchons de fayence, au lieu de le faire dans des mesures anciennes dont la jauge étoit connue ; ces cruchons sont tous de beaucoup plus petite capacité, & je ne doute pas que les Magistrats préposés à l'inspection des mesures de cette espece, ne prennent bientôt cet objet en considération. J'ai vu tel de ces cruchons qui tenoit toujours un huitieme de moins.

Le second abus, c'est l'usage où sont quelques Distributeurs de Bierre, de couper avec de l'eau la Bierre qu'ils débitent, en la faisant passer les uns sur des rapés d'Eau-de-vie, les autres sur du houblon, ce qui concilie plus d'amertume, donne à la Bierre une apparence de légéreté, & la rend cependant singuliérement propre à procurer l'ivresse. On prétend que quelques Débitants de Bierre mêlent à leur houblon un peu d'orvale, espece de plante connue encore à Paris des Fabriquants de vin muscat.

On reconnoît ces Bierres à leur défaut de couleur & à leur saveur, qui n'est pas du tout vineuse. Ce que nous disons ici, ne regarde pas les Limonadiers seuls, puisqu'ils ne sont pas les seuls qui débitent de la Bierre, & ne regarde que ceux des Débitants qui commettent les petites fraudes que nous exposons. Je crois l'avoir déja dit ; il y a, dans cette Communauté, un nombre d'Artistes dignes en tout point de la confiance & de la fréquentation du Public.

Il fut un temps où l'on desiroit que la Bierre fût mousseuse ; pour lui donner cette propriété, on la mettoit en bouteille, & avant de boucher chaque bouteille, on y mettoit un petit morceau de sucre ; ce sucre, en se dissolvant dans la Bierre, développoit une certaine quantité de bulles d'air, qui, retenues tant que la bouteille étoit bouchée, sortoient avec impétuosité, & faisoient mousser la Liqueur lorsqu'on la débouchoit.

Les autres Liqueurs fraîches sont la Limonade & les Liqueurs des fruits, comme groseilles, framboises, pêches, prunes, abricots, cerises, verjus, &c. &c. &c. Toutes ces Liqueurs ne sont autre chose que de l'eau chargée de sucre, associée avec le suc des fruits en question.

La Liqueur appellée *Limonade*, se fait en prenant une pinte d'eau, deux gros citrons ou trois petits, & six à huit onces de sucre : on frotte légérement sur ce ſucre l'écorce jaune des citrons. On coupe les citrons en deux, après les avoir amollis ſous les doigts, & on en exprime fortement le jus dans la pinte d'eau ; à force de verſer d'un vaſe dans l'autre, cette eau, ce ſucre, & ce jus, on a une Liqueur demi-tranſparente, d'un jaune très-pâle, que l'on paſſe, s'il eſt beſoin, à travers une étamine, & que l'on tient dans des cruches au frais, pour la diſtribuer dans des caraffes. C'eſt une mauvaiſe pratique que de jetter le citron lui-même dans l'eau après l'avoir écraſé ; il fait contracter à la Liqueur une amertume inſupportable, qui eſt dûe tant à l'écorce ligneuſe des ſemences, qu'à la partie blanche de l'écorce.

Avec quelques précautions que l'on faſſe le ſyrop de limon, il n'équivaut pas à la Limonade faite ſur le champ, parce que la chaleur néceſſaire pour faire le ſyrop, abſorbe toujours une portion de l'acide, qui, mieux combiné avec le ſucre, devient pour cela moins ſenſible au palais.

Je ne parlerai point ici d'un abus qui ne peut être commis par les Limonadiers, quoiqu'il l'ait été quelquefois par des gens preſſés de faire de la Limonade dans un temps où il n'étoit pas poſſible d'avoir des citrons ; il conſiſte à mêler, au lieu de citron, dans la même doſe d'eau ſucrée, une demi-once d'eſprit de citron, & ſuffiſante quantité d'eau de rabel. Cette Limonade factice ſe diſtingue très-aiſément, en ce qu'elle agace conſtamment les dents, & qu'en la goûtant on diſtingue le montant de l'eſprit-de-vin, qui conſtitue l'eſprit de citron.

Quel que ſoit le fruit dont on veut préparer les Liqueurs fraîches, fraiſes, groſeilles, framboiſes, ceriſes, &c, on prend, pour une pinte d'eau, dans laquelle on a fait fondre huit onces de ſucre, depuis un quarteron juſqu'à une demi-livre de chacun de ces fruits bien épluchés ; on les écraſe bien exactement : on y verſe l'eau ſucrée, & au bout d'un quart-d'heure, à peu-près, on les paſſe ſur un tamis, pour en ſéparer le marc ; on verſe enſuite la Liqueur ſur une étamine, & on la ſerre dans des cruches pour diſtribuer au beſoin.

Avant de paſſer outre, il eſt eſſentiel de parler d'une autre eſpece de Liqueur fraîche appellée *Orgeat*. Les Limonadiers bien convaincus que le ſyrop d'orgeat n'équivaut pas à la pâte, parce que celle-ci bien faite, contient plus du parenchyme de l'amande, achetent chez les Confiſeurs de la pâte d'Orgeat, dont ils diſſolvent quatre onces par pinte d'eau, en la pilant légérement dans un mortier de marbre avec un pilon de bois, & verſant l'eau peu-à-peu. Ils paſſent la Liqueur laiteuſe qui en réſulte, à travers une étamine fort claire ; & c'eſt ce qui conſtitue l'Orgeat qu'ils donnent à boire.

Il y auroit bien une autre maniere de faire de l'Orgeat meilleur, qui conſiſteroit à piler immédiatement les amandes avec le ſucre, pour les délayer dans l'eau; mais comme cette opération eſt longue, les Limonadiers préferent d'employer la pâte qui eſt toute pilée, afin de faire attendre moins long-temps ceux qu'il s'agit de contenter; car l'Orgeat une fois fait, étant très-facile à tourner, il eſt rare qu'ils en tiennent des proviſions, à moins qu'ils ne ſoient bien aſſurés du débit.

Nous avons appellé toutes ces Liqueurs des *Liqueurs fraîches*, 1°. parce qu'on les sert froides à ceux qui les desirent ; 2°. parce qu'on est en usage, en été surtout, de les frapper de glace ; & comme cette action de les frapper de glace, est un dérivé naturel des glaces proprement dites, on comprendra aisément ce que c'est que *frapper de glace* une Liqueur, lorsque nous aurons donné la manipulation des glaces.

Des Glaces.

LES mêmes Liqueurs dont nous venons de parler à titre de Liqueurs fraîches, Liqueurs auxquelles on doit associer la crême plus ou moins composée & les fromages, ces Liqueurs sont susceptibles d'être converties en Glace, & dans cet état procurent une satisfaction de plus à celui qui s'en régale. Mais cette opération demande plusieurs précautions dont le détail est nécessaire. Il est essentiel d'abord d'avoir un seau ou baquet à glace : c'est un petit vase long, fait de douves par le Tonnelier, vers le fond duquel on a ménagé un trou, qu'on tient bouché avec un bouchon de liege. Il faut, d'autre part, avoir des vaisseaux de fer-blanc ou d'étain, hauts de 8 à 9 pouces, larges de 5 à 6 par le haut, & un peu plus étroits dans leur fond : vers un pouce de leur hauteur, on fait régner une petite saillie échancrée dans deux endroits de la circonférence. Ces vaisseaux de fer-blanc ont un couvercle qui ferme exactement, & qui, garni de deux crochets, puisse, en entrant par les deux échancrures dont nous venons de parler, & se tournant ensuite, s'assujétir sur les boîtes d'une maniere fixe ; ces couvercles ont, d'autre part, une poignée ronde & forte : le total de cet appareil porte le nom de *Sarbotiere* ou *Sabotiere*. C'est dans ces vaisseaux que l'on doit mettre la Liqueur que l'on veut convertir en Glace. On se munit, d'autre part, d'une espece de cuiller de fer-blanc, emmanchée dans un bâton un peu long, & ressemblante assez bien au fer de la houlette d'un Berger, dont ce petit instrument porte le nom.

Dans les endroits où l'on prépare beaucoup de Glaces à la fois, il est essentiel encore d'avoir une cave ; c'est un coffre de bois bien épais, dont les dimensions sont indifférentes, pourvu que la forme ressemble à un quarré-long. Ce coffre est intérieurement garni de fer-blanc. Dans ce coffre, est une boîte plus étroite & de fer battu, posée de maniere à laisser dessous & sur les côtés quatre bons pouces, pour recevoir de la glace pilée. Cette boîte reçoit intérieurement sur des languettes, deux ou trois faux-fonds de tôle, ayant deux poignées saillantes, pour les déplacer à volonté, & sur lesquels on pose les glaces. Il y a un couvercle à cette boîte, dont les rebords sont saillants en hauteur, pour recevoir aussi de la glace pilée, ce qui place la boîte au centre d'une quantité de glace, & en fait une glaciere artificielle. Ce coffre de bois a, vers sa base, un petit dégor, & on tient le tout dans un lieu frais.

Cet appareil une fois conſtruit, il ne s'agit plus que d'avoir de la glace & du ſel. On a dans Paris, & dans tous les lieux où il y a des Arſenaux, la facilité d'avoir à bas prix le ſel que les Salpêtriers ſont obligés d'apporter avec chacune de leur cuite de ſalpêtre : il eſt connu ſous le nom de *ſel de ſalpêtre.* Pour rendre plus facile l'idée de la confection des Glaces, je vais en prendre une pour exemple. Soit donc la Glace de citron : on prépare la limonade comme nous l'avons dit précédemment, avec cette différence que l'on charge la Liqueur d'un peu plus de ſuc de citron, & qu'on fait fondre le ſucre dans l'eau & ſur le feu, ce qui donne à la Glace une ſaveur ſucrée plus uniforme. On met une pinte de limonade, par exemple, dans chacune des ſarbotieres : on les ferme ; puis on met de la glace pilée dans le baquet, où les deux ſarbotieres doivent tenir à l'aiſe. Après y avoir ſaupoudré un peu de ſel pareillement en poudre, on place les deux ſarbotieres ; on acheve de remplir le baquet avec de la glace pilée, & d'eſpace en eſpace quelques poignées de ſel : on recouvre même les ſarbotieres de cette glace pilée ; on agite légérement les ſarbotieres, en ſaiſiſſant de chaque main la poignée du couvercle. Au bout d'un demi-quart d'heure, ou plutôt lorſqu'on s'apperçoit que la fraîcheur de la glace forme des rayons ſur le couvercle, on découvre pour rabattre avec la houlette la partie de Liqueur qui ſe ſeroit glacée entre les parois intérieures de la ſarbotiere, ce qu'on réitere pluſieurs fois, juſqu'à ce qu'on voie que cette Liqueur commence à perdre de ſa tranſparence & de ſa fluidité. C'eſt ici l'inſtant critique du travail du Faiſeur de Glaces. Il faut, en ouvrant le bouchon du baquet, qu'il faſſe écouler la partie d'eau qui eſt réſultée de la fonte de la glace, qu'il rempliſſe ſon baquet avec de nouvelle glace & du ſel, & que ſans perdre de temps, ayant bien détaché ce qui s'eſt glacé dans la ſarbotiere, il agite conſtamment cette ſarbotiere, en faiſant aller de droite & de gauche le poignet qui tient le couvercle : plus le Glaceur met d'agilité & de promptitude dans ce mouvement, plus la Glace qui en réſulte eſt en forme de neige : or, c'eſt ce que deſirent ceux qui en prennent ; car, pour bien dire la vérité, au lieu de dire une *Glace*, on devroit dire une *Neige.* La Glace une fois priſe, doit donc être une neige dont aucun glaçon ne craque ſous les dents ; on l'enleve de la ſarbotiere à l'aide de la houlette, & on la tranſporte dans des vaſes de fayence ou de fer-blanc, dans la cave à Glace.

Toutes les Liqueurs ne ſe glacent pas uniformément ; il y en a, comme celle de framboiſe, qui ont abſolument beſoin d'être mêlées avec quelque peu d'acide ; d'autres exigent & plus de glace & un plus long-temps ; d'autres enfin, comme les fromages, après avoir été remués juſqu'à ce qu'ils ſoient glacés, doivent enſuite être laiſſés en repos, & frappés d'un dernier coup de glace, pour prendre la conſiſtance & la forme des moules. On ſait aſſez que ces fromages ont la crême pour baſe, & qu'on y joint à volonté du ſucre, du chocolat, des piſtaches, &c, & par fois des blancs d'œufs fouettés, pour en faire autant d'eſpeces de fromages glacés.

Il est inutile de revenir sur les Liqueurs fraîches : d'après ce qui précede, on voit bien que ces Liqueurs mises dans l'eau résultante de la fonte de la glace, & conservées dans la cave à la glace, y acquierent un degré de fraîcheur bien approchant de celui de la neige même.

En examinant de près le procédé par lequel on fait des Glaces, on voit qu'il est le résultat, non pas de la simple exposition d'un liquide au milieu de la glace déja formée, mais de l'impression d'un froid réel & plus considérable que l'on fait naître dans la glace en la saupoudrant avec du sel, espece d'augmentation de froid connue de tous les Physiciens ; tant il est vrai, comme nous l'avons déja remarqué dans le cours de cet Ouvrage, que les Arts les plus éloignés des Sciences en apparence, s'en rapprochent dès l'instant où le Savant veut les considérer.

Nous avons insisté sur la nécessité du mouvement & du mouvement rapide ; il ne faut pas croire que cette nécessité ait pour unique but la formation d'une neige ; elle concourt à la production de la Glace : elle augmente jusqu'à un certain point, sinon l'intensité du froid, au moins la maniere d'agir de ce froid. On observera que ce froid se fait sentir aux extrémités du liquide ; que peu à peu il fait perdre la transparence à ce liquide ; que si on le laissoit agir sur la Liqueur tranquille, il se formeroit des glaçons divergents : d'où l'on conclura en joignant ce phénomene à ceux que les Physiciens emploient dans leurs Cabinets, que le froid est le résultat évident d'un mouvement particulier, qui tend à obliger les parties d'un liquide à s'écarter les unes des autres, non pas par forme de dilatation, comme le fait la chaleur, mais par forme de divergence centrale de molécules, qui, en diminuant réellement de volume, peuvent prendre entr'elles un arrangement plus spacieux, ainsi que nous voyons un pouce cube de pierre, par exemple, étant réduit en poudre, occuper plus d'espace, sans que chacune de ces molécules ait changé de nature.

Terminons par dire que le mouvement que l'on donne à nos Liqueurs pour les glacer, empêche le sucre de s'en séparer à l'instant de la formation de la Glace, ce qui arriveroit si la Liqueur demeuroit tranquille dans la sarbotiere.

Je n'ai pas parlé ici de la méthode de figurer avec la Glace des fruits, ces fruits eux-mêmes, à l'aide de moules de plomb & à charniere, & encore moins des diverses Glaces de crêmes ou fromages de crêmes, qu'ont imaginés les personnes dont le principal talent doit être de présenter tant de variétés à leurs Maîtres, que la satiété de ceux-ci, toujours indifférente, soit au moins récréée, ou par le coup d'œil, ou par le joli nom que porte la nouveauté qu'on leur présente, parce que ce travail tient plus à l'état d'Officier d'office, qu'au Limonadier ; & que curieux de traiter dans la plus grande extension l'Art du Limonadier, j'ai dû cependant prendre pour bornes ceux de leurs travaux qui appartiennent à l'office, & par approximation au Confiseur. D'ailleurs *le Caramélifte*, Ouvrage *in*-4°. imprimé à Lille ; l'*Art de faire des Glaces*, volume *in*-12, publié en 1768 ; les Traités innombrables de Cuisine, Confitures, Distillation, Office, Maîtrise-d'hôtel, les Dictionnaires, &c. &c; il n'y manque enfin que les *Anecdotes*, & ce ne seroit pas le Livre le moins curieux d'eux tous: tous ces Livres, copiés les uns sur les autres, ou rapsodies indigestes de fainéants, qui oublient leur état grave & réfléchi, pour faire des *Toilettes de Flore*, des *Laboratoires de Flore* ; tous ces Ouvrages instruiront de tous les détails qui pourroient manquer dans celui-ci. En travaillant au nom d'une Compagnie savante, à l'instruction publique, j'ai dû préférer l'utile à l'agréable, & la précision à la superfluité, instruire enfin par des regles applicables à toute circonstance, & non amuser par une foule de minuties qui n'apprendroient rien à l'Artiste, & ne perfectionneroient jamais son Art. Or ce dernier point de vue est le principal que se soient proposé les estimables Auteurs de l'idée de rassembler les Descriptions des Arts & Métiers. Je le demande avec confiance à la plupart des Artistes qui pourront lire ce Cahier; après avoir dit que dans les choses de leur Art, je ne leur ai rien appris qu'ils ne sachent; que même ils ont leur secret que je n'ai peut-être pas mis au jour, ce qui flattera leur amour-propre ; ne seront-ils pas obligés de convenir cependant qu'ils ne se doutoient pas de l'influence que la Physique & la Chimie ont sur la perfectibilité de leur Art? Voilà du moins une des principales intentions que je me suis proposé de remplir.

Des Glacieres.

AYANT parlé de Liqueurs fraîches & de Glaces, j'ai cru qu'on ne me sauroit pas mauvais gré, si je décrivois ici les moyens dont on se sert pour conserver en été le produit des rigueurs de l'hiver, la glace.

On sait qu'il y a dans plusieurs contrées de l'Europe, & même dans notre France, des souterrains naturels, dans lesquels on trouve en tout temps de la glace, dont se servent les personnes du voisinage. Dans les montagnes les plus élevées, on trouve les sommets couverts, presque de toute éternité, d'une neige si condensée, qu'elle vaut de la glace, & elle s'apporte dans les villes pour l'usage des habitants.

Les premieres Glacieres n'ont été que des trous profonds qu'on emplissoit de glace, où elle se conservoit plus ou moins long-temps. L'art a perfectionné la bâtisse de ces trous, & ce sont, pour le présent, des édifices réguliers. D'abord on a vu que l'eau qui abordoit des lieux voisins dans le trou où les glaces se conservoient, fondoit ces glaces, & les faisoit s'écouler avec elle. On en a conclu qu'il falloit empêcher par un mur ces filtrations pernicieuses, & placer ces Glacieres dans un lieu élevé, mais pourtant à l'abri des influences trop fortes du soleil, & l'aspect du Nord a paru le plus avantageux. On a vu ensuite que toute masse de glace, dans l'été sur-tout, se fondoit toujours un peu, & que la présence d'une premiere quantité d'eau devenoit la cause certaine de la fonte & de l'affaissement des glaces amoncelées ; on a senti la nécessité de donner à cet accident naturel & inévitable, une issue qui, ne lui permettant aucun séjour dans la Glaciere, laissât toujours à sec les glaces qu'elle renferme. De ces considérations successives, est résulté le plan observé maintenant pour construire des Glacieres. On choisit de préférence un lieu haut & abrité soit par la nature, soit par des bouquets d'arbres ; à défaut de meilleur emplacement, on prend une mi-côte du côté du Nord.

On y fait un trou rond & profond de quelques quarante pieds, pour y établir un cuvellement en pierres, de 6 à 7 pieds de hauteur, formant un puisard qui doit être au centre du fond de la Glaciere ; ce fond s'éleve en cône renversé, dans la dimension de 6 à 7 pieds vers le fond, pour avoir 24 pieds à rase-terre. La forme de cette bâtisse est ronde ; les murs sont en chaînes de pierre de taille, & les remplissages sont de moëlons piqués, le tout bâti à chaux & ciment.

Si jamais il fut utile de découvrir un ciment aussi parfait que celui que vient de publier M. Loriot, & dont la préparation a été perfectionnée par M. de Morvaux, c'est, sans contredit, dans la construction des Glacieres qu'on en sentira l'avantage.

On recouvre ces Glacieres de deux manieres, ou on forme au-dessus une espece de dôme en pierres, ou bien on établit une charpente qu'on recouvre en chaume ; & on pense généralement que de ces deux méthodes, la seconde a l'avantage d'absorber mieux les rayons du soleil, & par conséquent de mieux garantir la Glaciere.

Il est inutile de dire que pour entrer dans toute Glaciere, on ménage une double porte dans le dôme ; qu'au-dessus de cette porte on établit une poulie & une corde avec un seau, & qu'il y a le long du mur inférieurement, une échelle pareille à celle dont nos Carriers font usage pour descendre dans leurs Carrieres.

Pour remplir une Glaciere, le puisard étant garni de quelques barres de fer, on met un lit de gros roseaux à l'épaisseur d'un pied au plus, puis on y jette les glaçons, en ayant soin de les briser pour qu'ils se tassent uniformément, le point essentiel étant qu'il y ait le moins de vide possible. Lorsque la Glaciere est pleine, on la recouvre avec les mêmes roseaux à l'épaisseur de 2 pieds ; on ferme & calfeutre la premiere porte, sur laquelle on ferme la seconde, & on laisse la Glaciere jusqu'au temps où les chaleurs rendront utile la glace qu'elle renferme.

Pendant ce temps il s'est fait un léger suintement aqueux entre les glaçons, qui prend bientôt avec eux une fermeté égale, en sorte que souvent on est obligé de piocher pour détacher la glace : on la charge avec une pelle de bois, soit dans des especes de hottes de bois, telles que le Vigneron en a pour transporter son raisin, soit dans des voitures couvertes en bois ; car on a l'attention de ne se servir d'ustensiles de fer que le moins possible. La glace se vend à la livre, & à un prix assez modique, par les Limonadiers & quelques Détailleurs de bierre; mais comme rien n'est indifférent à l'homme cupide, il s'est trouvé, il y a quelques années, un homme qui osa proposer d'affermer toutes les Glacieres Royales & autres, pour être le Vendeur exclusif des glaces dans la Capitale, & qui en effet vendit, pendant la seule année qu'il en eut la permission, la glace à un prix triple de ce qu'elle coûte ordinairement; tant il est important pour un Gouvernement éclairé, de ne se laisser séduire par aucune considération, quand il s'agit de ces Priviléges exclusifs, toujours demandés par la cupidité, sous quelque masque qu'elle se présente.

FIN.

EXPLICATION DES PLANCHES.

PLANCHE PREMIERE.

Laboratoire d'un Brûleur d'Eau-de-vie.

On a réuni dans cette Planche deux appareils, dont l'un eſt uſité, & l'autre eſt propoſé pour la perfection de l'*Art du Bouilleur.*

Figure Premiere. *Chaudière uſitée par les Bouilleurs de France.*

A, *A*, fourneau ſans cendrier élevé du ſol à une hauteur telle que le ſervice de la chaudiere & celui du feu ſoient commodes pour l'Ouvrier ; il n'a qu'une porte *F*, qui eſt celle du foyer.

B, chaudiere de cuivre étamé ; on n'en voit ici que la partie ſupérieure, le reſte eſt caché par la maçonnerie du fourneau.

b, *b*, anneaux de cuivre qui ne ſe trouvent pas à toutes les chaudieres ; mais qu'on conſeille d'y mettre pour faciliter d'enlever au beſoin la chaudiere.

C, hauſſe de cuivre de deux à trois pieds de haut, & du tiers du diametre de la chaudiere ; elle ne ſert que pour ceux qui rectifient leur Eau-de-vie pour en faire de l'Eſprit.

D, chape, ou tête de more, ou couvercle de la chaudiere ; c'eſt une eſpece de calotte un peu évaſée vers le haut & applatie, de laquelle, vers ce haut, part le tuyau ou canal *E*, de cuivre étamé, de deux à trois pouces de diametre & d'une longueur ſuffiſante pour ſe rendre au ſerpentin.

Fig. 2. *Chaudiere moderne, ou propoſée pour brûler avec plus de produit & d'économie.*

A, *A*, fourneau avec cendrier *C*, & foyer *F*.

B, eſt la nouvelle chaudiere dont l'orifice doit être, s'il ſe peut, encore plus large qu'il n'eſt marqué ſur la Planche ; on voit en *b*, *b*, les anneaux pour la déplacer au beſoin, & en *c*, une tubulure pour la recharger ſans enlever ſon chapiteau.

D, eſt un vaſte refrigérant qui a ſon robinet de décharge en *E*, & qui entoure le cône d'étain ou chapiteau *H*, dont le tuyau en gouttiere *G*, eſt pareillement d'étain & va rendre au ſerpentin ; l'eau du refrigérant ſe vuide par une gouttiere *I*, *I*, dans un entonnoir *K*, pour ſe rendre hors du laboratoire.

Fig. 3. *Serpente ou Serpentin du Bouilleur.*

A, tonne ou pipe d'Eau-de-vie cerclée en fer *a*, *a*, *a*, *a*, qui reçoit un tuyau de cuivre étamé en ſpirale dont on voit en *B* l'extrémité ſupérieure, & au bas en *C* l'extrémité inférieure, qui rend ſur un petit entonnoir *H*, pour porter la Liqueur qui diſtille dans le baſſiot *F*, dont le faux-fond ſupérieur

G, a un trou latéral *I*, bouché d'une broche ou bondon ; c'eſt par ce trou qu'on plonge l'éprouvette pour eſſayer l'Eau-de-vie. Ce même ſerpentin a un *dégor* *D*, qui ſert à vuider l'eau chaude à meſure qu'il en tombe de la froide dans l'entonnoir du milieu marqué *E*.

Fig. 4. *Nouveau ſerpentin.*

A, eſt un ſeau de cuivre dont la capacité doit au moins être égale à celle du refrigérant de la figure 2, à laquelle il correſpond : on voit en *B*, l'extrémité ſupérieure, & en C, l'extrêmité inférieure de ſa ſpirale d'étain. Un ajutage d'étain *D*, conduit la Liqueur dans un petit baril debout *F*, lequel eſt poſé dans un faux baſſiot ou baquet *H*. Le ſeau de cuivre eſt ſoutenu ſur un trépied de fer *E*.

Fig. 5. *Détail des Fourneaux.*

A, *A*, *A*, murailles de face des deux fourneaux accolés pour n'avoir qu'une cheminée.

B, *B*, marches pratiquées pour deſcendre dans la foſſe *C*, qu'on ménage ſur le devant des fourneaux ſi le beſoin l'exige, pour faciliter la conduite du feu.

D, tuyau de la cheminée commun aux deux fourneaux : on voit en *F*, *F*, les deux tirettes ou ſoupapes que l'Ouvrier ouvre ou ferme à volonté pour diriger la chaleur de ſes fourneaux. 1 & 2, déſignent deux ſortes de fourgons pour attiſer le feu.

Fig. 6. *Appareil pour lever la chape de la figure* 1.

A, poulie ſur la gorge de laquelle paſſe la corde *B*, qui ſe termine par un œillet en *F*, & eſt ſur un clou d'attente *E*. Cette poulie tient à la poutre *C*, par un crochet *D*.

Fig. 7. *Levier plus commode ajuſté à la figure* 2.

A, levier ou barre de fer tenu par une chape *B*, à la poutre *C*; de ſa plus courte branche pend une chaîne *P*, qui ſe diviſe en trois chaînons en *E*, leſquels tiennent au refrigérant de la figure 2. A la plus longue branche eſt une autre chaîne *F*, qu'on arrête à volonté au clou *G*.

Fig. 7 *bis* ; (c'eſt une erreur du Graveur aiſée à réparer par le titre ſeul de la Figure.) *Tuyau de conduite pour les eaux qui doivent rafraîchir ou nétoyer.*

A, *A*, tuyau horiſontal qui reçoit l'eau d'un réſervoir extérieur, & la diſtribue par les robinets *B* ; *B*, *B*, où il convient.

C, *C*, ſont deux gouttieres, l'une en fer-blanc & cylindrique, munie d'un entonnoir ; l'autre eſt un tuyau de bois demi-creuſé.

Fig. 8. *Siphon pour les eſſais.*

L'inſtrument eſt tout en fer-blanc ; ſa pointe *a*, eſt ouverte d'un trou de deux lignes au plus ; il eſt fermé en *b*, par une plaque de fer-blanc percée ſeulement d'un trou de même diametre ; *d*, eſt le corps du ſiphon qui doit avoir plus de hauteur que le baſſiot de la figure 3 n'a de profondeur ; & *c* eſt un anneau qui permet de le plonger & retirer à volonté, en ayant le pouce libre pour tenir le trou de la plaque *b*, fermé ou ouvert.

FIG. 9. *Eprouvette.*

C'eſt une phiole de verre épais vers ſon fond, & fait en pointe ; on la plonge dans le baſſiot en la retenant par une ficelle attachée à ſon col *a*, & lorſqu'on l'agite on tient ce col fermé avec le pouce.

PLANCHE II.

Coupe générale de l'appareil du Brûleur d'Eau-de-vie.

FIG. 1. *Coupe perpendiculaire du fourneau, de la chaudiere, de la ſerpente, &c.*

A, *A*, *A*, *A*, murs latéraux du fourneau, dont la partie inférieure eſt figurée bâtie au-deſſous du ſol ; *a*, *b*, indiquent les foyer & cendrier avec la grille qui les ſépare.

B, coupe de la chaudiere qu'on a figurée pleine comme elle doit l'être, ainſi que la vouſſure du fourneau.

C, eſt le tuyau ou dégor de la chaudiere qu'on tient bouché avec une tape pendant le travail.

D, on voit comment le chapiteau *E* s'adapte ſur le col de la chaudiere : on voit en *F* le tuyau qui porte la Liqueur diſtillante.

Nota. C'eſt une troiſieme eſpece de chape qu'on a deſſinée ici afin de donner l'idée de toutes les formes dont cette piece eſt ſuſceptible.

I, *K*, *M*, donnent la marche de la ſerpente ſoutenue par trois montants *L*, dans la tonne *G*, laquelle poſe ſur deux chantiers *H*. *N*, *O*, donnent la coupe du baſſiot & de ſon faux baſſiot.

FIG. 2. *Quatrieme eſpece de Chape.*

A, eſt le corps de la chape qui eſt toute de cuivre étamé ; *B*, eſt le collet par lequel elle poſe ſur la chaudiere, & *C* eſt le tuyau qui conduit les vapeurs à la ſerpente. On peut dire de cette forme, que c'eſt une vraie retorte des Chimiſtes, mais ſans fond.

FIG. 3. *Coupe tranſverſale du fourneau.*

A, *A*, ſont les murs ; *B*, *B*, la foſſe extérieure ; *C*, la grille ; *D*, une portion du tuyau de la cheminée, où eſt la tirette *E*. Cette tirette eſt de fer fondu, & a un manche de bois.

FIG. 4. *Coupe tranſverſale de la ſerpente & du baſſiot.*

A, capacité pleine d'eau ; *B*, orifice ſupérieur ; *D*, ſpirale ; *E*, orifice inférieur de la ſerpente. *C*, eſt la piece de tonnellerie appellée *Pipe* ; *F*, eſt le faux baſſiot & le baſſiot qu'il contient.

PLANCHE III.

Coupe du nouvel appareil propoſé.

FIG. 1. *Coupe perpendiculaire du fourneau, alembic, ſerpentin, &c. indiqués fig. 2, de la Planche I.*

A, *A*, bâtiſſe du fourneau en pierre & en briques ; *B*, foyer s'élargiſſant pour embrasser la chaudiere F, soutenue en E, E, par deux fortes barres de fer ; C, indique le cendrier, & D, l'espace pour que la flamme leche de toute part la chaudiere.

G, est le collet du chapiteau d'étain H, garni de son large tuyau K, & surmonté du refrigérant I, avec son robinet L.

Le seau de cuivre M, monté sur son trépied T, contient le serpentin d'étain N, qui rend en P, par l'entonnoir Q, la Liqueur dans la bouteille R, montée sur une petite escabelle S.

FIG. 2. *Coupe horizontale du serpentin.*

A, partie supérieure ; B, capacité pleine d'eau ; C, orifice inférieur du serpentin ; D, récipient ; E, son escabelle.

FIG. 3. *Coupe horizontale du fourneau de la figure* 1.

A, A, A, A, murailles ; B, porte du foyer ; C, voûte renversée pour étendre le diametre de ce foyer à prendre depuis la grille D. E, cheminée.

FIG. 4. *Appareil Tartare pour brûler l'Eau-de-vie d'avoine.*

A, pot de terre à anses ; B, couvercle de terre en pain de sucre ; C, tuyau de roseau qui s'ajuste au trou latéral de ce couvercle ; D, bouteille de terre platte & haute qui sert de récipient, le tout posé sur des pierres E, E, E, qui servent de fourneau, &c.

FIG. 5. *Récipient ou bassiot des Normands qui bouillent du poiré.*

C'est une vaste cruche de grès A, de très-étroit orifice B, avec une anse C, pour y passer le bras, & deux petites oreilles a & e, pour en faciliter le transport.

PLANCHE IV.

Coupe de quelques fourneaux & appareils particuliers.

FIG. 1. *Fourneau à cheminée en spirale, dégarni & vu de face.*

A, A, murs du fourneau ; B, capacité où doit tenir la chaudiere ; C, cendrier ; D, foyer où commence la cheminée en spirale dont on voit deux issues en E, E.

FIG. 2. *Autre vue du même fourneau prise de côté.*

A, A, murs ; B, porte du foyer ; C, porte du cendrier ; D, capacité du cendrier ; E, capacité du foyer, au fond duquel commence en F, la spirale qu'on revoit en G, pour sortir en H, après avoir tourné autour de la capacité I.

FIG. 3. *Chaudiere pour brûler les marcs & lies.*

Nota. On a joint ici un appareil usité par les Russes & autres gens du Nord qui tiennent le serpentin & le bassiot sous la clef, pour empêcher que l'Ouvrier ne se grise en travaillant.

A, fourneau ; B, cendrier ; C, foyer avec le bois tel qu'on l'arrange ordinairement ; D, la chaudiere avec son dégor E, son collet F, & son âtre G :

par

par un trou passe au milieu de cette chape une tige *K*, avec sa manivelle *I*, & ses deux ailerons *L*, *L*.

Le tuyau *H*, de la chape rend à l'ajutage *M*, qui passant à travers la cloison *N*, se rend en *O*, au tuyau *Q*, enfermé dans la pipe *P*. Ce tuyau n'est point ici en spirale pour indiquer un des anciens usages des Brûleurs, avant qu'on eût imaginé les serpentes. Ce tuyau aboutit en *R* dans le bassiot *S*, plongé dans un trou *T*, autre espece de moyen auquel on a substitué les faux bassiots.

Fig. 4. *Grille pour brûler les lies.*

Cette grille se place au fond des chaudieres ; elle est divisée en trois parties, 1, 2 & 3 : celle du milieu a en *a*, *a*, *a*, *a*, quatre oreillons pour poser sur les deux autres, ce qui rend commode la pose & le déplacement de cette grille, garnie d'un fil-d'archal à mailles très-serrées.

PLANCHE V.

Magazin d'un Liquoriste.

Fig. 1. *Boutique & Laboratoire du Liquoriste.*

A, rez-de-chaussée ; *B*, comptoir sur lequel sont les balances *C*.

D, tonneaux engerbés contenants la cassonade, l'Eau-de-vie, &c.

E, chausse montée sur un chassis qui porte sur deux treteaux, & qui est censée filtrer, sa pointe tombant dans une cruche.

F, pipes ou grandes pieces debout cerclées en fer, & montées sur des chantiers contenant les Liqueurs communes, qu'on en tire par autant de robinets sous lesquels sont des terrines *L*, pour recevoir les égoutures.

G, table de travail, sur laquelle on voit une filtration en papier par un entonnoir de verre *H*, posé sur une bouteille de verre ; à côté est une cruche qui est censée contenir la Liqueur à filtrer.

I, est une grande chausse soutenue par une corde qui passe sur une poulie pour être placée à telle hauteur suffisante pour aboutir dans la grande bouteille de verre *K*, qu'on monte sur une escabelle s'il en est besoin.

M, fourneau du Laboratoire, dans lequel on voit un alembic *N* avec tous ses agrès, & un petit fourneau portatif *O*, servant pour une bassine.

P, *P*, tablettes sur lesquelles on range les alembics de relais, les grandes bouteilles de verre & autres, étiquetées.

Q, *Q*, autres tablettes qui contiennent les entonnoirs, les mesures, les boîtes, bocaux & flacons où sont enfermées les drogues simples qui doivent entrer dans les Liqueurs.

R, *R*, armoires ou tablettes tenant les taupettes & autres bouteilles pleines de Liqueurs pour le débit en détail.

FIG. 2. *Développement d'un filtre de papier.*

Quoique rien ne soit plus simple en apparence que de plier une feuille de papier pour en former un filtre, on a crû faire une chose agréable au plus grand nombre des Lecteurs, que leur présenter en seize figures marquées depuis 1 jusqu'à 16, les différentes formes que doit prendre une feuille de papier pour parfaire un entonnoir régulier. On a eu soin dans chaque figure de conserver la lettre *A*, pour renseignement de ce qui doit former la pointe de l'entonnoir

N°. 1, feuille de papier coupée de maniere à faire un quarré parfait. *A*, est le centre de ce quarré qui dans tous les plis & replis que souffrira cette feuille deviendra le point où ils aboutiront; *b*, *b*, angles à plier; *c*, angle à renverser pour former le triangle du n°. 2. *A*, *b*, *b*, sont la base de ce triangle.

N°. 3, en partant du point *A*, ce triangle est déformé, parce qu'on ramene l'angle *b* à la perpendiculaire *A*, *b*; ce qui étant exécuté sur l'autre côté, & ces deux replis étant affrontés le long de la même perpendiculaire, donne un nouveau triangle n°. 4 *A*, *b*, *b*.

N°. 5, ces mêmes plis affrontés sans être repliés, forment le quarré *A*, *b*, *b*, *c*, *c*, & on voit n°. 6, que ce quarré replié en-dehors donne quatre petits triangles, *A*, *b*, *b*, *c*, *c*, lesquels se développent par parties, n°. 7, pour être repliés encore comme on voit n°. 8, ce qui se répete, n°. 9 & n°. 10; le n°. 11, donne l'idée du faux pli qu'il faut réformer comme on le voit au n°. 12, où le pli *c*, est saillant, tandis qu'il est en dedans au n°, 11.

Le n°. 13, donne l'idée de la feuille pliée, & non encore développée; *A*, comme l'on voit, est devenu la pointe à laquelle aboutissent tous les plis.

Le n°. 14 développe la feuille pliée, & on voit en *A*, le centre, & en *b*, *b*, les deux faux plis des n°. 11 & 12; le n°. 15, montre les deux mêmes faux plis redressés; & enfin on voit au n°. 16, l'effet de la feuille abandonnée à elle-même, qui donne une pointe *A*, & les plis *b*, *b*, *c*, *c*, *c*, &c. formants au total une espece de cône ou entonnoir à côtes.

PLANCHE VI.

Ustensiles du Liquoriste.

FIG. 1. *Alembic de fer-blanc.*

A, est la tige ou colonne haute de deux pieds; *B*, la chaudiere du bain-marie; *C*, la cucurbite avec une tubulure *T*. *D*, est la chape ou chapiteau avec son tuyau *E*, & son refrigérant *G*, le tout placé sur un fourneau portatif *F*. Cette figure a été conservée ici pour ne rien omettre de ce qui concerne l'Art du Liquoriste, & pour achever l'idée des vaisseaux distillatoires dont les variétès se trouvent dans les Planches de l'Art du Distillateur d'Eaux-fortes & dans celles-ci.

FIG. 2. *A*, bassine de cuivre, avec ses deux anses *b*, *b*; ces sortes de bassines sont connues dans les Offices sous le nom de *bassines à confitures*; elles sont larges, & peu profondes.

FIG. 3. *A*, fourneau portatif de terre cuite; *b*, *b*, *b*, sont trois oreillons qui font l'office de trépied; *c*, *c*, trous ou regîtres; *D*, ouverture du cendrier.

FIG. 4 & suiv. *Entonnoirs pour la chausse.*

FIG. 4, cône de fer-blanc très-allongé, dont *A* est le corps, *B* la pointe, & *c*, *c*, *c*, trois anneaux soudés dans l'intérieur.

FIG. 5, chausse d'étoffe dont *A* est le corps, *B* la pointe, & *e*, *e*, *e*, *e*, quatre crochets pour tenir aux anneaux de la figure 4.

FIG. 6, l'appareil tout monté; *A* est le cône, *B* son couvercle, & *C* la cruche qui reçoit la Liqueur filtrante.

FIG. 7, coupe de la figure 6 : on voit en *A*, la bouteille ou cruche qui reçoit la Liqueur, en *B* le cône, & en *C* la chausse tendue par ses crochets *d*, *d*, *d*, & isolée dans le cône.

FIG. 8, petit entonnoir de fer-blanc *A*, avec son couvercle *B*, posés sur le flacon *C*.

FIG. 9, chausse *A*, avec un cercle de bois *C*, suspendue par les cordes *E*, *d*, *d*, *d*, *d*, pour filtrer dans le vase *B*.

FIG. 10, entonnoir de verre pour filtrer au coton ; *B*, *B*, corps de l'entonnoir ; *A*, *A*, son orifice qui se ferme par le couvercle de verre *E*; *C*, *C*, tige de l'entonnoir dans laquelle se place le coton au travers duquel passe la Liqueur pour se rendre dans le flacon *D*.

FIG. 11, appareil de fer-blanc pour filtrer au papier; *A*, est un cercle de fer-blanc auquel sont soudées les lames *b*, *b*, *b*, *b*, ainsi qu'à un autre petit cercle *C*, pour être placé dans l'entonnoir *D*, & recevoir un filtre de papier.

FIG. 12, appareil de pailles pour filtrer au papier; l'entonnoir de verre *A*, est placé sur le flacon *B*, & on voit en *c*, *c*, *c*, *c*, *c*, *c*, les bouts de paille qui soutiennent l'entonnoir de papier.

FIG. 13, autre appareil, où au lieu de pailles, ce sont des bouts de tuyau *b*, *b*, *b*, *b*, *b*, *b*, soudés dans l'entonnoir de fer-blanc *A*, placé sur le flacon *C*.

PLANCHE VII.

Suite des ustensiles du Liquoriste.

FIG. 1, chausse d'étoffe *A*, montée sur un carrelet *B*, *B*, qui pose sur deux traverses *C*, *C*, *C*, *C*; ces deux traverses sont supposées poser par leurs deux extrémités, comme on les voit sur le bout de table de la figure suivante.

FIG. 2, table percée pour recevoir des filtres ; *A*, est le dessus de cette table percé en *B*, *B*, *B*, *B*, *B*, pour recevoir des entonnoirs tels que celui marqué *D*, qui, on ne ſait pourquoi, a, chez quelques Artiſtes, un robinet *E*, qui laiſſe couler la Liqueur dans la bouteille *F*.

Cette table ſur laquelle eſt encore un rond de paille ou valet *C*, deſtiné à ſoutenir des ballons: cette table eſt montée ſur quatre pieds *G*, *G*, *G*, *G*, aſſujétis par les traverſes *H*, *H*.

Fig. 3. *Siphon à pompe.*

A, eſt le corps de pompe dont on voit le bout du piſton en *F*, une eſpece d'entonnoir en *E*, & en *D* une boîte, de laquelle la Liqueur aſpirée paſſe dans le tuyau tranſverſal *B*, pour tomber dans la branche *C*; le tout eſt ordinairement en fer-blanc.

La Figure 4, donne le piſton tiré du corps de pompe; *A*, *B*, eſt un bâton de bois plus large en *D* & feneſtré en *C*, pour faciliter le jeu du clapet *E*.

On a rendu dans la figure 5, ce corps de pompe & ſon piſton, plus en grand & en coupe.

A, *A*, eſt le corps de pompe; *B*, eſt le piſton; *C*, eſt la baſe large & feneſtrée du piſton; *E*, eſt cette baſe creuſe, & *D* eſt le clapet tenant au piſton; *H*, *H*, ſont des échancrures ménagées au bas du corps de pompe pour faciliter à la Liqueur d'y entrer par le clapet *F*, qui bouche à volonté le corps de pompe en tombant ſur le bourrelet *G*.

Fig. 6. *Siphon à clapet.*

A, eſt une branche du ſiphon terminée par un robinet *D*; c'eſt celle par laquelle ſe vuide la Liqueur; *B*, eſt la tige tranſverſale; *C*, eſt la branche qui plonge dans la piece qu'on veut ſoutirer: on voit en *E*, la tige du clapet: le bas de cette tige eſt en cuivre.

Fig. 7, coupe de la branche *C* de la figure précédente; *A*, eſt cette branche; *B*, piece de cuivre arrondie & moins large par ſa baſe; elle eſt traverſée par un axe *E*, qui doit être aſſez long pour dépaſſer le bout de la branche; *C*, eſt une ouverture ronde en cuivre tournée pour recevoir exactement le clapet *B*: cette piece eſt ſoutenue ſur une autre piece pleine qui bouche la branche, à l'exception du trou par lequel paſſe la tige *E*.

La Fig. 8 repréſente cette branche renverſée; *A*, eſt la branche en cuivre du ſiphon; *B*, eſt la tige du clapet, & *C*, la piece ronde ſur laquelle il vient repoſer lorſqu'on releve le ſiphon.

PLANCHE VIII.

Boutique du Limonadier.

A, comptoir dont le développement eſt à la Planche ſuivante; *B*, table de marbre nue; *C*, table où ſont des échiquiers de relais; *D*, table avec un jeu de de Dames; *E*, table avec le ſervice du Punch; *M*, autre avec le ſervice du Chocolat; *N*, autre avec le ſervice pour la bierre; *F*, poële ſur lequel on boit le caffé l'hiver; *G*, *G*, glaces qui ornent la boutique; *H*, pendule vis-à-vis du comptoir: *I*, *I*, armoires en verre de Bohême au-deſſus du comptoir & de la porte du Laboratoire; elles contiennent des Liqueurs: *K*, *K*, banquettes & tabourets; *L*, *L*, luſtres de cryſtal pour éclairer le ſoir.

FIG. 1, corbeille d'oſier *A*, deſtinée à ſervir les échaudés & petits pains *B*.

FIG. 2, *A*, taſſe de porcelaine; *B*, ſoucoupe de même matiere; *C*, ſoucoupe d'argent qui tient du ſucre; D, cuiller d'argent, le tout pour ſervir le caffé.

FIG. 3, *a*, *a*, *a*, *a*, petits verres montés ſur des ſoucoupes; *B*, petit ſeau rempli d'eau ou de glace qui entoure la taupette *C*; le tout monté ſur un dreſſoir à pied pour donner à boire des Liqueurs.

FIG. 4, *A*, grande jatte de porcelaine pleine de Punch; *C*, cuiller de buis pour puiſer cette Liqueur, & la verſer dans les verres *B*, *B*.

FIG. 5, *A*, chocolatiere avec ſon mouſſoir; *B*, mouſſoir en buis; *C*, manche arrondi du mouſſoir, à l'extrêmité duquel ſe placent pluſieurs rondelles *D*; *E*, eſt la taſſe haute dans laquelle on verſe le chocolat après l'avoir agité.

PLANCHE IX.

Comptoir du Limonadier vu de l'intérieur.

FIG. 1, *A*, marbre qui forme d'ordinaire le deſſus du comptoir; *B*, tiroir de face qui contient l'argenterie de relais; *C*, tiroir où eſt le ſucre caffé; *D*, tiroir à l'argent; *E*, *E*, deux armoires dont l'une tient des Liqueurs fines, & l'autre des ſerviettes & autre linge pour le ſervice de la boutique; *E*, corbeille à compartiments où ſont les taſſes, ſoucoupes de porcelaine & petites jattes à ſucre toutes prêtes pour le ſervice; *G*, eſt une eſpece de buffet ou montre chargé de taupettes de Liqueurs: ſur l'autre bout du comptoir on a figuré le petit appareil uſité chez les Débitants d'Eau-de-vie; *I*, eſt un petit baril debout, cerclé le plus ſouvent en cuivre rouge, monté ſur une banquette *L*; au-deſſous du robinet du baril eſt une cuvette de fayence *K*, pleine d'eau, pour recevoir & rincer les petits verres.

La Figure 2 donne ce petit appareil vu de face; *A*, eſt la banquette; *B*, *B*, ſont deux barils, dont un plein d'eau, & l'autre d'Eau-de-vie.

La montre de la Figure 1 eſt vue de face dans la Figure 3; *A*, *A*, en ſont les montants; *B*, *B*, *B*, les traverſes, & *C*, la corniche.

PLANCHE X.

Grillage du Café.

FIG. 1, *Cheminée du Cafetier garnie de la machine à griller.*

A, eſt le ſol de la cheminée élevé de deux pieds & demi; *C*, *C*, ſont des espaces ménagés sous ce sol pour serrer le charbon & autres choses utiles au Cafetier ; *B*, *B*, les deux côtés de cette cheminée.

D, *D*, sont deux fortes barres de fer avec des crampons pour y placer les deux pieces de fer *F*, *F*, sur les échancrures desquelles pose le cylindre *E*, dont la broche se termine par la manivelle *G*.

Fig. 2, Cylindre à coulisse ; *A*, est le corps du cylindre en forte tôle ; *B*, est une porte qui glisse dans deux rainures pour ouvrir ou fermer le cylindre à l'aide du crochet de fer dont *G* est le crochet, *F* la tige, & *H* le bout arrondi. *C*, *C*, est une broche quarrée qui traverse & dépasse le cylindre dans sa longueur ; *D*, est une manivelle dont *E* est la poignée.

Fig. 3. *Fourneau portatif pour griller le café.*

A, cage de tôle quarrée montée sur quatre tiges de fer *B*, *B*, maintenues par les traverses *C*, *D*, *D*. Cette cage a de chaque côté deux trous *E*, *E*, qui donnent de l'air, & deux poupées *F*, *F*, pour la transporter. *G*, est un cylindre pareil à celui de la figure ci-dessus, excepté qu'il a une porte au lieu d'une coulisse ; *H*, indique la broche qui le traverse, & *I*, sa manivelle.

Fig. 4. *Vue latérale & coupe perpendiculaire de la figure* 3.

A, petit côté de la cage avec sa poignée F ; *B*, grille contenue dans cette cage pour contenir le charbon ; *C*, *C*, *C*, *C*, montants de fer qui soutiennent la cage ; *D*, *D*, portion du cylindre dont on voit l'axe ou broche en *E*, & la manivelle en *G*.

PLANCHE XI.

Mouture du Café.

Fig. 1. *Moulin à double boîte & à manivelle horizontale.*

A, cône de tôle qui reçoit le café grillé ; *B*, boîte d'acier qui tient la noix ; *C*, cône qui reçoit le café moulu : ce moulin tient sur une table à l'aide d'une patte d'oye *H*, & la tige de la noix *E*, avec la manivelle *F*, & sa poignée *G*, passent par le trou du couvercle *D*, qui ferme le cône *A*.

Fig. 2. *Petit Moulin portatif & bourgeois.*

A, est un cône de cuivre attaché par deux oreillons *a*, sur la boîte *B*, dont le fond est garni d'un tiroir *C* ; cette boîte a à son fond deux avances percées de deux trous *D*, *D*, pour l'assujétir sur une table en cas de besoin : on voit en *E*, la noix de ce moulin tenant à sa tige *F*, qui reçoit la manivelle *G* & sa poignée *H*.

Fig. 3. *Grand moulin à deux manivelles latérales.*

A, est un grand cône de tôle ; *B*, est une boîte ronde où est la noix ; *C*, *C*, sont les deux manivelles qui font mouvoir la noix ; *D*, *D*, en sont les poignées qui sont assez longues pour pouvoir les embrasser des deux mains ; *E*, est un sac de peau qui reçoit le café moulu ; quelquefois aussi on met au-dessous du moulin une grande boîte *F*: ces ſortes de moulins s'attachent à des pieces ſolides debout *G*.

Fig. 4. *Coupe du moulin à double boîte.*

A, montre l'intérieur du cône qui tient le café grillé ; *B*, en eſt le couvercle; *C*, eſt la tige le long de laquelle on peut établir deux bandes de tôle *D*, *D*, qui en tournant empêchent le grain de s'amonceler ; *E*, eſt la noix d'acier crenelée dans ſa longueur ; *F* & *G*, ſont les deux pieces de fer qui uniſſent le cône *A*, avec la boîte dont on voit en *F* la crénelure intérieure ; le tout eſt aſſujéti par deux vis à écrou *I*, *I*, & l'on voit en *H*, la vis ſurmontée d'une tête à pointe pour ſerrer la patte d'oye ſur la table ; *K*, eſt la boîte qui reçoit le café moulu ; *L*, eſt ſa gorge qui entre par une échancrure en équerre *M*, dans un bouton qui eſt à l'extérieur de la boîte à noix.

Fig. 5. *Coupe du grand moulin à deux manivelles.*

A, eſt la boîte ou cône qui contient le café grillé ; *H*, eſt une vis deſtinée à ſerrer la noix à volonté; *C*, *C*, ſont les deux poignées des deux manivelles *D*, *D*, de l'axe *B*, *B*, qui traverſe la noix *E*, *E* ; *G*, boîte qui contient la noix ; le café ſort par un trou ménagé en *G*.

Fig. 6. *Développement de la noix & de ſa boîte.*

A, cylindre d'acier creuſé & canelé, échancré en *a* ; *B*, eſt la noix d'acier percée en *b*, pour recevoir l'axe ; *C*, *C*, ſont les deux planches qui retiennent la noix & ſon anneau.

f, *h*, eſt le trou pour paſſer l'eſſieu ou axe de la noix ; *i*, *k*, *l*, trois petites avances qui entrent dans les trois trous *e*, *g*, *g* ; les cercles qui doivent contenir le total ſont échancrés en *c*, & en *D*.

PLANCHE XII.

Laboratoire du Cafetier.

Fig. 1, *A*, manteau de la cheminée; *B*, ſon rebord pour placer les cafetieres & meſures vides ; *C*, *C*, montants de la cheminée dont *D* eſt le cœur; *F* eſt le ſol, maintenu par une bande de fer *G*, *G*; *E*, *E*, ſont le deſſous du ſol ; *H*, *H*, deux fortes barres ſervant de chenet ; *I*, *I*, deux fortes barres de fer qui poſent ſur les talons des chenets ; *K*, grande cafetiere, qui ſert à faire le café ; *L* coquemard pour avoir toujours de l'eau chaude ; *M*, cafetiere tenant le café tout fait ; *N*, *N*, cafetieres à bec pour verſer le café dans les taſſes ; *O*, cafetiere d'argent pour porter le café en ville.

Fig. 2. Chenets du cafetier ; *A*, *A*, deux montants de fer avec des trous *B*, *B*, *B*, *B* & l'extrêmité, *C*, *C*, faite en crochet pour être poſée dans des crampons, & deux talons *D*, *D* ; *E*, *E*, ſont deux barres de fer poſant ſur les équerres *G*, *G*, qui tiennent dans des trous quarrés deux tiges montantes

F, *F*, qu'on voit développées dans la figure 3; *H*, corps de la tige; *I*, échancrure supérieure; *K*, portion équarrie pour entrer dans les trous *N*, *N*, *N*, de la figure 4, qui donne le développement de l'équerre; *L*, *O*, est une base horizontale ayant un talon en *O*, & un autre en *L*; *M*, *P*, barre de traverse qui soutient la précédente; les talons *L*, *P*, entrent dans les trous *B*, *B*, de la figure 2; *R*, *S*, *Q*, c'est la tige amovible de la figure 3.

PLANCHE XIII.

Fabrique du Chocolat.

La vignette donne l'idée d'un attelier à chocolat; on y voit en *A* une pierre à broyer, vide & creuse, en *B*, une autre pierre à rafiner platte sur laquelle un Ouvrier *D*, est censé broyer la pâte avec le rouleau *C*, ces deux pierres sont montées sur deux pieds *E*, *E*, faits en armoire; *F*, est un mortier & son pilon de fer pour broyer le cacao; *G*, est le mortier de marbre & son pilon de buis pour piler le sucre & les aromates: on voit en *H*, les tablettes de chocolat tout fait.

Nota. Le Dessinateur a oublié les moules en biscuit, la poële à griller le cacao, & le van pour l'éplucher.

Fig. 1, pierre à broyer, creuse; *A*, *B*, planche de fond ou faux-fond du chassis *D*, *D*, *E*, sur lequel est la poële de fer *C*; *F*, est une planche qui déborde la pierre, pour appuyer l'Ouvrier.

Fig. 2. *G*, table à rafiner, usitée par quelques Fabriquants; elle est platte & de fer fondu: *H*, *H*, planches de traverse pour appuyer l'Ouvrier; *I*, faux-fond pour placer la poële *K*; *L*, *M*, chassis sur lequel pose la table.

Fig. 3. *A*, rouleau de fer; *B*, rouleau de cuivre tous deux emmanchés en bois par leurs extrêmités *C*, *C*, *C*, *C*.

Fig. 4. *A*, *B*, C, amassette de bois ou de cuivre, tranchante en *B*, & arrondie en *C*; *D*, est un couteau de Broyeur avec son manche *E*, qui sert aussi à ramasser la pâte.

La Figure 5, donne l'idée du mortier de marbre, & la Figure 6, celle du mortier de fer.

PLANCHE XIV.

Fabrique de Glaces.

Fig. 1. *A*, *A*, sarbotieres d'étain ou de fer-blanc; *B*, *B*, leurs couvercles, avec leurs poignées C, *C*.

Fig. 2, houlette pour ramasser la glace; *A*, est le fer de la houlette, fait en fer-blanc emmanché en *B*, dans un court manche de bois *C*.

Fig.

Fig. 3, cuiller à jour pour retirer la glace des ſarbotieres; *D*, eſt une eſpece d'écumoire emmanchée en *E*, dans un pareil manche de bois *F*.

Fig. 4, ſeaux pour placer les ſarbotieres; *G*, *G*, ſont deux ſeaux de bois bien cerclés, ayant une eſpece de poignée *I*, *I*, & un petit dégor *H*: on voit en *K*, la ſarboticre plongée dans la glace.

Fig. 5. *A*, table pour le travail des glaces; *B*, en eſt la traverſe; *C*, *C*, en ſont les montants: on n'a laiſſé ſur cette table qu'une terrine *D*, & le plateau à pied *E*, chargé de deux godets à glace, l'un vuide *G*, & l'autre plein *E*.

PLANCHE XV.

Cave & Moules à Glaces.

Fig. 1. *A*, eſt une caiſſe de bois bien jointe; on voit en *B*, le couvercle de la cave.

Fig. 2, coupe de la cave à glace; *A*, caiſſe de bois; *G*, *G*, *G*, eſpace vuide qu'on remplit de glace; *B*, premier couvercle creux qui ferme exactement en *C*; *D*, *E*, *F*, faux-fonds de la cave à glace.

Fig. 3, détails de la cave à glace; *A*, couvercle de tôle blanchie, en creux; *B*, *B*, poignées pour l'enlever; *C*, dégor pour égouter l'eau de la glace dont on charge ce couvercle, qui entre dans la boîte pour la fermer par les rebords *D*, D.

E, *E*, faux-fonds de bois garni de fer-blanc, avec leurs poignées *F*, *F*, *F*, *F*, ſur leſquels ſe poſent les glaces faites; *G*, caiſſe pareillement garnie, dans laquelle ſe poſent les faux-fonds; elle a quatre pieds *H*, *H*, *H*, *H*, pour entrer dans la grande caiſſe & ne pas poſer ſur ſon fond.

Fig. 4, eſt une terrine *A*, pour fouetter les crêmes avec le balai d'oſier *B*.

Fig. 5, différents moules pour des glaces; *A*, canelons; *B*, fruits ronds; *C*, poires; *D*, *E*, cône; *F*, étoile.

Fig. 6, moule pour des pieces quarrées; *A*, eſt le couvercle; *B*, eſt le moule.

Fig. 7. *A*, moule à biſcuit, & *fig.* 9, moule à fromage; *A*, corps du moule; *B*, ſon couvercle, & *C*, la poignée pour le façonner dans la ſarbotiere.

PLANCHE XVI.

Glacieres.

Fig. 1, coupe d'une glaciere en pierre.

A, intérieur de la glaciere ayant la forme d'un cône tronqué; *B*, baſe de la glaciere qui va en pente juſqu'au centre où eſt la grille *C*, & un puiſard *D*;

E, *E*, *E*, eſt la bâtiſſe toute en moëlons & pierre de taille; *F*, eſt la porte; & *G*, la poulie pour enlever la glace.

FIG. 2, coupe d'une glaciere en pierre & charpente.

A, intérieur de la glaciere qu'on ſuppoſe en *B* garnie de glace; C, eſt la grille du puiſard *D*; *E*, *E*, eſt la partie bâtie en pierre, elle eſt au-deſſous du niveau du terrain; *F*, *F*, *F*, *F*, F, charpente formant le toît recouvert en chaume; *G*, *H*, eſt la charpente de la porte *I*; & on voit en *K*, le ſeau qui ſert à monter la glace.

FIG. 3. *A*, voute de pierre de la premiere glaciere; *B*, mur au-deſſus du ſol; *C*, toît de la porte *D*.

FIG. 4. *E*, pointe de la charpente qui poſe ſur la mardelle *G*; H porte, & *F*, F eſt le chaume: le tout appartenant à la glaciere de la figure 2.

Fin de l'Explication des Planches.

TABLE DES CHAPITRES.

Fin de la Table des Chapitres.

RECETTES DES LIQUEURS

CONTENUES DANS L'ART DU LIQUORISTE,

ET DE QUELQUES AUTRES DES PLUS CONNUES.

LIQUEUR D'ABRICOTS.

PRENEZ le syrop qui égoutte des Abricots confits, deux livres, par exemple ; ajoutez-y une pinte d'eau, deux pintes de bonne Eau-de-vie, une poignée de noyaux d'Abricots ; faites infuser durant quinze jours ; faites un caramel pour colorer votre Liqueur avant de la filtrer, & mettez-en ce que vous jugerez convenable pour lui donner depuis le jaune ambré de l'Abricot, jusqu'au jaune foncé de la marmelade du même fruit: filtrez.

Autre.

DANS quatre pintes de vin blanc vous mettrez un demi-cent de beaux Abricots, bien mûrs & sains, coupés par tranches menues ; vous ferez prendre un seul bouillon au total, & vous passerez par un tamis : ajoutez à la Liqueur coulée une livre & demie de sucre, une pinte de bonne Eau-de-vie, & un peu de canelle : après quinze jours d'infusion, filtrez.

LIQUEUR D'ABSINTHE *ou* CITRONELLE.

METTEZ au fond d'une cruche deux petits citrons, & une poignée de la petite Absinthe connue vulgairement sous le nom de *Citronelle* ; versez-y deux pintes de bonne Eau-de-vie ; laissez infuser deux à trois heures au plus ; décantez, pour ne conserver que la Liqueur, à laquelle vous ajouterez un syrop fait de deux pintes d'eau & une livre & demie de sucre : après huit jours vous pouvez filtrer.

Autre.

PRENEZ la Liqueur intitulée *Eau-divine simple*, & ajoutez-y pour quatre pintes quatre gouttes d'huile essentielle d'Absinthe, & six gouttes d'essence de Citron bien pure & nouvelle, triturées avec demi-once de sucre ; au bout de trois à quatre jours de mélange, filtrez.

Nota. En prenant les différentes huiles essentielles, & suivant la même méthode, on peut composer des Liqueurs de toute espece ; ainsi nous n'y reviendrons pas.

EAU D'ARDELLES *ou* DE CHAMBERY.

IL faut infuser pendant quatre à cinq jours, un gros de Gérofles & quatre gros de Macis concassés dans huit pintes d'Eau-de-vie ; à l'instant où l'on distillera, on ajoutera une pinte d'eau ; on tirera par la distillation huit pintes & demi-septier de Liqueur ; ou si l'on veut une Liqueur plus forte en esprit, on ne tirera que six pintes, & l'on mettra pour le premier produit un syrop fait de six pintes d'eau & six livres de cassonnade ; & pour le second un syrop fait de quatre pintes d'eau & cinq livres de sucre.

Cette Liqueur se colore en rouge avec la Cochenille & l'Alun, broyés à partie égale, & infusés dans très-peu d'eau, qui se verse à la volonté de l'Artiste, avant la filtration.

LIQUEUR DES BARBADES.

APRÈS cinq à six jours de l'infusion des zestes de six Cédrats & de deux onces de Canelle dans huit pintes d'Eau-de-vie, vous distillerez en ajoutant une pinte d'eau dans l'alambic ; & si vous ne tirez que quatre pintes d'Esprit, vous ferez ce qu'on appelle *Crême des Barbades*, en ajoutant aux quatre pintes un syrop fait de quatre pintes d'eau & de trois livres de sucre. Pour l'*Eau des Barbades*, vous tirerez huit pintes & demi-septier d'Esprit, & vous y ajouterez deux pintes d'eau & huit livres de sucre : après quinze jours de mélange vous filtrerez.

LIQUEUR DE BADIANE.

CINQ onces de Badiane & une once d'Anis infusées dans huit pintes de bonne Eau-de-vie, & distillées, avec la précaution d'ajouter deux pintes d'eau, fourniront huit pintes & demi-septier de Liqueur, à laquelle il faut mêler un syrop fait de huit livres de sucre & six pintes d'eau : on la colore à volonté, & on la filtre après huit ou quinze jours de mélange.

Nota. Cette Liqueur & toutes celles qu'on distille peuvent être préparées par l'infusion, & alors le quart des ingrédients suffit ; ainsi nous

nous ne reviendrons pas plus sur cet article que sur ce que nous avons dit des Liqueurs faites avec les Huiles essentielles.

Eau de Bouquet.

Faites infuser dans huit pintes d'Eau-de-vie, deux gros de Gérofle, une demi-once de bois de Rhode, & distillez après huit jours d'infusion, pour retirer six pintes d'Esprit; ajoutez y un demi-gros d'essence de jasmin de Provence & un scrupule de vanille broyés avec un peu de sucre; vous y joindrez un syrop fait avec deux pintes d'eau & quatre livres de sucre, dans lequel, tandis qu'il bout, vous aurez jetté demi-once d'iris de Florence: mêlez le tout dans la cruche; ajoutez au besoin trois à quatre gouttes d'essence d'ambre, & filtrez après huit jours de mélange. (Je crois que voici la premiere recette de ce nom en fait de Liqueurs potables.)

Ratafiat de Cassis.

Dans une pinte d'Eau-de-vie, mettez quatre onces de Cassis bien mûr & entier, une poignée de feuilles de Cassis froissées, quatre gérofles: faites infuser durant quinze jours; ajoutez sucre huit onces, eau une chopine: après quinze autres jours, décantez & filtrez.

Autre.

Dans pareille dose d'Eau-de-vie, mettez une livre un quart de Cassis écrasé: au bout d'un mois ajoutez chopine de vieux vin rouge, huit onces de sucre & une pinte d'eau: digérez encore un mois, & décantez.

Liqueur de Cacao.

D'une part, prenez une livre de Cacao grillé & concassé, deux pintes d'Eau-de-vie, une demi-once de Canelle; après six jours d'infusion, distillez & retirez une pinte d'Esprit. De l'autre, prenez du Cacao pareillement grillé une demi-livre, Canelle demi-once, Vanille un gros, Gérofles un demi-gros; faites infuser huit jours dans deux pintes d'Eau-de-vie; passez & y ajoutez l'Esprit distillé: sur ces trois pintes, ajoutez un syrop fait avec deux pintes d'eau & deux livres de sucre: laissez le mélange pendant quinze jours, puis filtrez.

Liqueur de Café.

C'est à-peu-près la même manipulation & les mêmes doses que pour la Liqueur précédente, excepté qu'on n'y met absolument que la Vanille pour aromate. Lorsqu'on desire cette Liqueur sans couleur, il faut la distiller toute entiere, & alors on peut lui donner l'œil verdâtre qu'a le Café en grain, avec un peu de safran & de tournesol infusés ensemble dans de l'eau tiede.

Ratafiat de Coings.

On prend parties égales de suc de Coing qu'on retire en rapant les Coings & les pressant à travers un linge, & de bonne Eau-de-vie; & par pinte de mélange, on ajoute cinq onces de sucre & deux gérofles concassés. On fait digérer un mois, & on filtre.

Eau du Chasseur.

Prenez une pinte de bonne Eau-de-vie, & une pinte d'eau distillée de Menthe poivrée; ajoutez-y une livre de sucre & deux gouttes de l'huile essentielle de cette Menthe: faites digérer deux à trois jours, & filtrez.

Je crois être le premier qui ait imaginé cette Liqueur, dont, comme on voit, je n'ai pas dessein de faire un secret, parce que par goût je n'aime pas les mysteres; ils ne sont utiles qu'à ceux qui les font; & mon dessein est ici, comme toujours, de travailler à l'utilité publique.

Cinnamome.

Mêlés ensemble, & dans l'ordre indiqué ici, six gouttes d'huile essentielle de Canelle, une pinte d'Esprit-de-vin, un syrop fait avec une pinte d'eau & une livre & demie de sucre: après deux jours de mélange, ajoutez deux onces d'Esprit de Canelle, & filtrez.

Nota. Les Esprits de tout genre se préparent en mettant dans un alambic une ou plusieurs substances aromatiques, à la dose de deux onces au plus par deux pintes d'Eau-de-vie double, ou par pinte d'Esprit-de-vin, qu'on fait digérer plusieurs jours, & qu'on distille ensuite pour en retirer la partie spiritueuse; plus, un peu de flegme laiteux, & qu'on garde à part pour aromatiser ou servir de base aux Liqueurs.

Autre Cinnamome.

A une pinte d'Esprit-de-vin, ajoutez une pinte d'eau de Canelle orgée, c'est-à-dire, bien laiteuse, par la distillation de cette eau sur la Canelle; puis un syrop fait avec une pinte d'eau & dix-huit onces de sucre.

Eau-divine simple *ou* Base de Liqueur.

Faites un syrop de douze pintes d'eau & quatre livres & demie de sucre, pour les Liqueurs ordinaires; de huit pintes d'eau & quatre livres & demie de sucre, pour les Liqueurs fines; de six pintes d'eau & dix livres de sucre, pour les Liqueurs huileuses: ajoutez à chacun de ces syrops six pintes d'Esprit-de-vin, & vous aurez les trois especes de Liqueurs fondamentales, dont j'ai décrit les avantages dans le corps de l'Ouvrage.

EAU-DIVINE A BOIRE.

AJOUTEZ à trois pintes d'Esprit-de-vin, une chopine d'Eau de fleurs d'orange double, cinq pintes & chopine d'eau, & trois livres de sucre; filtrez lorsque le tout est fondu.

Autre.

ESPRIT-DE-VIN deux pintes, Esprit de fleurs d'orange préparé comme il est dit à l'article du Cinnamome, une pinte, eau six pintes, sucre trois livres; filtrez.

DOUCETTE.

FAITES infuser durant dix jours six oranges & autant de citrons, ou encore mieux leurs zestes, dans deux pintes d'Esprit-de-vin; ajoutez un syrop fait avec trois pintes d'eau & trois livres de sucre; filtrez.

EAU DE FRAMBOISES.

VOUS éplucherez les Framboises de six petits paniers, comme on les apporte à la Halle, vous les écraserez, vous verserez dessus, après vingt-quatre heures, trois pintes de bon Esprit-de-vin; vous distillerez sur le champ au bain-marie, & vous tirerez vos deux pintes, auxquelles vous ajouterez trois livres de sucre & quatre pintes d'eau: on peut en relever encore l'aromate, en y ajoutant avec le syrop un scrupule de vanille: après six jours de mélange, filtrez.

FINE ORANGE.

DURANT un mois, on laissera ensemble trois Oranges, une pinte d'eau-de-vie, une chopine d'eau & huit onces de sucre; au bout de ce temps, on décante la Liqueur.

Nota. On peut faire la même Liqueur; 1°. en substituant les zestes des trois Oranges aux Oranges entieres, en ayant soin de zester sans enlever rien du blanc de l'Orange; 2°. en choisissant entre les différents fruits du même genre, on se procurera des Liqueurs analogues; 3°. en prenant les huiles essentielles de ces fruits, & les broyant avec un peu de sucre avant de les mêler à l'Eau-divine simple, on aura encore des Liqueurs semblables; 4°. enfin on produira des variétés dans le même genre en associant deux ou plusieurs de ces fruits, comme on l'a pu voir dans la Doucette, & comme le montre la recette suivante.

LIQUEUR DES CINQ FRUITS.

DANS six pintes d'Eau-de-vie de Coignac, mettez un poncire, un cédra, deux limons, deux bigarades, deux bergamotes, ou les zestes de chacun de ces fruits; ou dans les mêmes proportions, trente gouttes de leurs huiles essentielles; faites un syrop avec quatre pintes d'eau & quatre livres de sucre; mêlez; & après un repos suffisant, filtrez.

RATAFIAT DE FLEURS-D'ORANGE.

IL est peu de Liqueurs dont la manipulation soit plus variée; les uns infusent leur Fleur-d'Orange dans l'Eau-de-vie; les autres avant de le faire la blanchissent dans l'eau bouillante; les autres lui font prendre un bouillon dans le syrop; d'autres la cuisent à rissoler dans le sucre; d'autres la font infuser dans de l'Eau-de-vie & le syrop; d'autres ne la laissent que vingt-quatre heures en infusion; d'autres l'y laissent plusieurs jours: tous la filtrent au papier gris. Pour ne point adopter de parti à cet égard, voici seulement les proportions usitées, & chacun choisira le procédé qui lui convient le plus.

Quatre onces de Fleurs-d'Orange épluchées (c'est toujours le résultat de demi-livre entiere) pour une pinte d'Eau-de-vie, & six onces de sucre dans une pinte d'eau.

HUILE DE FLEURS-D'ORANGE.

PENDANT deux mois, on met infuser une livre de Fleurs-d'Orange dans une pinte & trois demi-septiers d'Eau-de-vie; on exprime fortement; & à la Liqueur exprimée on ajoute un syrop fait avec deux livres & demie de sucre, & une livre douze onces d'eau; on agite fortement, & au bout de quinze jours on filtre.

VIN DES QUATRE FRUITS.

PROCUREZ-VOUS vingt-quatre livres de Cerises bien mûres & d'un goût agréable, douze livres de Groseilles, six livres de Framboises, & six livres de Merises; ôtez les queues de vos fruits, & les écrasez avec exactitude; sur chaque pinte mesurée de ces fruits ainsi écrasés, mettez une pinte de bonne Eau-de-vie: laissez durant un mois ce mélange dans une cruche ou un barril bien bouchés. Passez alors cette Liqueur, & mettez le marc à la presse; mesurez de nouveau la Liqueur; & par pinte ajoutez trois gérofles concassés, six onces de cassonade & une gousse de vanille sur seize pintes; remuez de temps à autre jusqu'à ce que le sucre soit fondu; laissez reposer pendant quinze jours au moins; tirez à clair, & ne filtrez que ce qui est au fond.

Autre.

PRENEZ les mêmes fruits, faites-les chauffer pour les mettre à la presse sur le champ, épluchez le marc pour en tirer les noyaux que vous concasserez, pour les mêler à la Liqueur; du reste, procédez comme ci-dessus, excepté qu'on n'y met pas de vanille, & que d'autres ajoutent du Cassis.

RATAFIAT DE FRANC-PINEAU.

ON prend du raisin noir de ce nom, qu'on égrene & qu'on presse pour travailler absolument comme on fait le vin de cerises, excepté que les aromates sont un gros de canelle & quatre gérofles par pinte.

RATAFIAT DE GENIEVRE.

VOUS ferez bouillir légérement une livre de grains de Genievre récent & bien mûr, concassés dans une pinte d'eau, & vous verserez le tout dans une cruche où il y aura quatre pintes d'Eau-de-vie & vingt onces de sucre; après huit jours d'infusion, vous filtrerez.

RATAFIATS DE GRAINES.

LE nombre des graines qui peuvent faire des Liqueurs, est considérable: l'Anis, le Fenouil, le Cumin, le Carvi, l'Aneth, l'Angélique, le Daucus, le Séseli, le Persil, &c; chacune d'elles seule, ou artistement mêlées, donnent autant d'especes de Liqueurs, qui se préparent toutes ou par la distillation ou par l'infusion: quatre onces par deux pintes d'Eau-de-vie pour distiller, & retirer les deux pintes; & quatre gros pour la même dose infusée: quatre, six ou huit onces de sucre par pinte de total, & partie égale d'eau & d'Eau-de-vie.

Nota. On colore assez ordinairement ces Liqueurs pour leur donner des noms particuliers; & on trouvera à la Badiane, au Vespetro, des exemples de la manipulation à suivre dans tous les mélanges de ce genre.

VESPETRO *ou* RATAFIAT DES SEPT GRAINES.

ON concassera une once de chacune des graines suivantes, Anis, Angélique, Carvi, Cumin, Coriandre, Fenouil & Aneth, qu'on fera infuser dans huit pintes d'Eau-de-vie & un syrop fait avec trois livres de sucre & trois chopines d'eau durant trois semaines ou un mois, pour filtrer ensuite.

Nota. Cette Liqueur est presque un médicament auquel on attribue beaucoup de vertus; aussi est-elle trop chargée pour faire une Liqueur agréable. On trouve chez les Grainiers de Paris ces semences toutes pesées, & quelques-uns y joignent une Recette imprimée qui contient les vertus de l'espece de Liqueur qui en résultera; & ces vertus-là ne sont pas en petit nombre.

ELIXIR DE GARRUS.

ON met dans un alambic une demi-once de myrrhe, un scrupule de canelle, autant de muscade & autant de gérofles, une once d'aloës & trois pintes de bon Esprit-de-vin; on ne mettra l'aloës qu'à l'instant où on distillera, ainsi qu'une chopine d'eau, & on retirera par la distillation trois pintes d'Esprit.

On fera d'autre part un syrop de capillaires chargé, en prenant, par exemple, une once de capillaires qu'on fera bouillir dans deux pintes d'eau pour y ajouter quatre livres de cassonade, clarifier au blanc-d'œuf & faire cuire en petit syrop, auquel on ajoute de l'Eau double de Fleurs-d'Orange: on prend partie égale de ce syrop, & de l'Esprit distillé: on colore le mélange avec une infusion d'un gros de safran dans un demi-septier d'eau. Il est d'usage de laisser ce mélange s'éclaircir tout seul; & lorsqu'il est clair-fin, on décante la Liqueur, qui a subi le sort de toutes les nouveautés, très-cheres quand on ne les connoît que par les exclamations de ceux qui sont enthousiastes, & d'un prix raisonnable quand elles sont mises à leur juste estimation.

HYPOCRAS.

FAITES infuser dans six pintes de bon Vin de Bourgogne six gros de canelle, deux gros de gérofle & autant de vanille, triturés long-temps avec quatre onces de sucre; après quinze jours d'infusion, ajoutez une goutte d'essence d'ambre, & passez à la chausse.

Nota. Les Recettes de ce Vin varient à l'infini: il y a des gens qui conseillent de mettre des amandes ameres concassées au fond de la chausse; d'autres qui mettent l'ambre à la pointe de cette chausse pour parfumer la Liqueur en filtrant.

MARASQUIN.

SUR cent livres de cerises bien mûres & sucrées, prenez cinq livres des feuilles du cerisier; écrasez le tout, pour le mettre à fermenter à l'aide d'un peu de levûre de biere, s'il en est besoin. Distillez & retirez d'abord tout l'Esprit, & ensuite toute l'eau odorante; avec cette eau, faites un syrop dans les proportions de huit onces par pinte, & mêlez ce syrop avec l'Esprit, laissez vieillir.

RATAFIAT DE MUSCAT.

AU lieu du raisin Franc-Pineau, vous prenez du Mufcat bien mûr, vous mettez cinq onces de fucre par pinte du mélange de parties égales du fuc de ce raifin & d'Eau-de-vie, & vous prenez pour aromates la canelle, le gérofle & très-peu de poivre, un peu de teinture d'ambre, s'il en eft befoin.

Au refte conformez-vous pour la manipulation à ce qui eft dit au Franc-Pineau.

Eau de Noyaux.

Tous les noyaux des fruits fucculents peuvent fervir à faire une forte d'Eau de Noyau. On obferve que ceux de Pêche & de Reine-Claude donnent une Liqueur qui fent la vanille; qu'il eft inutile de concaffer ceux qu'on emploie, parce que l'amande altere la fineffe du parfum; qu'il eft plus agréable de préparer les Eaux de Noyaux par l'infufion que par la diftillation; que cent gros noyaux fuffifent par pinte d'Eau-de-vie; que l'infufion doit au moins durer un mois; & qu'enfin on y mêle un fyrop fait à dofe de fucre variée fuivant le degré d'âcreté qu'a contracté l'infufion.

Eau de Noyaux de Pêche *ou* fausse Vanille.

Observez d'avoir une bouteille de large ouverture, dans laquelle il y ait deux pintes, par exemple, d'Eau-de-vie; on met cette bouteille fur table au deffert, afin que ceux qui ouvrent des pêches, ayent foin d'y jetter fur le champ les noyaux, & la portion bien rouge de la peau. Lorfque la faifon des pêches eft paffée, on compte ce qu'il y a de noyaux, & on en prend cent pour une pinte; ayant foin d'ajouter de l'Eau-de-vie s'il en manque: un bon mois après, on ajoute par pinte huit onces de fucre & fix grains de vanille; quinze jours après, on filtre la Liqueur, qui eft d'une jolie couleur rouge.

Ratafiat d'Œillet.

Mettez infufer durant quinze jours huit onces d'Œillet à ratafiat & huit gérofles dans deux pintes d'Eau-de-vie; ajoutez douze onces de fucre, & paffez au filtre.

Autre.

La différence eft de faire infufer les Œillets à Ratafiat dans une pinte d'eau chaude durant vingt-quatre heures; ajoutez-y une pinte d'Eau-de-vie double, & fucre douze onces; filtrez fur le champ.

Eau d'Or.

On fait diftiller après quatre jours d'infufion trois pintes d'Eau-de-vie, quatre citrons, deux gros de canelle, autant de coriandre. On fait un fyrop avec trois pintes d'eau & deux livres & un quart de fucre; on y mêle les trois pintes d'Efprit diftillé; on colore encore avec le caramel; & on y mêle après que la Liqueur eft filtrée quelques feuilles d'or battu.

La Liqueur ou Eau d'Argent ne differe de celle-ci, qu'en ce que l'Angélique & le Gérofle en font les aromates; qu'on ne met pas de caramel, & qu'on met des feuilles d'argent.

Vin de Pêches.

Sur cent Pêches de vigne, on prend dix Pêches d'efpalier & une bonne poignée de feuilles de Pêcher; on écrafe le tout, & on met la pâte qui en réfulte à fermenter, en y ajoutant un peu de levûre, ou mieux encore du miel: quand la fermentation eft ceffée, on coule la Liqueur, on exprime le marc, on la remet dans le barril avec une once de fucre par pinte, & une pinte d'Eau-de-vie fur vingt pintes; quand la Liqueur eft éclaircie, on la met en bouteilles.

Nota. Le plus qu'il faille de levûre pour un quintal pefant de fubftance à fermenter eft cinq livres.

Tous les fruits fucculents traités de la même maniere donneront des Vins de fruits.

Si on ajoute à quelques-uns, des aromates, il faut qu'ils foient en très-petite dofe.

Les fruits aigres ont befoin du mélange de fruits doux, & ceux-ci de celui de fruits aigres.

Si on diftille ces Liqueurs, on obtient plus ou moins d'Efprits; & celui entre autres que fourniffent les cerifes fauvages, fe nomme *Kirckwaffer.*

Rossoli.

Vous mettrez dans un alambic des Rofes mufquées, du Jafmin d'Efpagne, de la fleur d'Orange, un peu de Canelle & de Gérofle; mettez de l'eau: après vingt-quatre heures d'infufion, diftillez, & tirez tout ce qui paffera d'aromatique; mêlez-y un bon tiers en poids d'Efprit-de-vin, & fix onces de fucre par pinte: on colore cette Liqueur en cramoifi.

Liqueur de Roses.

Ayez de l'Eau Rofe double; ajoutez fur une pinte de cette eau, une pinte de bonne Eau-de-vie, & douze onces de fucre; filtrez & colorez.

Autre.

Distillez deux onces de bois de Rofes, & une pinte d'Efprit-de-vin, pour faire un Efprit de Rofes, que vous traiterez comme ci-deffus.

Nota.

Nota. J'ai cru devoir négliger des répétitions sans fin, pour faire observer comment il faut distiller, combien doit durer l'infusion qui précede la distillation, le soin qu'on doit avoir de mettre toujours de l'eau dans l'alambic, & de retirer un peu d'eau blanche après les Esprits, lorsque les aromates sont d'une consistance lourde, &c.

SCUBAC.

DANS deux pintes d'Eau-de-vie, on fait infuser un gros de Canelle, deux scrupules de racine d'Angélique, une once de Safran, durant quinze jours; on y ajoute un syrop fait avec une livre de sucre & une pinte d'eau. On le verse tout chaud, & on laisse le mélange encore huit jours; après lesquels on filtre.

Nota. Il est peu de Liqueurs dont les recettes ayent plus varié: après la plus simple, je vais donner entre les plus composées, celle qui me paroît la mieux combinée; car j'en ai vu un très-grand nombre ridicules & inutiles.

Autre.

DANS douze pintes d'Eau-de-vie, on met dix-huit gros de Safran, cinq gros d'Anis, neuf gros de Coriandre, quatre gros de Genievre, un gros de Canelle, deux gros de racine d'Angélique, les zestes d'un Citron, deux onces d'Eau de miel, (espece d'eau odorante dont la recette se trouve dans la Pharmacopée de Batt.) & quatre onces d'eau de fleur d'Orange double; on fait un syrop avec quatre livres & demie de sucre & six pintes d'eau; on laisse infuser le mélange durant huit jours, & on filtre.

LIQUEUR DE THÉ.

FAITES infuser durant un demi-quart-d'heure quatre onces de Thé impérial dans huit onces d'eau bouillante; versez cette infusion, & faites égoutter le Thé, dont les feuilles doivent être développées; mettez-les dans quatre pintes d'Eau-de-vie, & après vingt-quatre heures d'infusion, ajoutez un syrop fait de trois pintes d'eau & trois livres de sucre: après un autre jour de mélange, filtrez.

Nota. 1°. On peut avec nos plantes aromatiques de la classe des Hyssopes, Sariettes, Mélisses, Menthe, Estragon, &c. préparer des Liqueurs analogues, & qui ne seront pas sans mérite.

2°. Je me suis souvent écarté de la regle générale qui veut autant d'eau que d'Eau-de-vie, parce que la plupart des Eaux-de-vie simples sont tellement mêlées artificiellement d'eau, que les Liqueurs seroient fades. Je conseille même à ceux qui font des Liqueurs, de ne pas manquer de goûter avant de filtrer, pour ajouter une once ou davantage de bon Esprit-de-vin par pinte suivant la circonstance.

HUILE DE VÉNUS.

PRENEZ dix pintes d'Eau-de-vie, dix gros de Carvi, cinq de Daucus, cinq scrupules de Macis; après quatre jours d'infusion, distillez & retirez dix pintes; ajoutez onze pintes & demi-septier de syrop simple légérement cuit, & donnez la couleur d'huile d'olive avec une infusion de safran; filtrez à la chausse.

Nota. 1°. L'infusion de ces drogues dans le syrop chaud, auquel on ajoute l'Eau-de-vie, donne en vingt-quatre heures une Liqueur plus moëlleuse, & moins âcre.

Nota. 2°. J'avertis que dans le texte de l'Ouvrage à la *page 93*, il s'est glissé cinq fois une faute grossiere que j'ai réformée dans l'Errata, mais que je ne puis trop avertir de réformer; c'est le mot *Curcuma*, mis pour le mot *Carthame*.

Fin des Recettes.

Art du Liquoriste, Ire Partie. Bruleur d'Eau de Vie. Pl. 1.

ART DU LIQUORISTE, I.e Partie. Bruleur d'Eau de Vie. Pl. 2

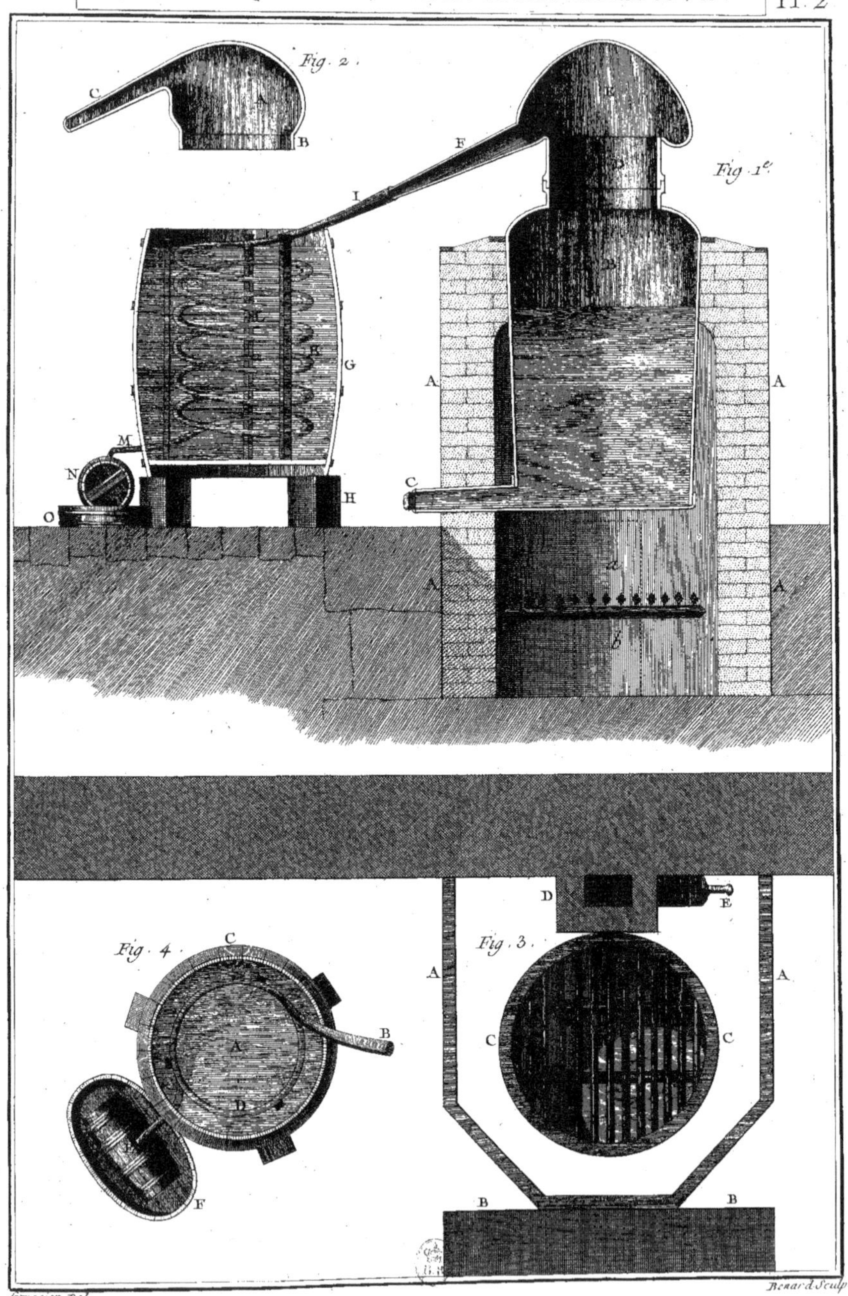

Goussier Del. Benard Sculp.

ART DU LIQUORISTE, 1ère Partie. Bruleur d'Eau de Vie. Pl. 3.

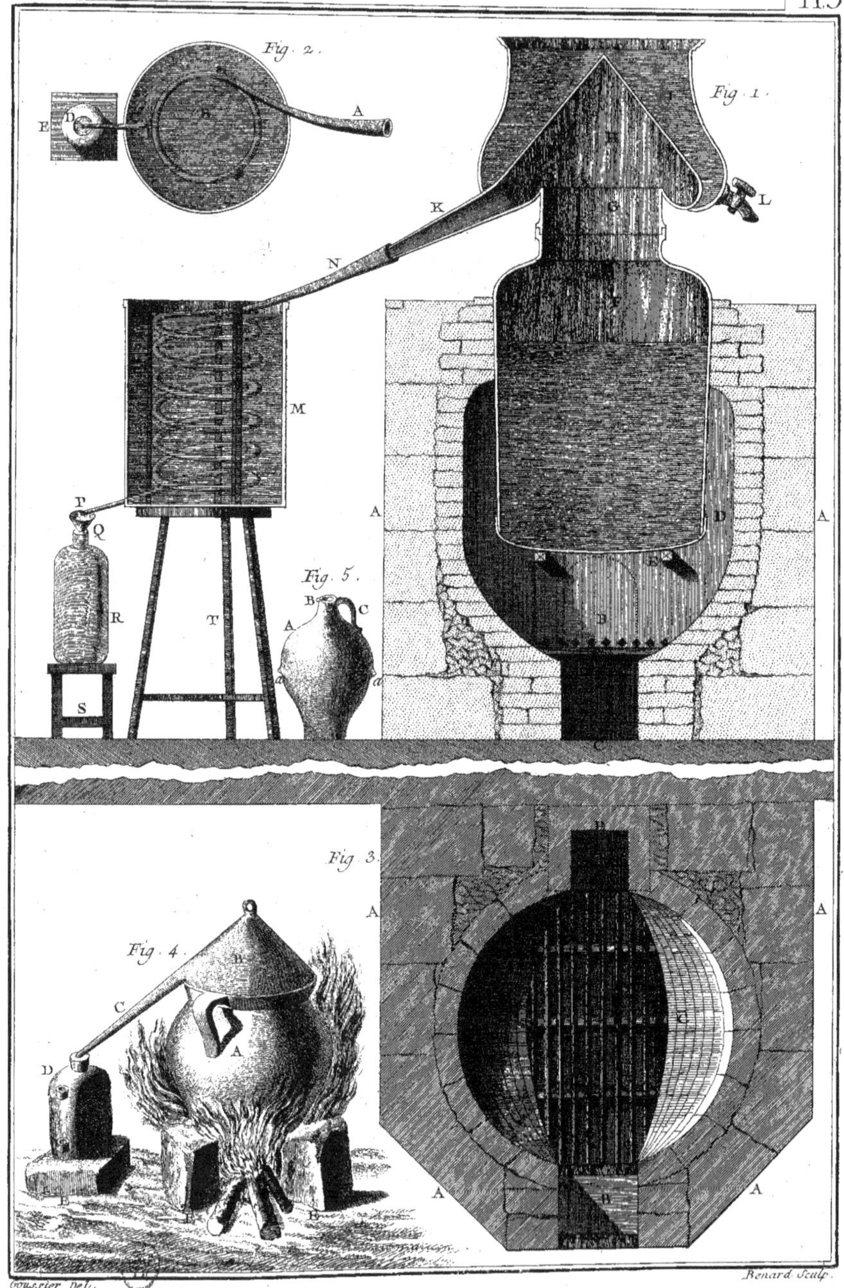

Goussier Del. Benard Sculp.

ART DU LIQUORISTE, Ire Partie. Bruleur d'Eau de Vie. Pl. 4.

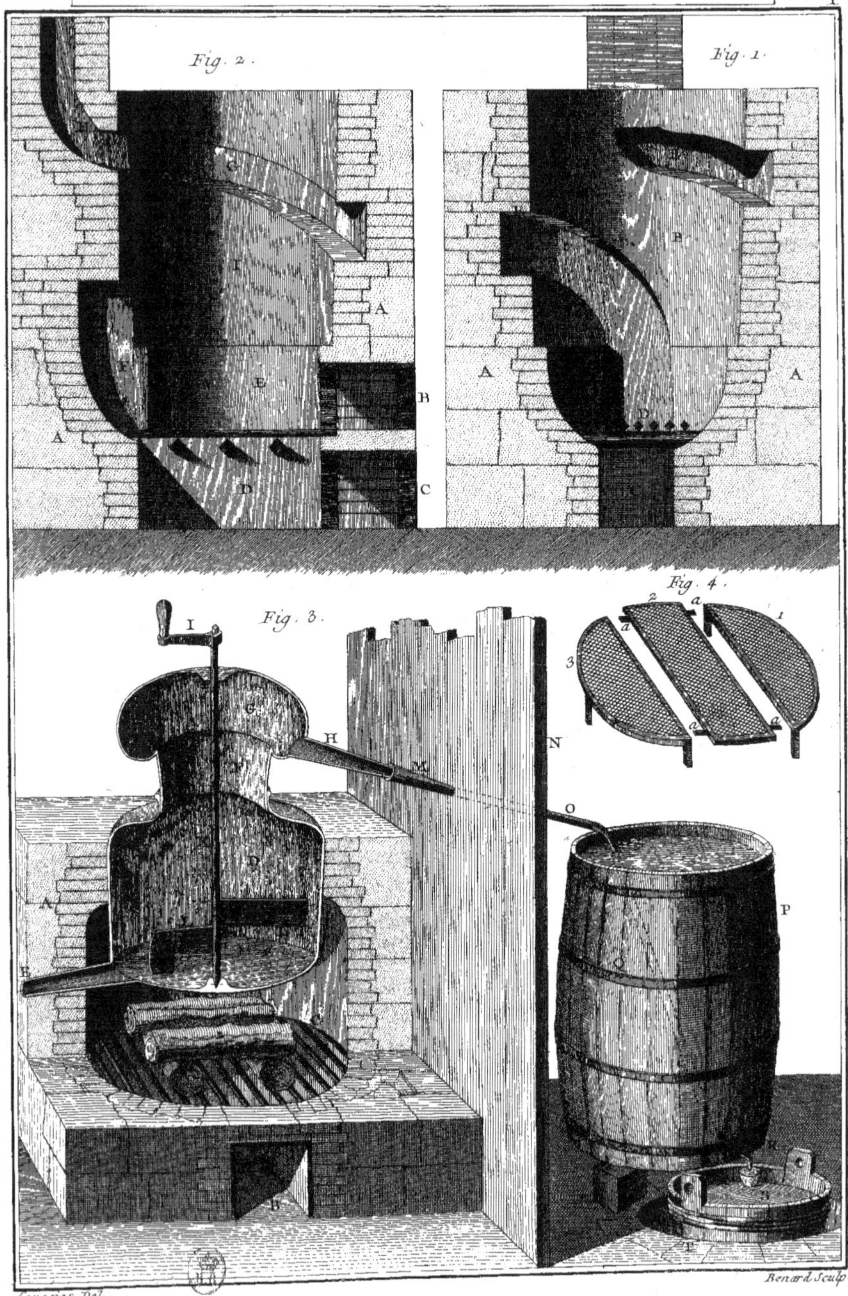

Goussier Del. Benard Sculp.

Art du Distillateur Liquoriste, 2e Partie. Le Fabriquant de Liqueurs.
Pl. 5.

Art du Distillateur Liquoriste, 2e Partie. Le Fabriquant de Liqueurs. Pl. 6.

Goussier Del. Benard Sculp.

ART DU DISTILLATEUR LIQUORISTE, 2e. Partie. Le Fabriquant de Liqueurs. Pl. 7.

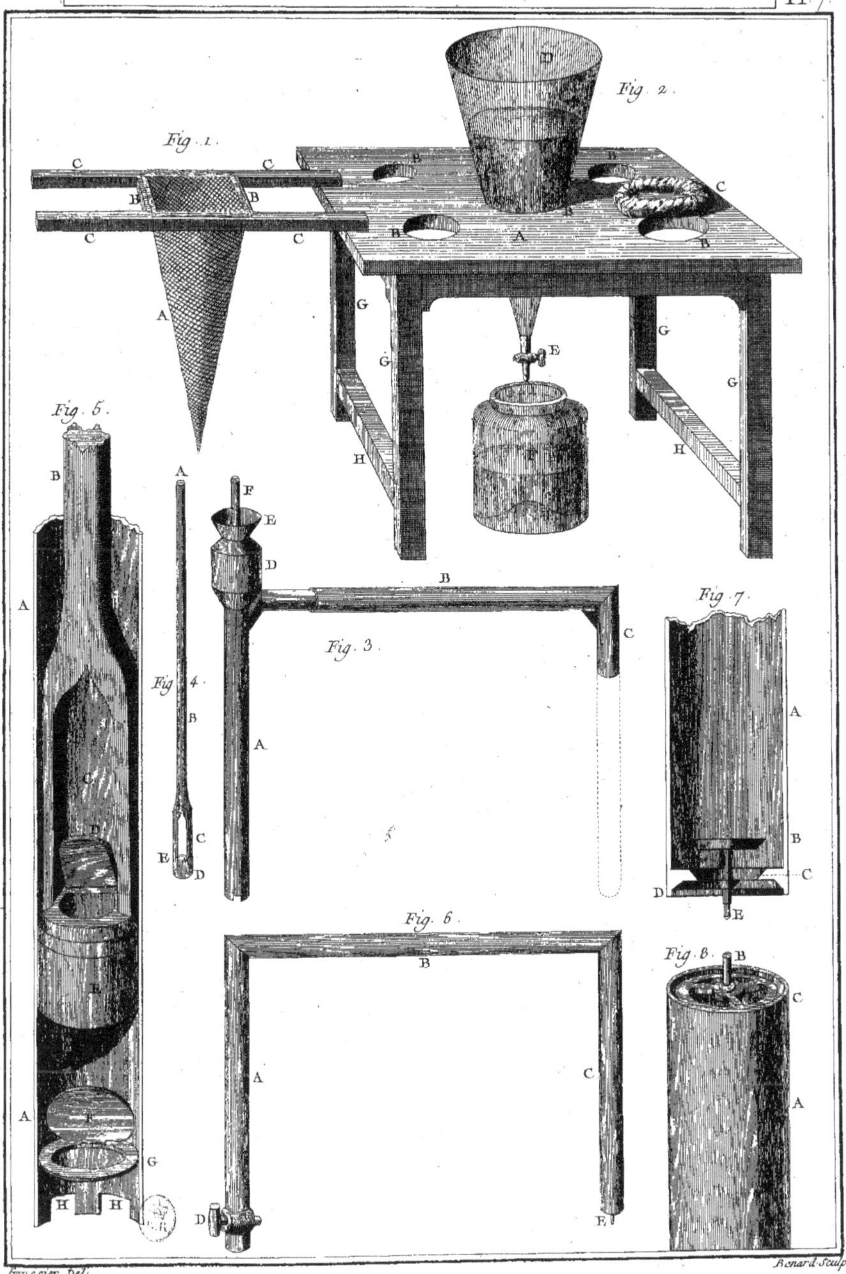

ART DU LIQUORISTE 3e. Partie. Le Limonadier, &c. Pl. 8.

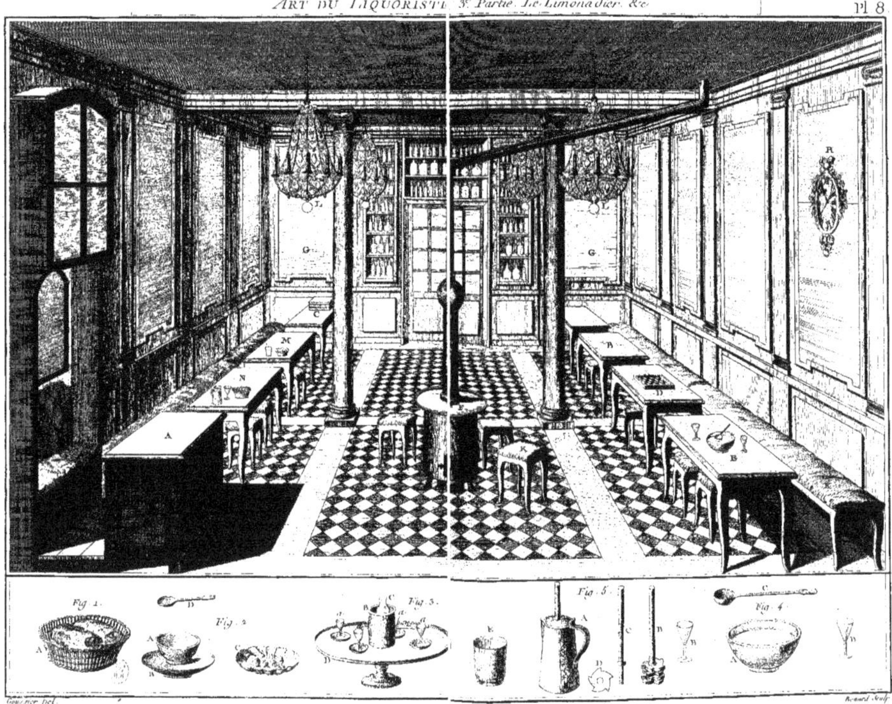

ART DU LIQUORISTE, 3e. Part. Le Limonadier. Pl 9.

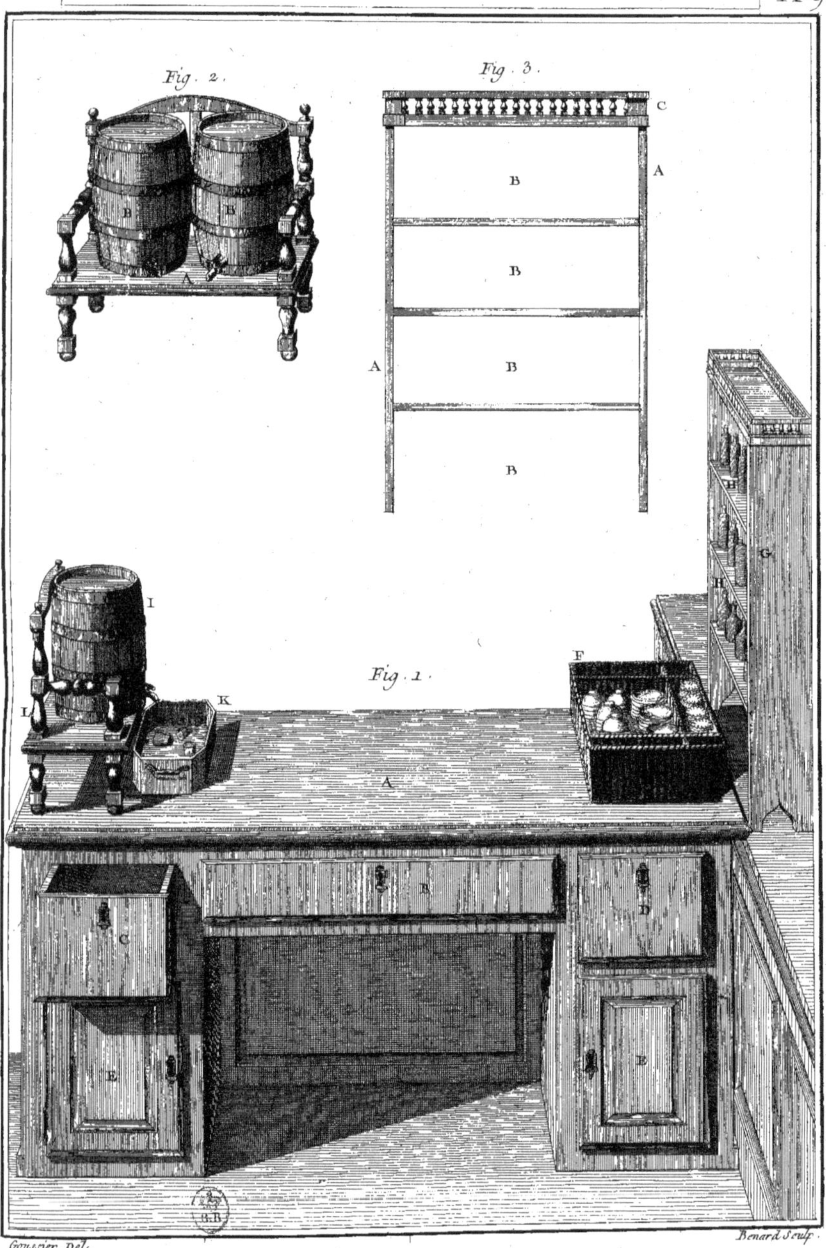

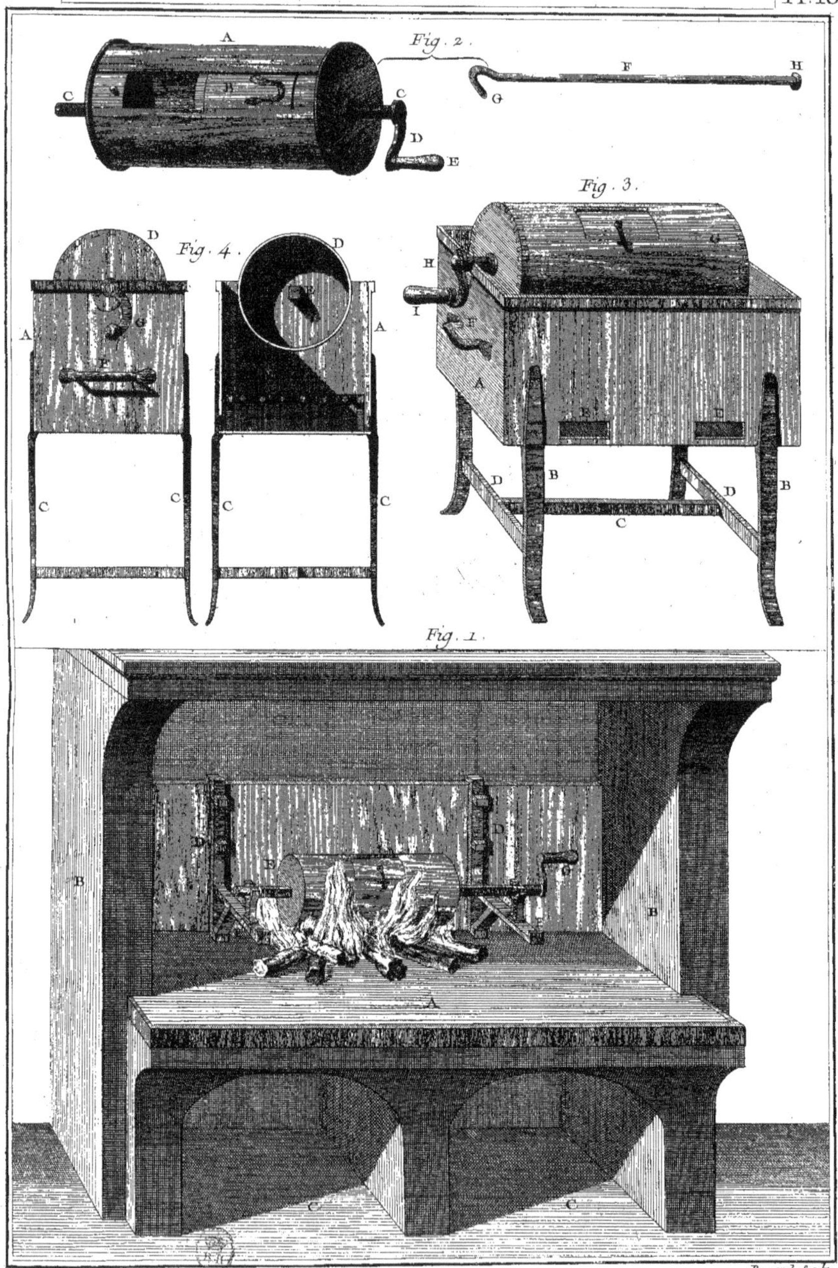

Goussier Del. Benard Sculp.

ART DU LIQUORISTE, 3e. Partie. Le Limonadier &c. Pl. II.

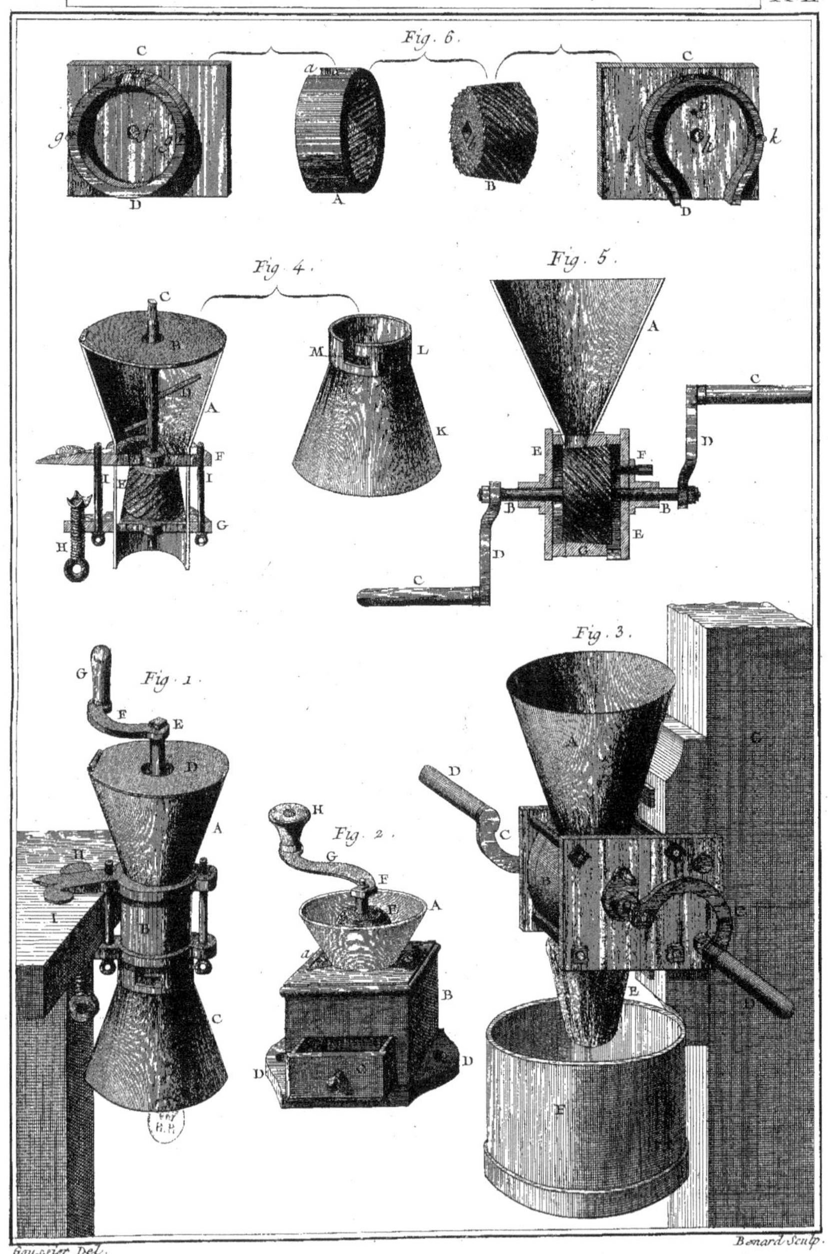

Goussier Del. Benard Sculp.

ART DU LIQUORISTE, 3e. Part. Le Limonadier. Pl. 12

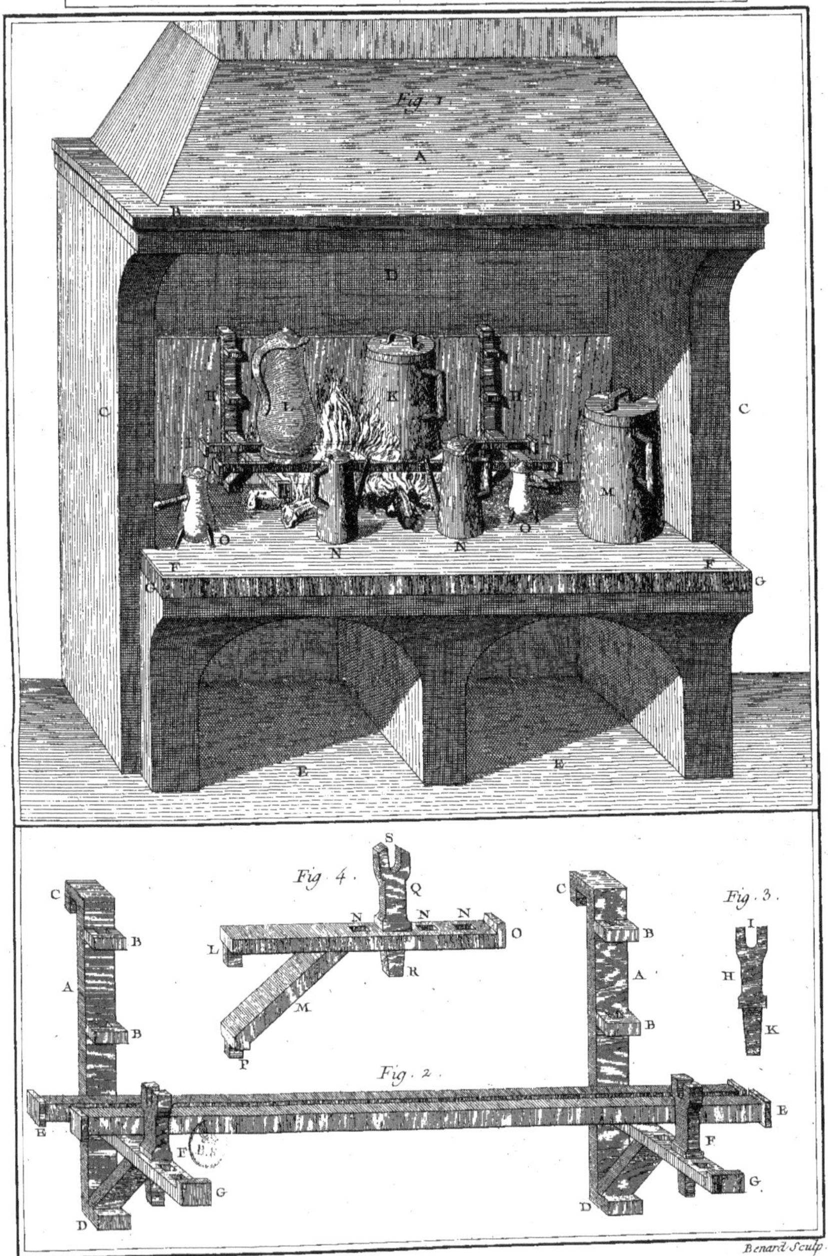

Goussier Del.

Benard Sculp.

ART DU LIQUORISTE, 3e. Part. Le Limonadier &c. Pl. 13.

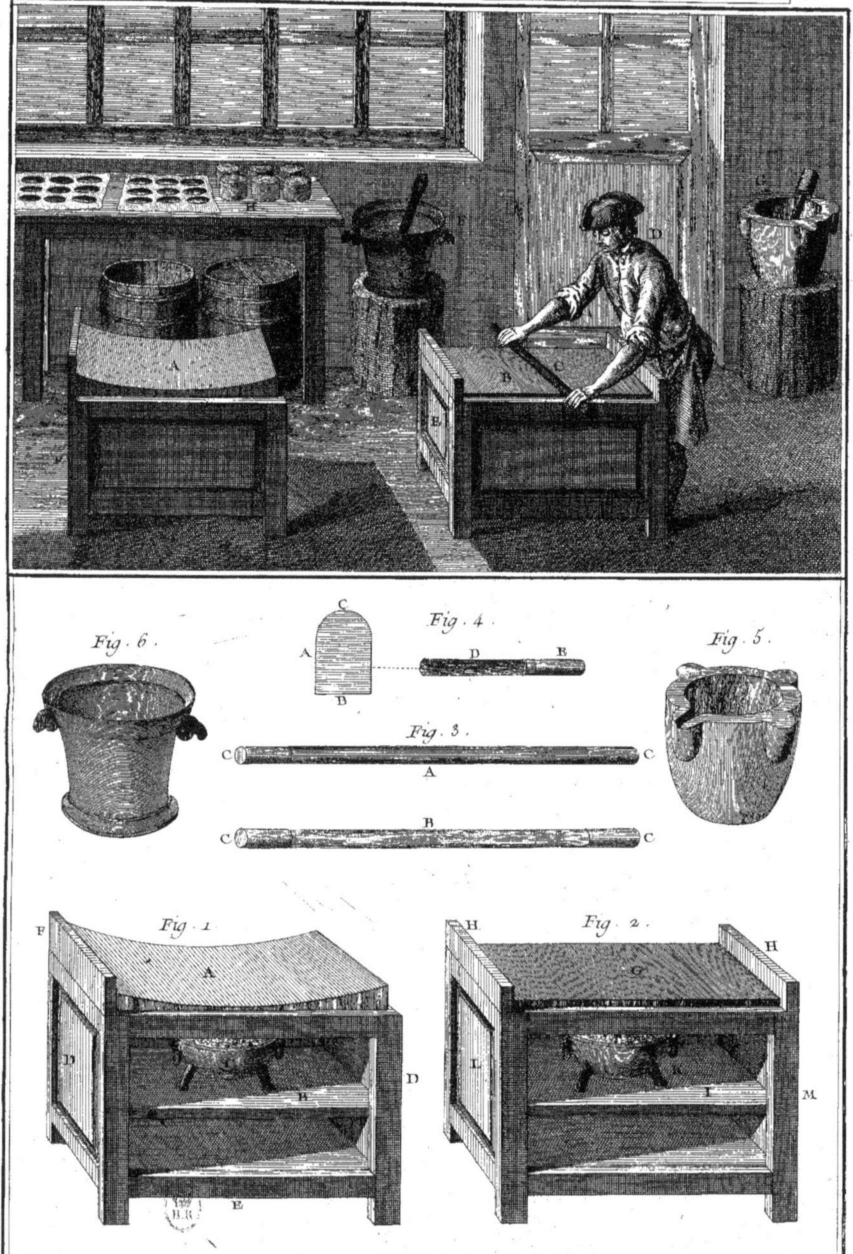

Goussier Del. Benard Sculp.

ART DU LIQUORISTE, 3e. Part. Le Limonadier. Pl. 14.

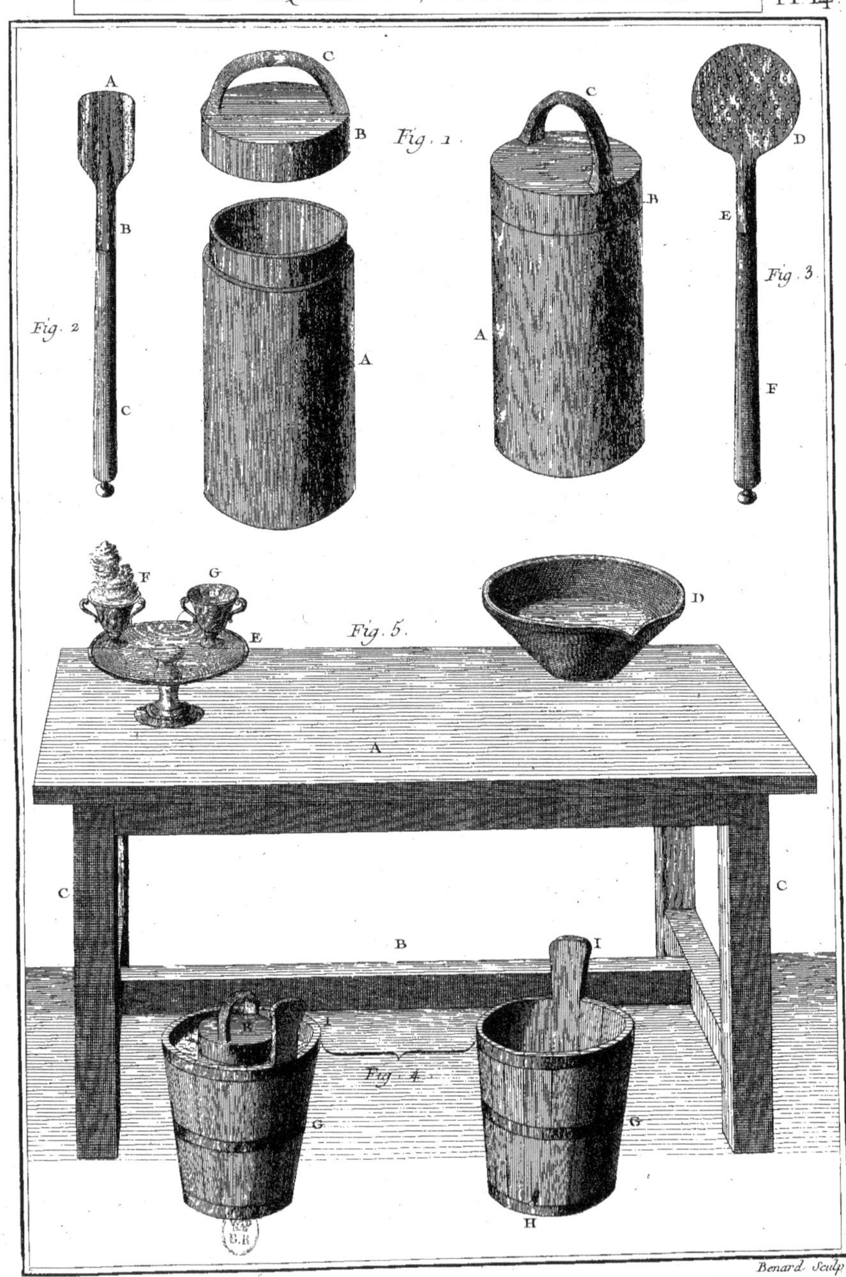

Goussier Del. Benard Sculp.

ART DU LIQUORISTE, 3e. Part. Le Limonadier. Pl. 15.

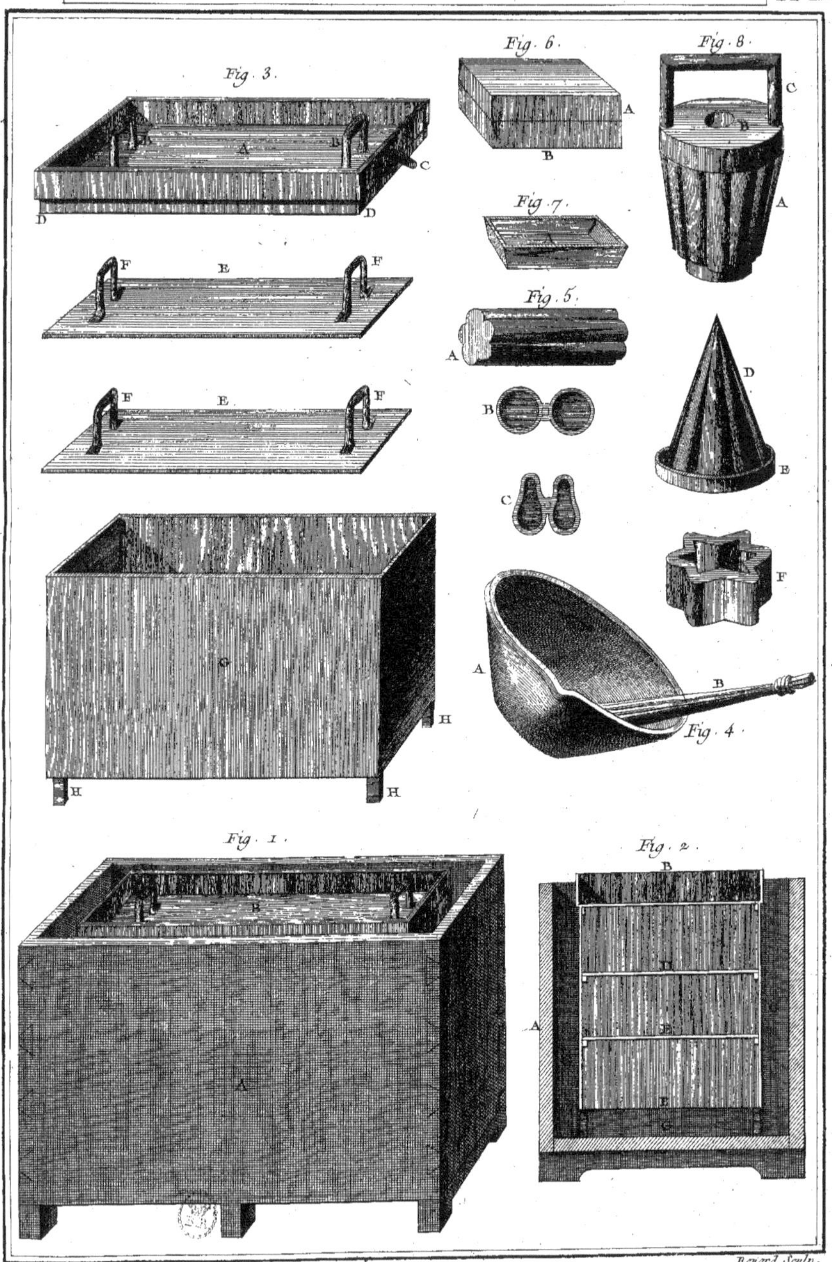

Goussier Del. Benard Sculp.

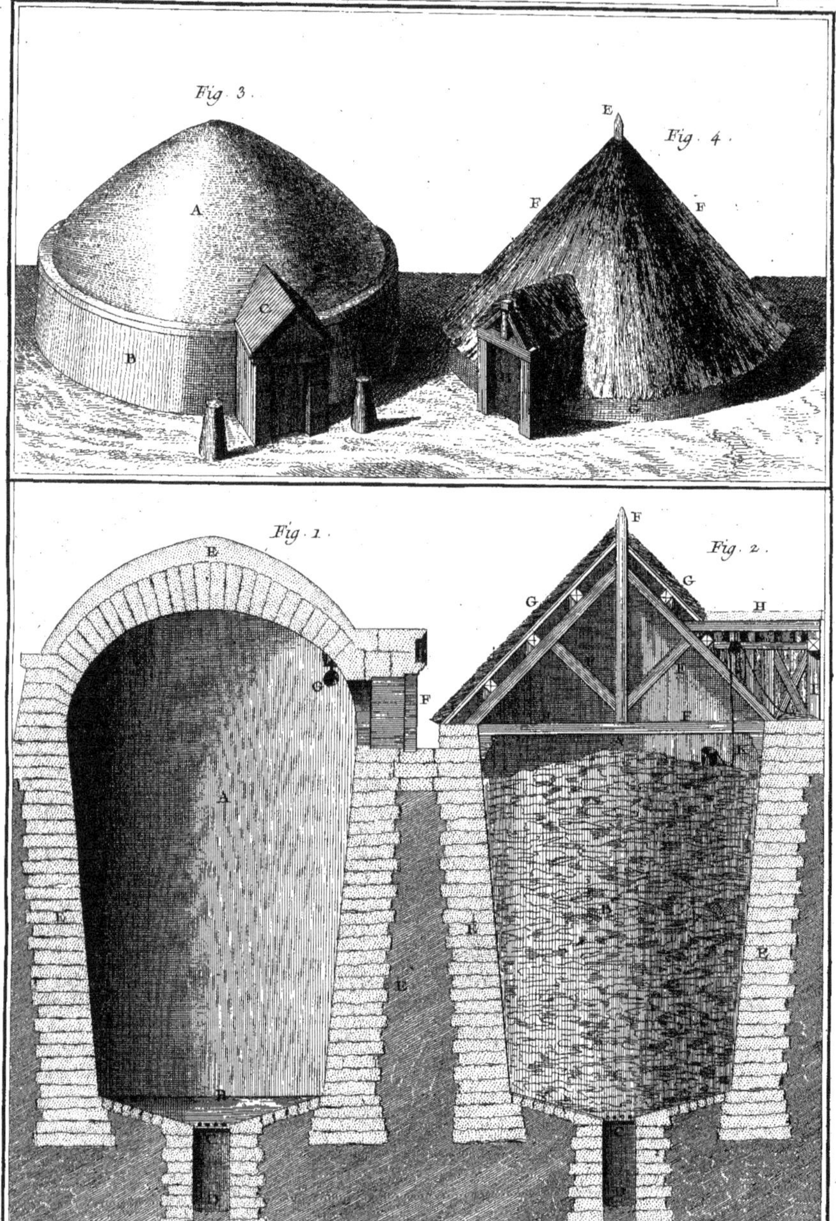

Goussier Del. *Benard Sculp.*

www.ingramcontent.com/pod-product-compliance
Ingram Content Group UK Ltd.
Pitfield, Milton Keynes, MK11 3LW, UK
UKHW012031240726
13965UKWH00002B/711